AF523907

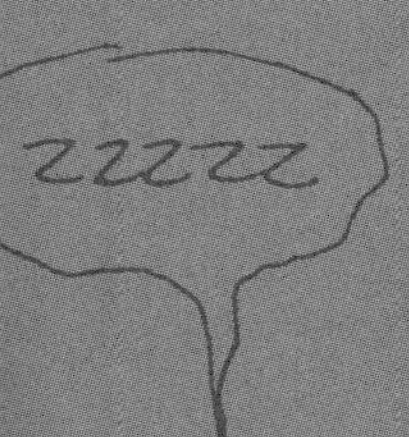
ZZZZZ

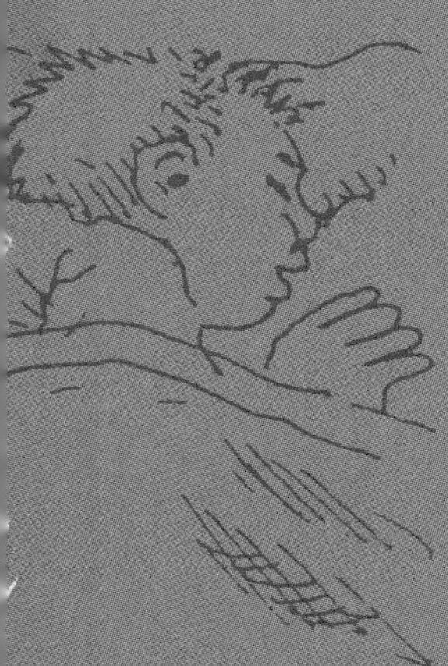

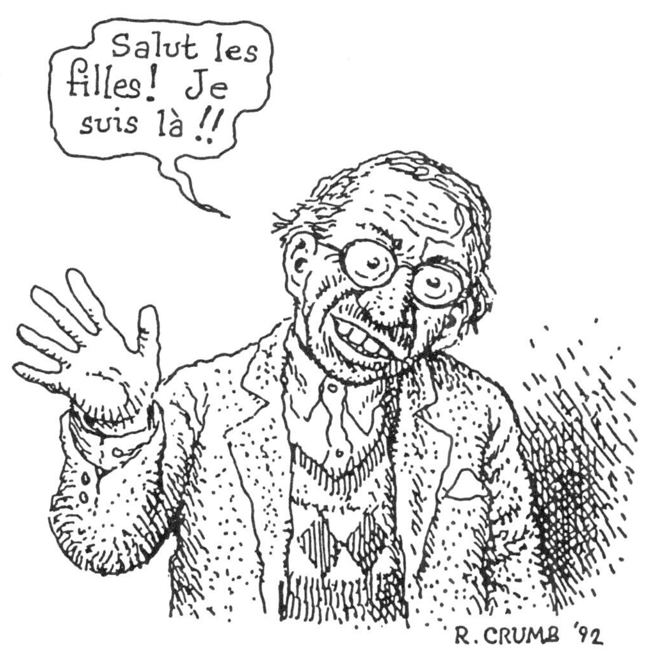
Salut les filles! Je suis là !!
R. CRUMB '92

R. CRUMB

MEIN ÄRGER MIT DEN FRAUEN

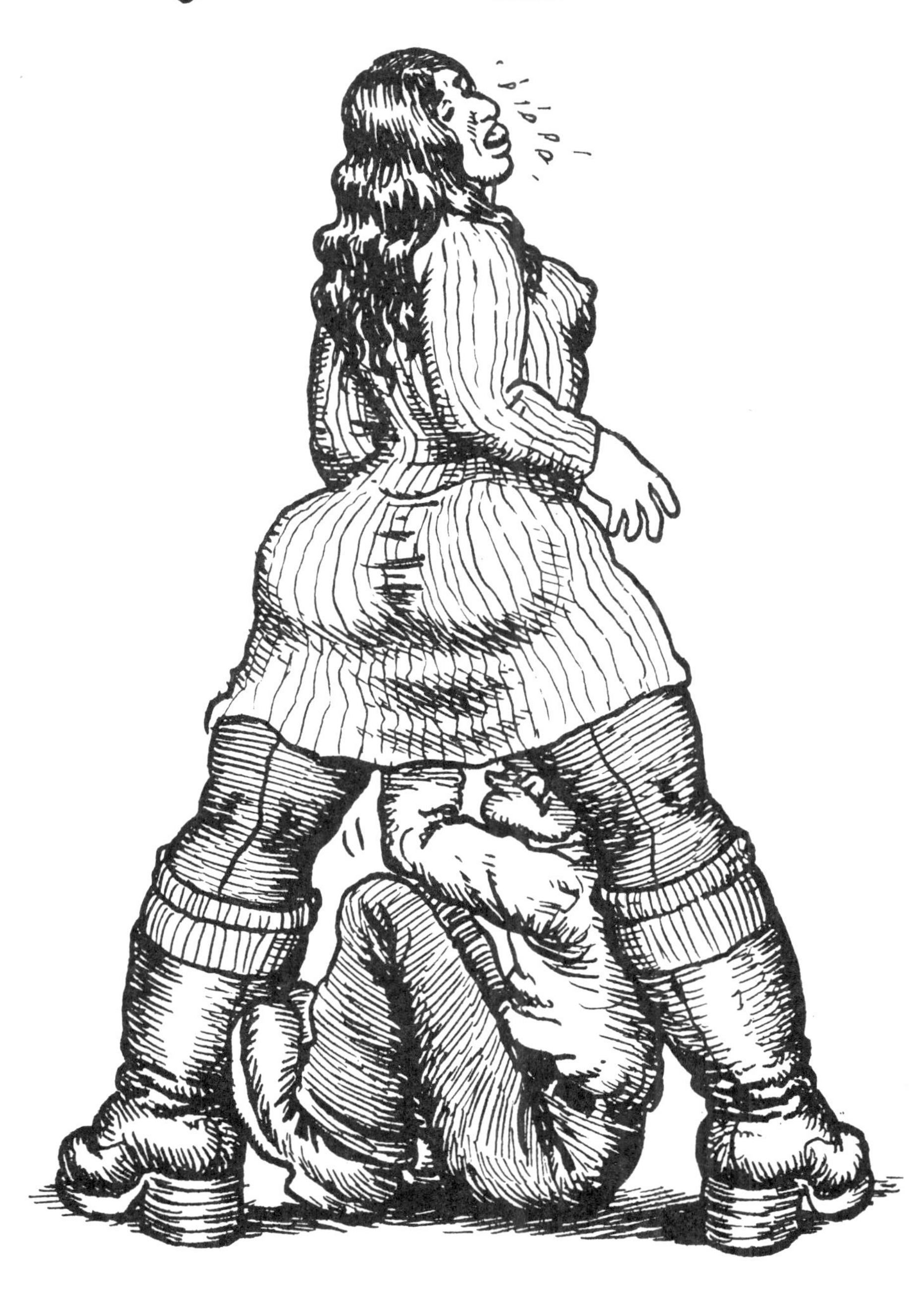

REPRODUKT

R. CRUMBS

AUGENBLICKE des RUHMS

ICH VERLANGE JA NICHT VIEL... ODER VIELLEICHT DOCH...

DETROIT, 1966: ICH PROTZE VOR BOB RHODES, AUCH ER EIN LIEBHABER GROSSER FRAUEN, MIT DEN SPEKTAKULÄREN BEINMUSKELN MEINER JUNGEN FRAU.

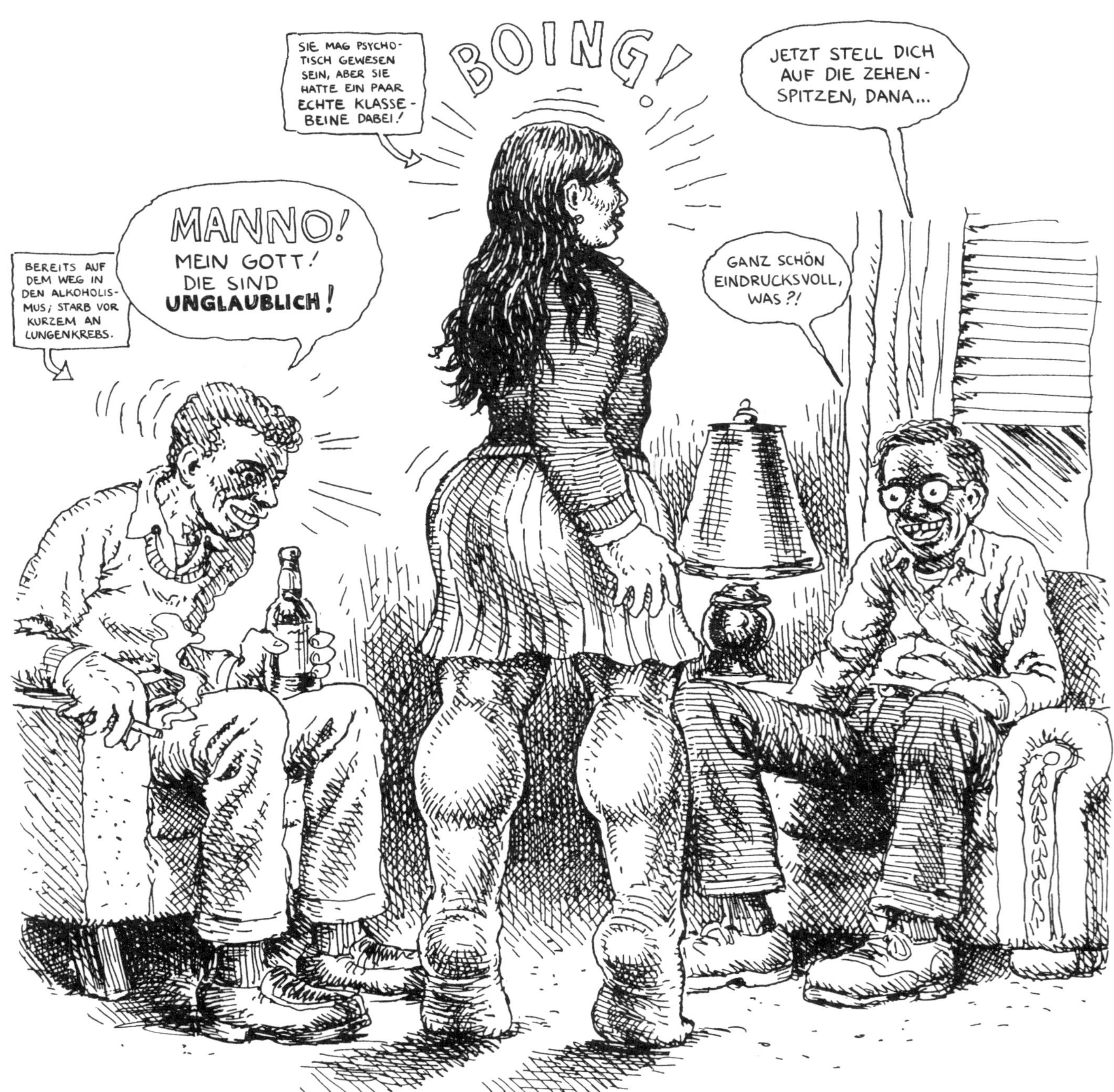

INHALT

Alle Zeichnungen und Entwürfe in diesem Buch sind den Skizzenbüchern des Autors aus den Jahren 1965 bis 1999 entnommen.

Mein Ärger mit den Frauen

Konzeption: Jean-Pierre Mercier
Grafische Konzeption: Jean-Louis Gauthey & Robert Crumb

Aus dem Amerikanischen von Harry Rowohlt
Redaktion: Michael Groenewald
Lettering: Michael Hau, Dieter Kerl, Olav Korth und Jürgen Sippel
Korrektur: Klara Groß und Gustav Mechlenburg
Herstellung: Tim Gaedke

Dank an Lora Fountain, Jean-Louis Gauthey,
Emilie Le Hin und Jean-Pierre Mercier

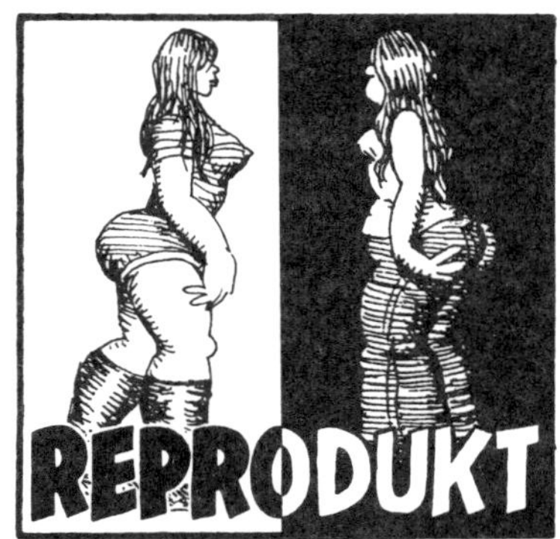

Gottschedstr. 4 / Aufgang 1
13357 Berlin

Published by arrangerment with Agence Littéraire Lora Fountain & Associates.
Originally published in France by Éditions Cornélius, 5 Villa du Clos de Malevart, 75011 Paris
So waren die 60er, Mein Ärger mit den Frauen & *Onkel Bobs Midlife-Crisis*
sind in deutscher Übersetzung ursprünglich erschienen in Robert Crumb *Endzeit Comics*.

Fußeln, Mein Ärger mit den Frauen 2, „... bleibt die Erinnerung doch!“ & *Ich bin dankbar! Ich bin dankbar!*
sind in deutscher Übersetzung ursprünglich erschienen in Robert Crumb *Ein Heldenleben*.

Herausgeber: Dirk Rehm
ISBN 978-3-943143-40-9
Druck: BALTO Print, Vilnius, Litauen

Erste Auflage: Juni 2013

www.reprodukt.com

SIND HALT JUNGS!

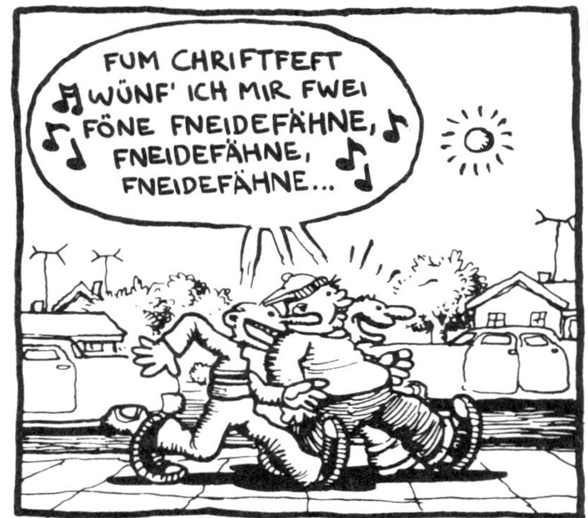

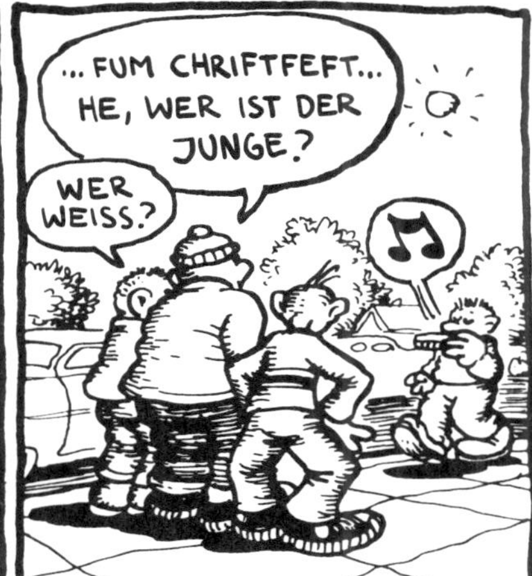

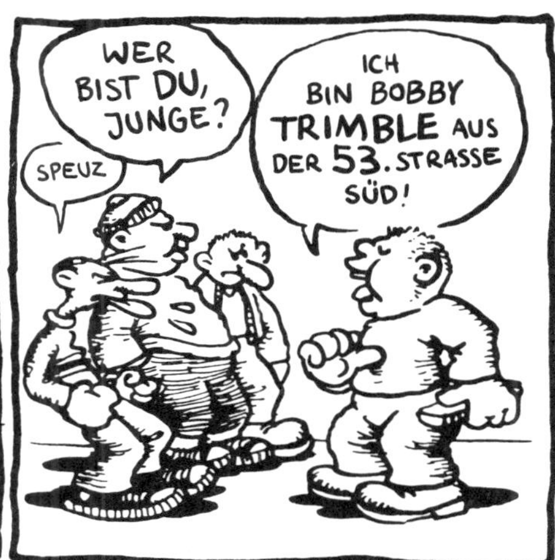

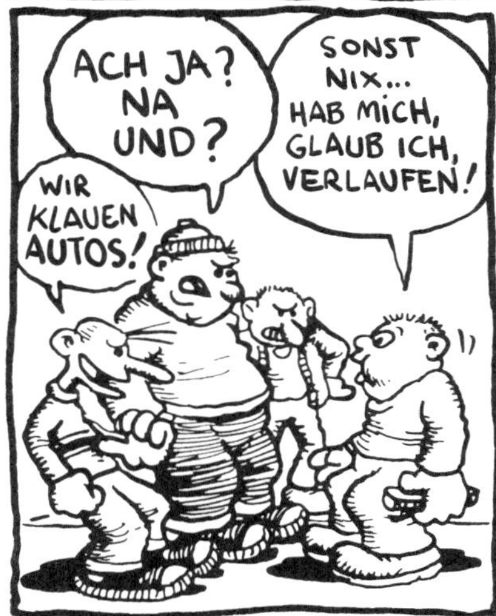

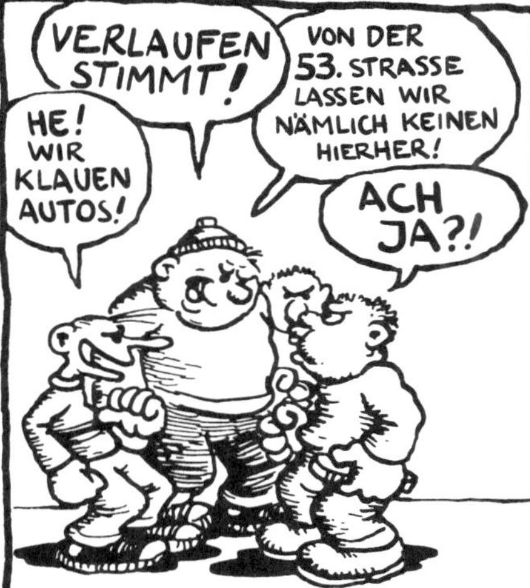

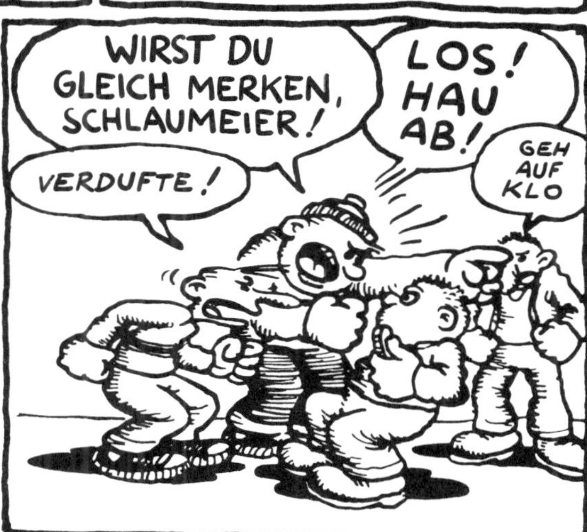

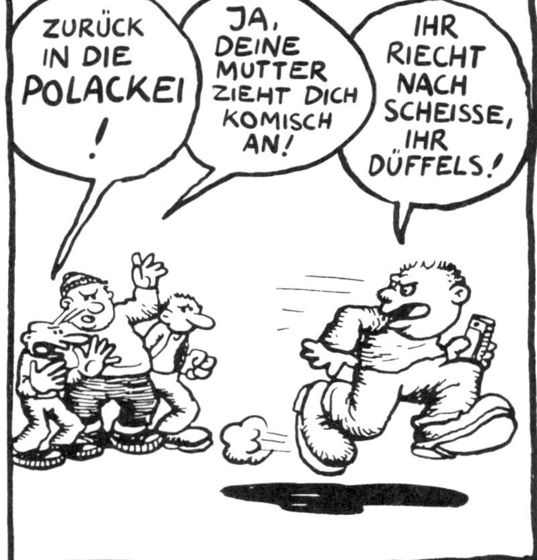

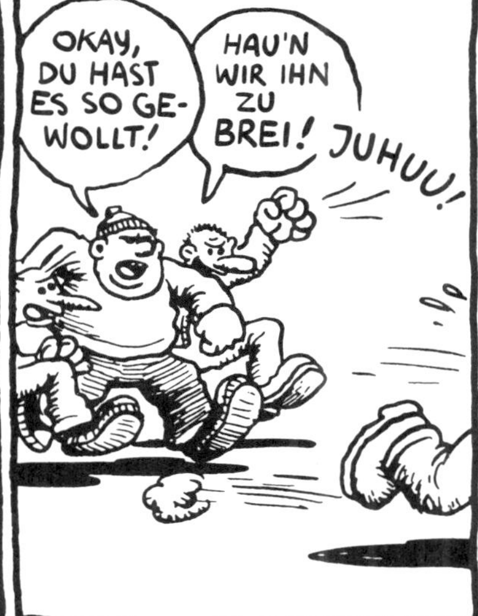

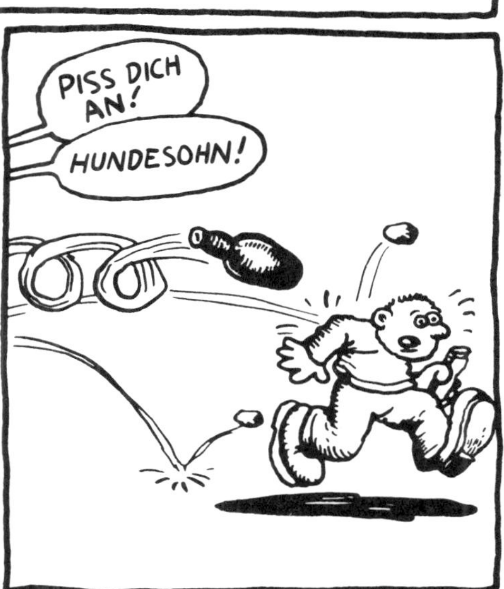

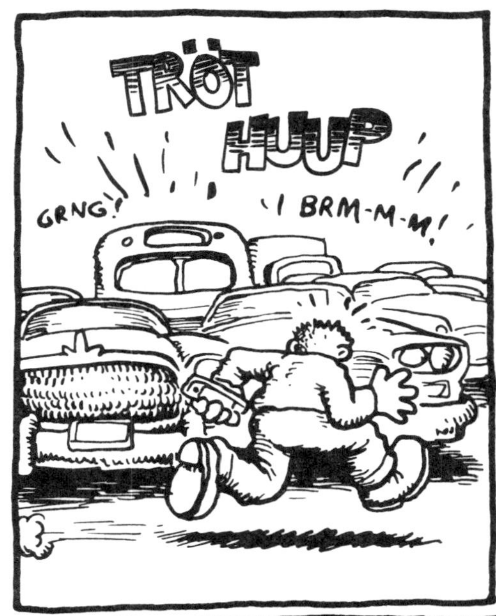
TRÖT
HUUP
GRNG!
BRM-M-M!

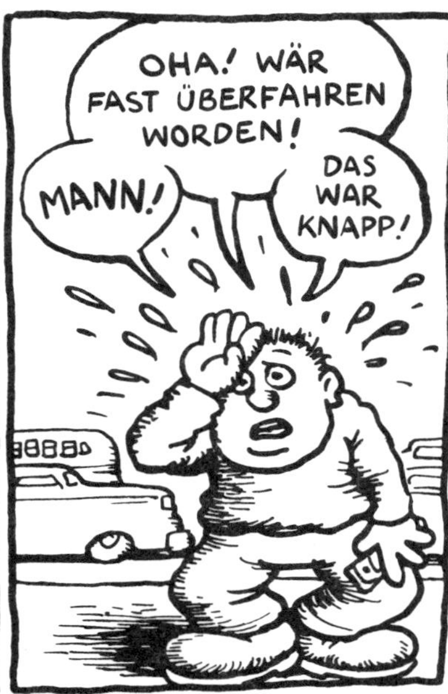
OHA! WÄR FAST ÜBERFAHREN WORDEN!
MANN!
DAS WAR KNAPP!

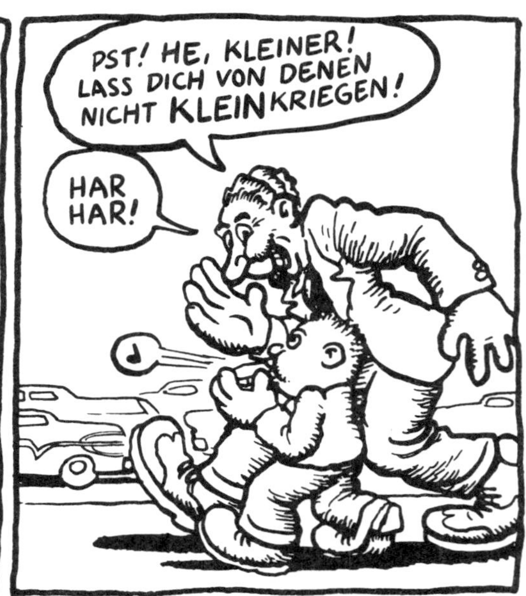
PST! HE, KLEINER! LASS DICH VON DENEN NICHT KLEINKRIEGEN!
HAR HAR!

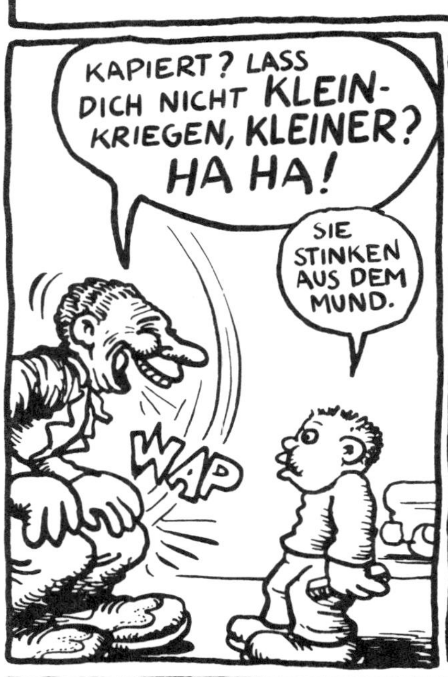
KAPIERT? LASS DICH NICHT KLEIN-KRIEGEN, KLEINER? HA HA!
SIE STINKEN AUS DEM MUND.
WAP

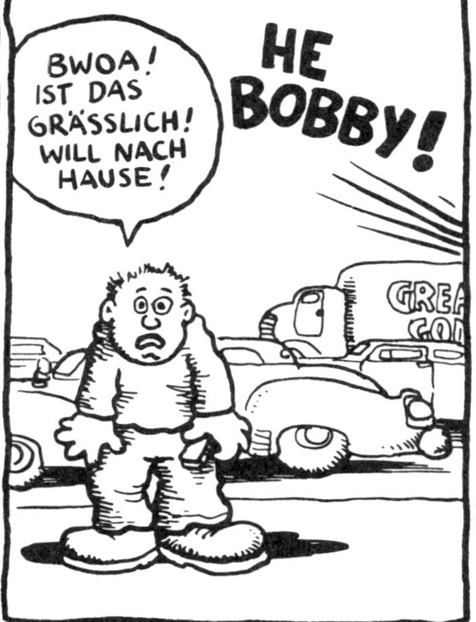
BWOA! IST DAS GRÄSSLICH! WILL NACH HAUSE!
HE BOBBY!

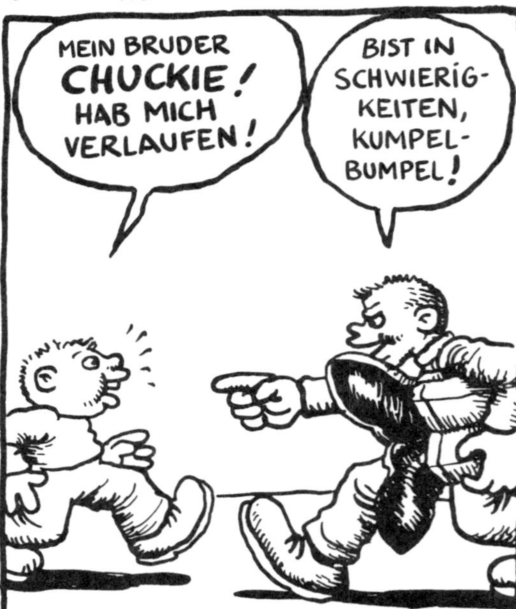
MEIN BRUDER CHUCKIE! HAB MICH VERLAUFEN!
BIST IN SCHWIERIG-KEITEN, KUMPEL-BUMPEL!

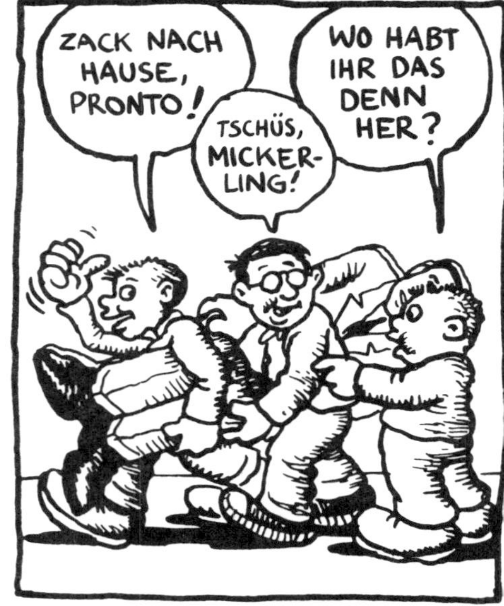
ZACK NACH HAUSE, PRONTO!
TSCHÜS, MICKER-LING!
WO HABT IHR DAS DENN HER?

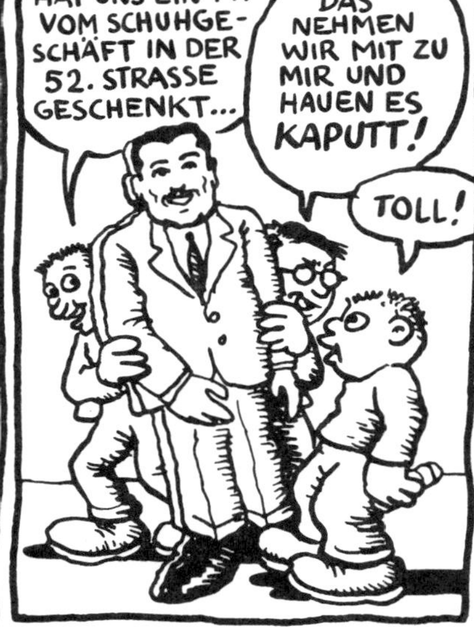
HAT UNS EIN TYP VOM SCHUHGE-SCHÄFT IN DER 52. STRASSE GESCHENKT...
DAS NEHMEN WIR MIT ZU MIR UND HAUEN ES KAPUTT!
TOLL!

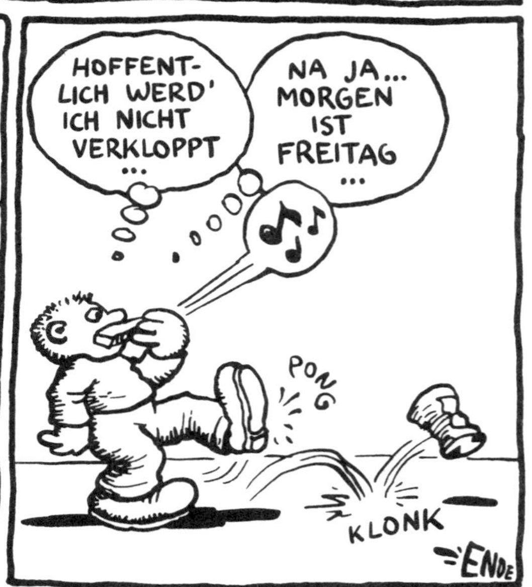
HOFFENT-LICH WERD' ICH NICHT VERKLOPPT ...
NA JA... MORGEN IST FREITAG ...
PONG
KLONK
ENDE

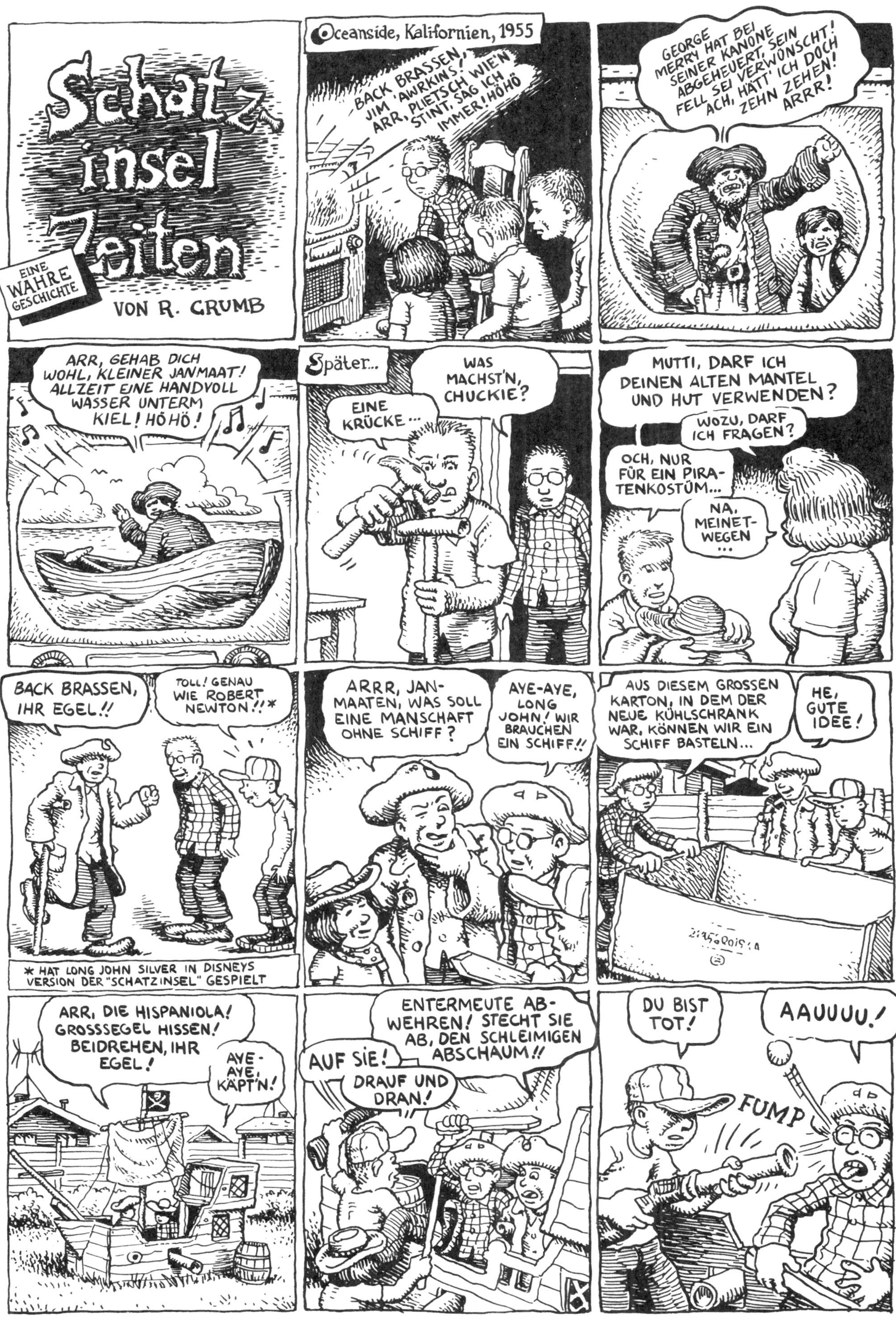
Schatzinsel Zeiten
EINE WAHRE GESCHICHTE
VON R. CRUMB
Oceanside, Kalifornien, 1955
BACK BRASSEN, JIM 'AWRKINS! ARR, PLIETSCH WIE'N STINT, SAG ICH IMMER! HÖHÖ
GEORGE MERRY HAT BEI SEINER KANONE ABGEHEUERT. SEIN FELL SEI VERWÜNSCHT! ACH, HÄTT' ICH DOCH ZEHN ZEHEN! ARRR!
ARR, GEHAB DICH WOHL, KLEINER JANMAAT! ALLZEIT EINE HANDVOLL WASSER UNTERM KIEL! HÖHÖ!
Später...
WAS MACHST'N, CHUCKIE?
EINE KRÜCKE...
MUTTI, DARF ICH DEINEN ALTEN MANTEL UND HUT VERWENDEN?
WOZU, DARF ICH FRAGEN?
OCH, NUR FÜR EIN PIRATENKOSTÜM...
NA, MEINETWEGEN...
BACK BRASSEN, IHR EGEL!!
TOLL! GENAU WIE ROBERT NEWTON!!*
* HAT LONG JOHN SILVER IN DISNEYS VERSION DER "SCHATZINSEL" GESPIELT
ARRR, JANMAATEN, WAS SOLL EINE MANSCHAFT OHNE SCHIFF?
AYE-AYE, LONG JOHN! WIR BRAUCHEN EIN SCHIFF!!
AUS DIESEM GROSSEN KARTON, IN DEM DER NEUE KÜHLSCHRANK WAR, KÖNNEN WIR EIN SCHIFF BASTELN...
HE, GUTE IDEE!
ARR, DIE HISPANIOLA! GROSSSEGEL HISSEN! BEIDREHEN, IHR EGEL!
AYE-AYE, KÄPT'N!
ENTERMEUTE ABWEHREN! STECHT SIE AB, DEN SCHLEIMIGEN ABSCHAUM!!
AUF SIE!
DRAUF UND DRAN!
DU BIST TOT!
AAUUUU!
FUMP

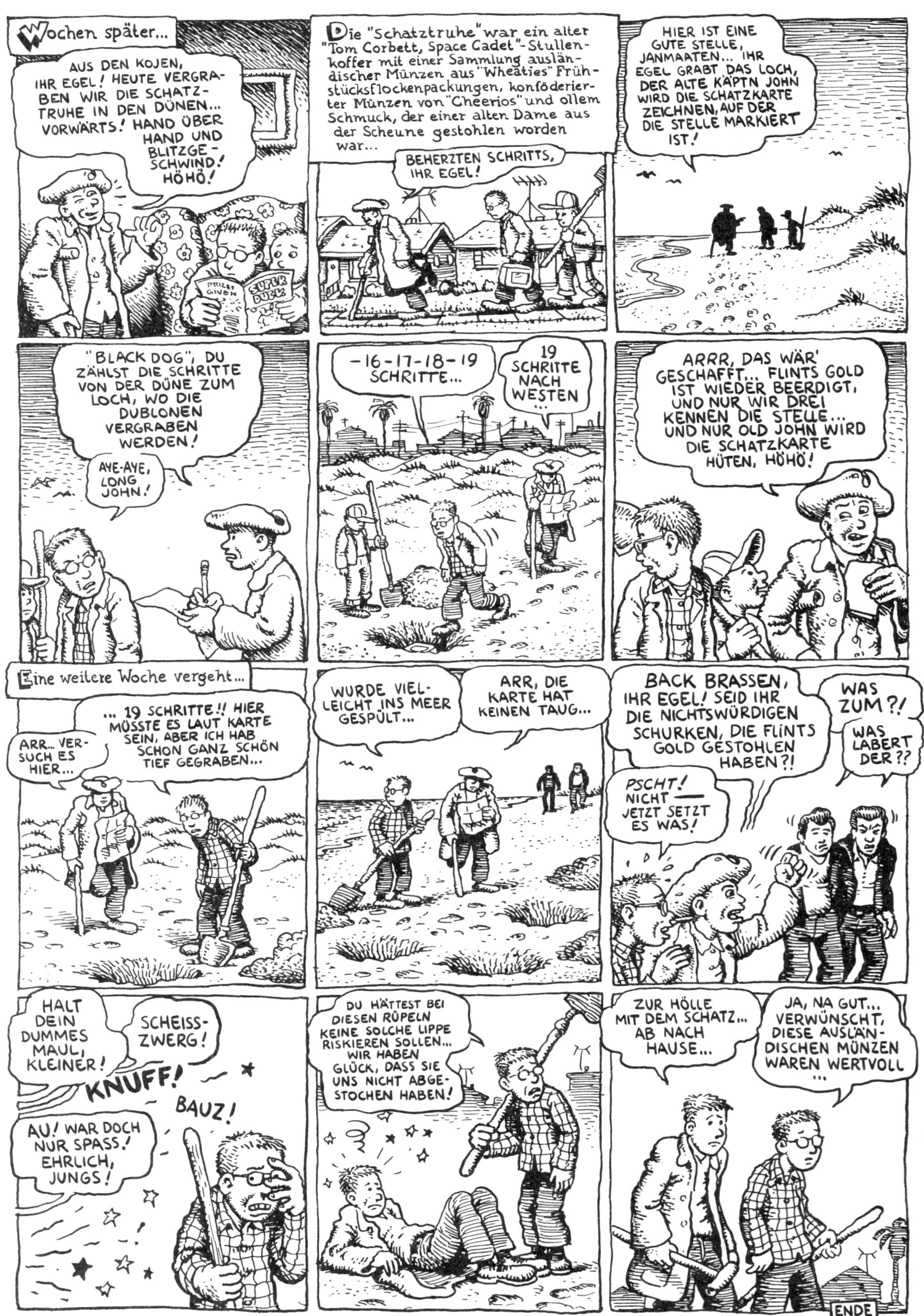
Wochen später...
AUS DEN KOJEN, IHR EGEL! HEUTE VERGRABEN WIR DIE SCHATZTRUHE IN DEN DÜNEN... VORWÄRTS! HAND ÜBER HAND UND BLITZGESCHWIND! HÖHÖ!
PRIZES GIVEN
SUPER DUCK
Die "Schatztruhe" war ein alter "Tom Corbett, Space Cadet"-Stullenkoffer mit einer Sammlung ausländischer Münzen aus "Wheaties" Frühstücksflockenpackungen, konföderierter Münzen von "Cheerios" und ollem Schmuck, der einer alten Dame aus der Scheune gestohlen worden war...
BEHERZTEN SCHRITTS, IHR EGEL!
HIER IST EINE GUTE STELLE, JANMAATEN... IHR EGEL GRABT DAS LOCH, DER ALTE KÄPTN JOHN WIRD DIE SCHATZKARTE ZEICHNEN, AUF DER DIE STELLE MARKIERT IST!
"BLACK DOG", DU ZÄHLST DIE SCHRITTE VON DER DÜNE ZUM LOCH, WO DIE DUBLONEN VERGRABEN WERDEN!
AYE-AYE, LONG JOHN!
-16-17-18-19 SCHRITTE...
19 SCHRITTE NACH WESTEN ...
ARRR, DAS WÄR' GESCHAFFT... FLINTS GOLD IST WIEDER BEERDIGT, UND NUR WIR DREI KENNEN DIE STELLE... UND NUR OLD JOHN WIRD DIE SCHATZKARTE HÜTEN, HÖHÖ!
Eine weitere Woche vergeht...
ARR... VERSUCH ES HIER...
... 19 SCHRITTE!! HIER MÜSSTE ES LAUT KARTE SEIN, ABER ICH HAB SCHON GANZ SCHÖN TIEF GEGRABEN...
WURDE VIELLEICHT INS MEER GESPÜLT...
ARR, DIE KARTE HAT KEINEN TAUG...
BACK BRASSEN, IHR EGEL! SEID IHR DIE NICHTSWÜRDIGEN SCHURKEN, DIE FLINTS GOLD GESTOHLEN HABEN?!
WAS ZUM?!
WAS LABERT DER??
PSCHT! NICHT — JETZT SETZT ES WAS!
HALT DEIN DUMMES MAUL, KLEINER!
SCHEISSZWERG!
KNUFF!
BAUZ!
AU! WAR DOCH NUR SPASS! EHRLICH, JUNGS!
DU HÄTTEST BEI DIESEN RÜPELN KEINE SOLCHE LIPPE RISKIEREN SOLLEN... WIR HABEN GLÜCK, DASS SIE UNS NICHT ABGESTOCHEN HABEN!
ZUR HÖLLE MIT DEM SCHATZ... AB NACH HAUSE...
JA, NA GUT... VERWÜNSCHT, DIESE AUSLÄNDISCHEN MÜNZEN WAREN WERTVOLL ...
ENDE

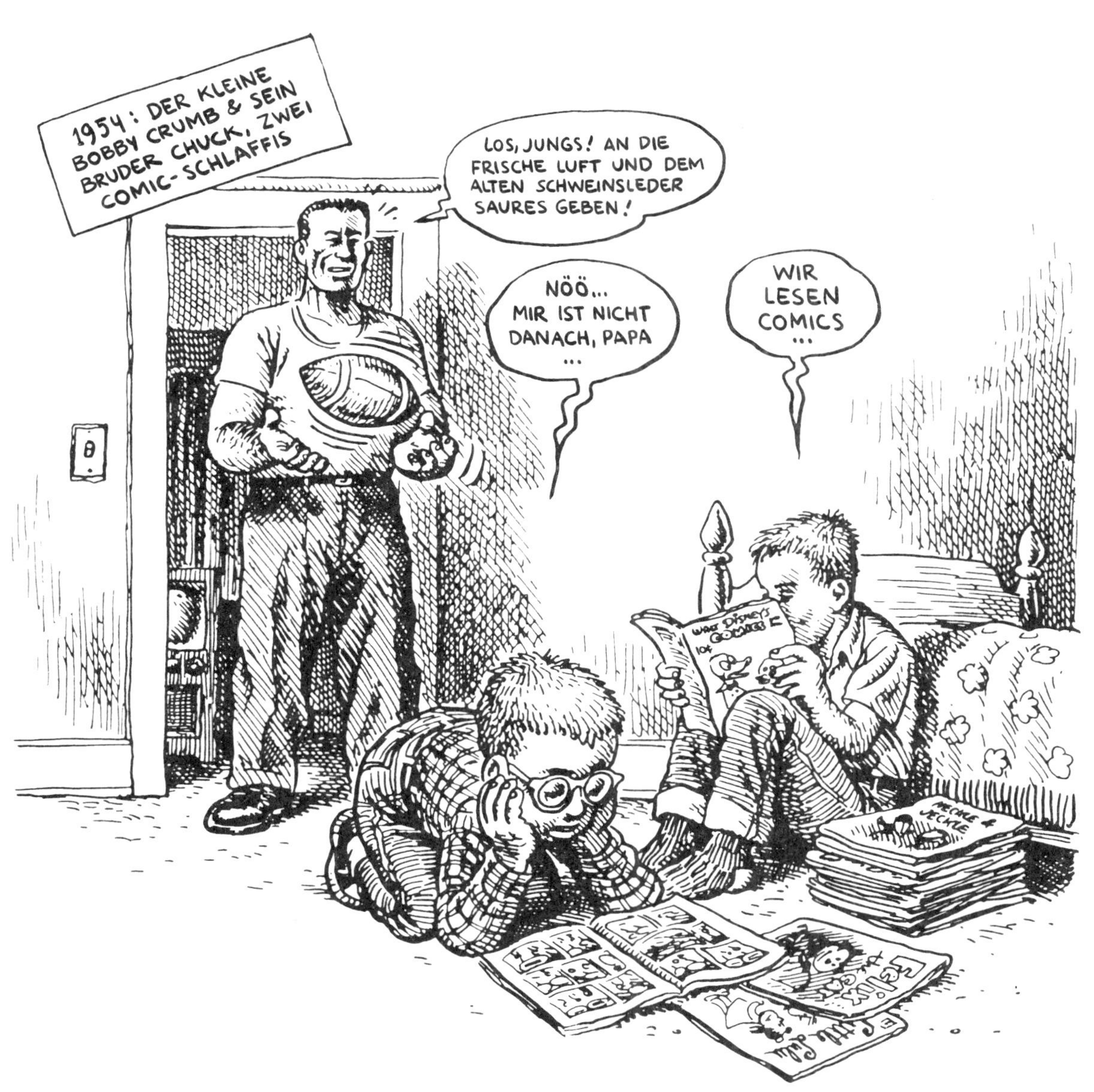
1954: DER KLEINE BOBBY CRUMB & SEIN BRUDER CHUCK, ZWEI COMIC-SCHLAFFIS
LOS, JUNGS! AN DIE FRISCHE LUFT UND DEM ALTEN SCHWEINSLEDER SAURES GEBEN!
NÖÖ... MIR IST NICHT DANACH, PAPA ...
WIR LESEN COMICS ...
FECKLE & JECKLE

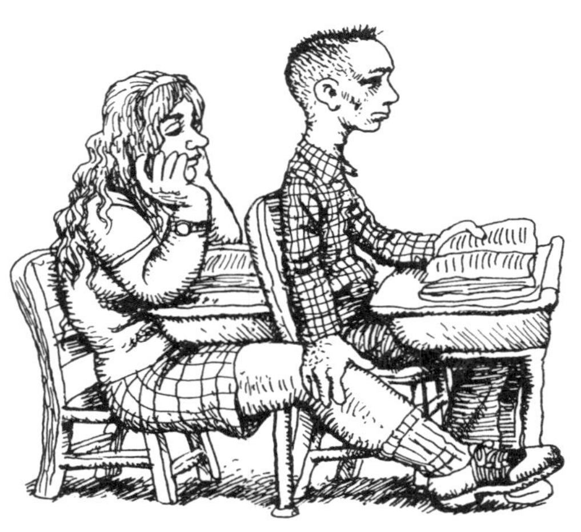

ALS ICH DREIZEHN WAR, BEGEHRTE ICH GEWISSE MÄDCHEN... ICH WOLLTE IHNEN ETWAS ANTUN... ICH WUSSTE NICHT GENAU, WAS... ICH WUSSTE NICHT, WIE MAN MIT IHNEN REDET ODER SICH GAR MIT IHNEN VERABREDET ODER SO WAS... ABER **EINS** KONNTE ICH... EINE ART DES KONTAKTS KONNTE ICH ZU IHNEN HERSTELLEN; ES WAR DIES EIN HEIMLICHES KLEINES SPIEL NAMENS...

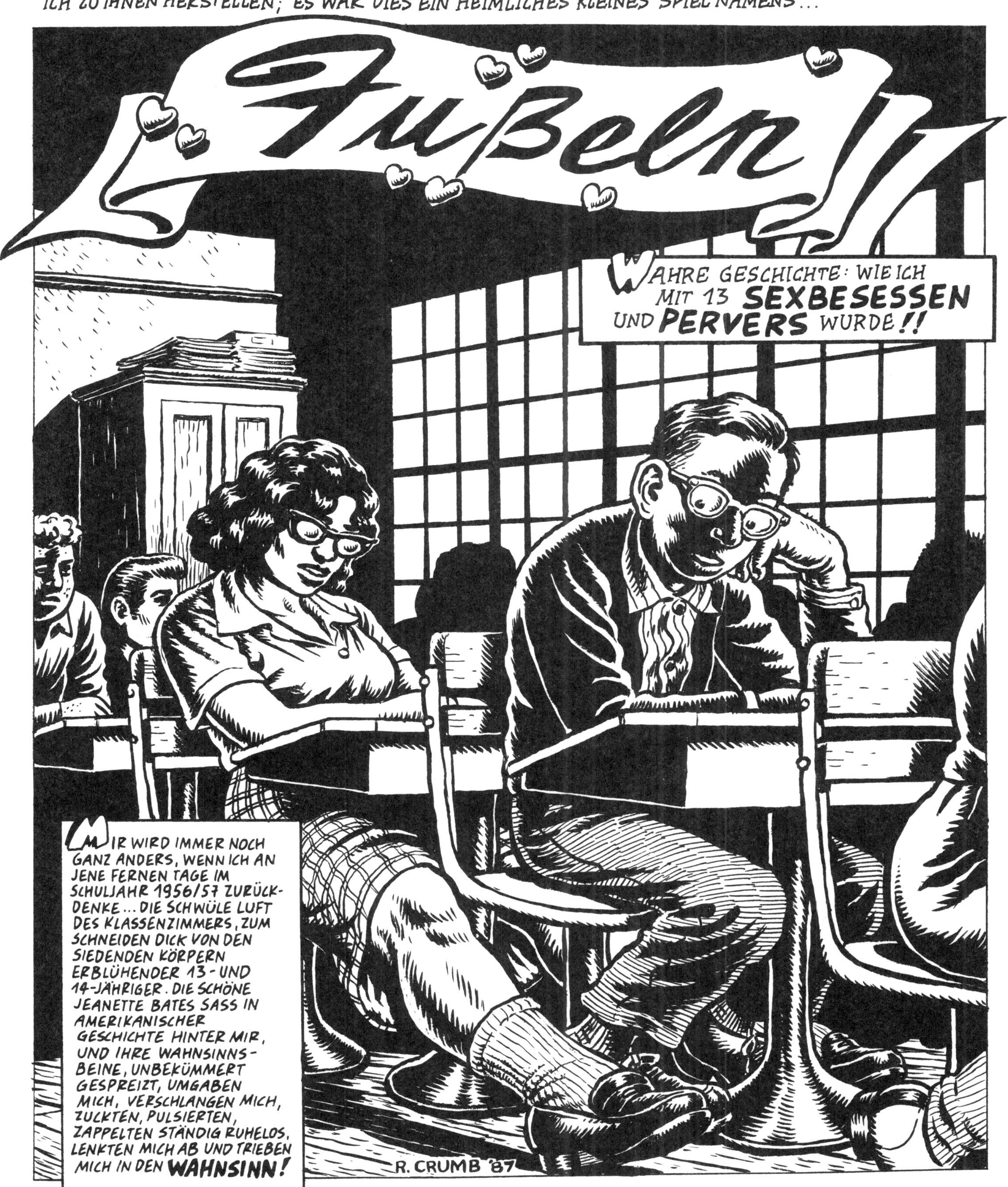

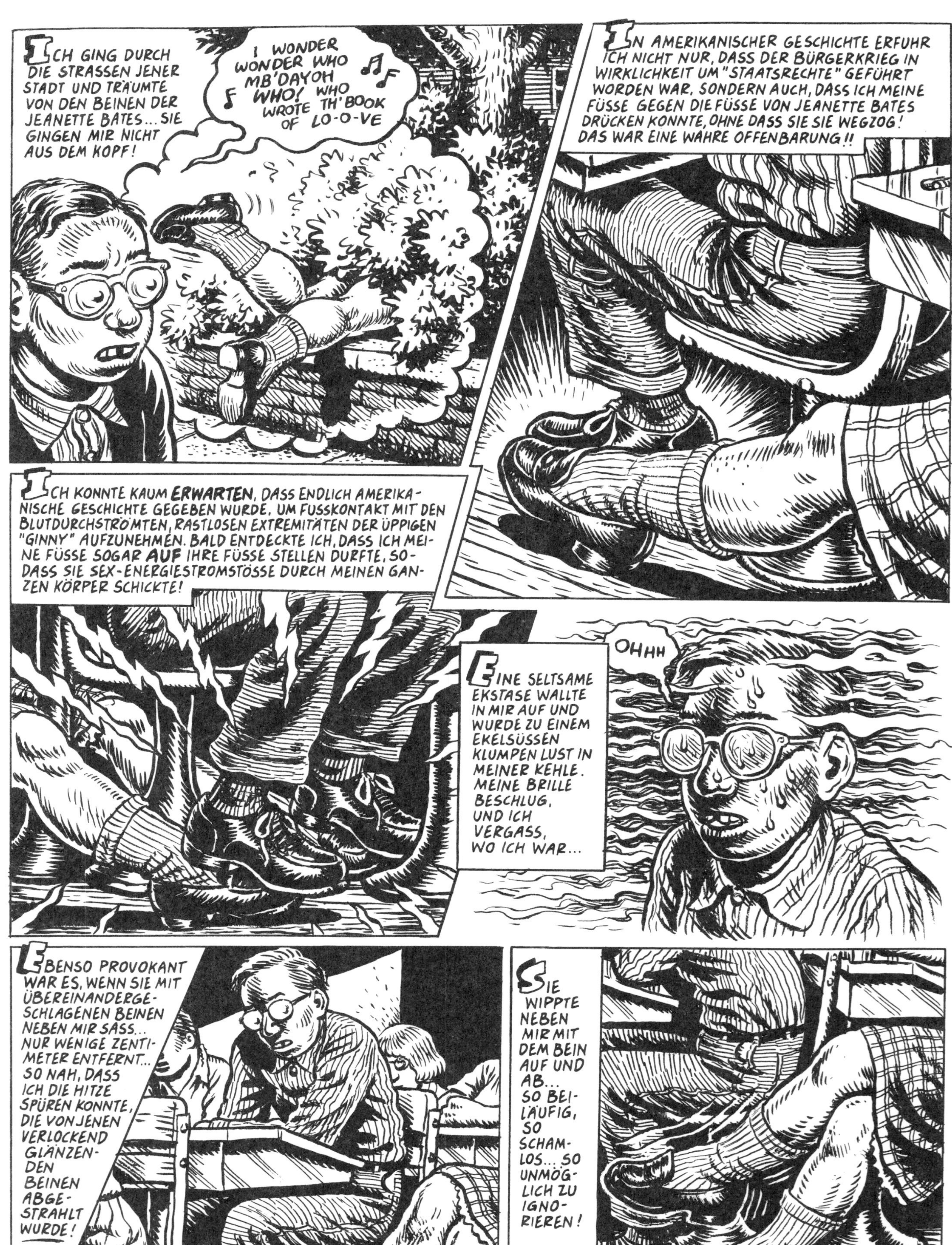
ICH GING DURCH DIE STRASSEN JENER STADT UND TRÄUMTE VON DEN BEINEN DER JEANETTE BATES... SIE GINGEN MIR NICHT AUS DEM KOPF!
I WONDER WONDER WHO MB'DAYOH WHO! WHO WROTE TH'BOOK OF LO-O-VE
IN AMERIKANISCHER GESCHICHTE ERFUHR ICH NICHT NUR, DASS DER BÜRGERKRIEG IN WIRKLICHKEIT UM "STAATSRECHTE" GEFÜHRT WORDEN WAR, SONDERN AUCH, DASS ICH MEINE FÜSSE GEGEN DIE FÜSSE VON JEANETTE BATES DRÜCKEN KONNTE, OHNE DASS SIE SIE WEGZOG! DAS WAR EINE WAHRE OFFENBARUNG!!
ICH KONNTE KAUM ERWARTEN, DASS ENDLICH AMERIKANISCHE GESCHICHTE GEGEBEN WURDE, UM FUSSKONTAKT MIT DEN BLUTDURCHSTRÖMTEN, RASTLOSEN EXTREMITÄTEN DER ÜPPIGEN "GINNY" AUFZUNEHMEN. BALD ENTDECKTE ICH, DASS ICH MEINE FÜSSE SOGAR AUF IHRE FÜSSE STELLEN DURFTE, SODASS SIE SEX-ENERGIESTROMSTÖSSE DURCH MEINEN GANZEN KÖRPER SCHICKTE!
EINE SELTSAME EKSTASE WALLTE IN MIR AUF UND WURDE ZU EINEM EKELSÜSSEN KLUMPEN LUST IN MEINER KEHLE. MEINE BRILLE BESCHLUG, UND ICH VERGASS, WO ICH WAR...
OHHH
EBENSO PROVOKANT WAR ES, WENN SIE MIT ÜBEREINANDERGESCHLAGENEN BEINEN NEBEN MIR SASS... NUR WENIGE ZENTIMETER ENTFERNT... SO NAH, DASS ICH DIE HITZE SPÜREN KONNTE, DIE VON JENEN VERLOCKEND GLÄNZENDEN BEINEN ABGESTRAHLT WURDE!
SIE WIPPTE NEBEN MIR MIT DEM BEIN AUF UND AB... SO BEILÄUFIG, SO SCHAMLOS... SO UNMÖGLICH ZU IGNORIEREN!

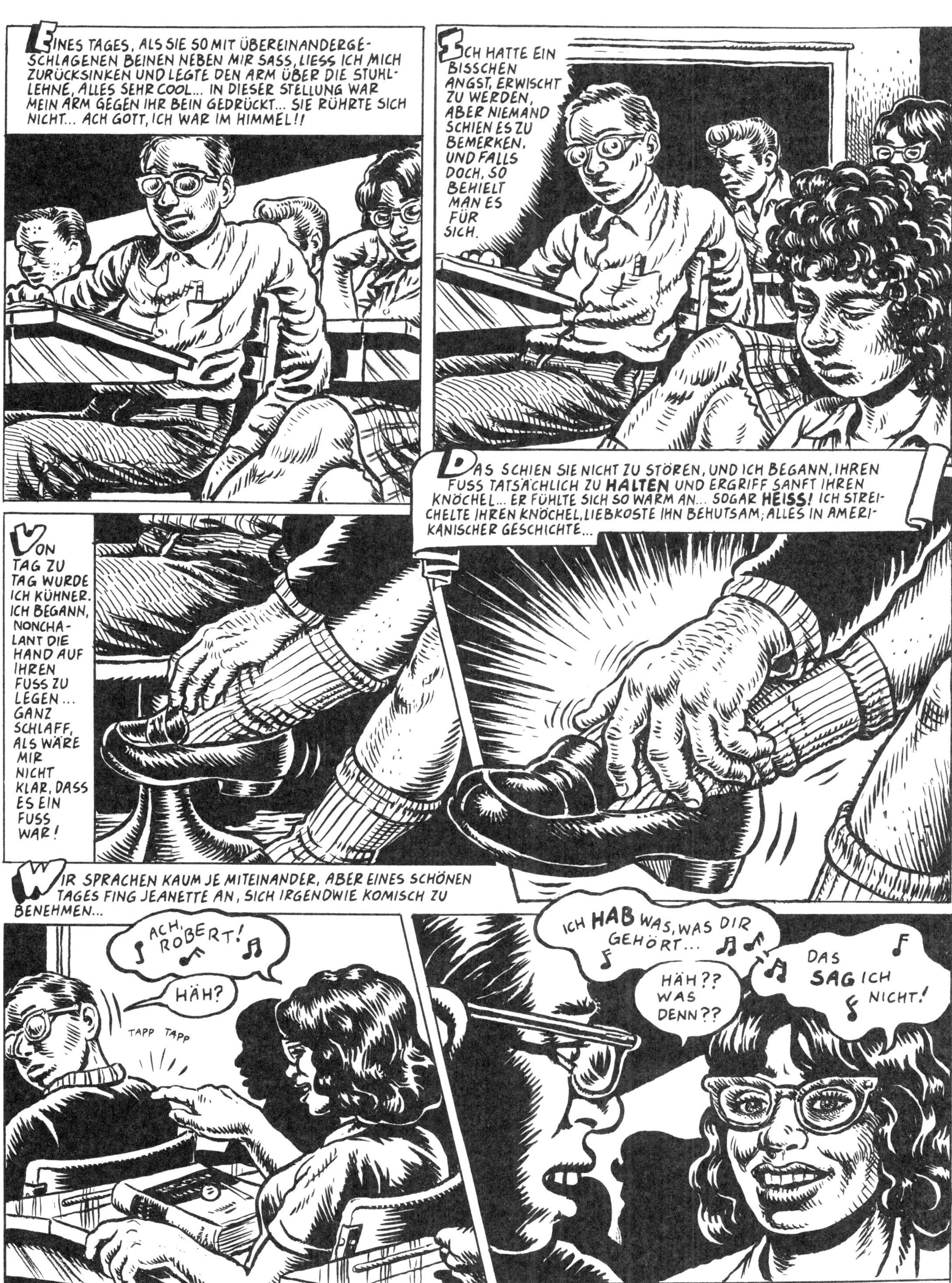
EINES TAGES, ALS SIE SO MIT ÜBEREINANDERGESCHLAGENEN BEINEN NEBEN MIR SASS, LIESS ICH MICH ZURÜCKSINKEN UND LEGTE DEN ARM ÜBER DIE STUHLLEHNE, ALLES SEHR COOL... IN DIESER STELLUNG WAR MEIN ARM GEGEN IHR BEIN GEDRÜCKT... SIE RÜHRTE SICH NICHT... ACH GOTT, ICH WAR IM HIMMEL!!
ICH HATTE EIN BISSCHEN ANGST, ERWISCHT ZU WERDEN, ABER NIEMAND SCHIEN ES ZU BEMERKEN, UND FALLS DOCH, SO BEHIELT MAN ES FÜR SICH.
VON TAG ZU TAG WURDE ICH KÜHNER. ICH BEGANN, NONCHALANT DIE HAND AUF IHREN FUSS ZU LEGEN... GANZ SCHLAFF, ALS WÄRE MIR NICHT KLAR, DASS ES EIN FUSS WAR!
DAS SCHIEN SIE NICHT ZU STÖREN, UND ICH BEGANN, IHREN FUSS TATSÄCHLICH ZU HALTEN UND ERGRIFF SANFT IHREN KNÖCHEL... ER FÜHLTE SICH SO WARM AN... SOGAR HEISS! ICH STREICHELTE IHREN KNÖCHEL, LIEBKOSTE IHN BEHUTSAM; ALLES IN AMERIKANISCHER GESCHICHTE...
WIR SPRACHEN KAUM JE MITEINANDER, ABER EINES SCHÖNEN TAGES FING JEANETTE AN, SICH IRGENDWIE KOMISCH ZU BENEHMEN...
ACH, ROBERT!
HÄH?
TAPP TAPP
ICH HAB WAS, WAS DIR GEHÖRT...
HÄH?? WAS DENN??
DAS SAG ICH NICHT!

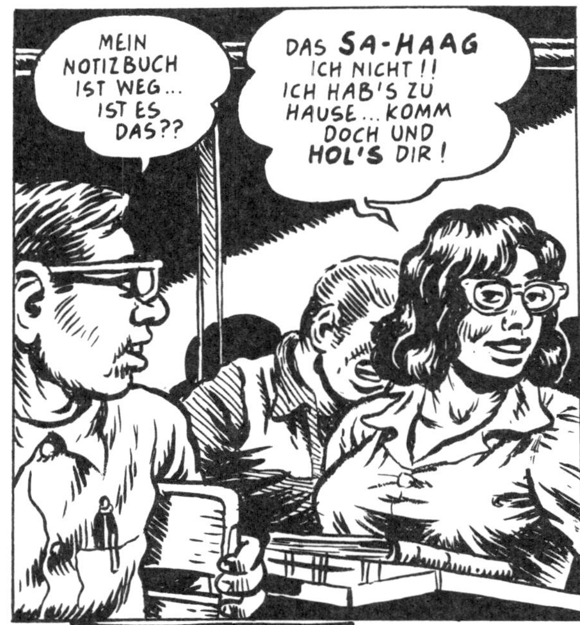
MEIN NOTIZBUCH IST WEG... IST ES DAS??
DAS SA-HAAG ICH NICHT!! ICH HAB'S ZU HAUSE... KOMM DOCH UND HOL'S DIR!

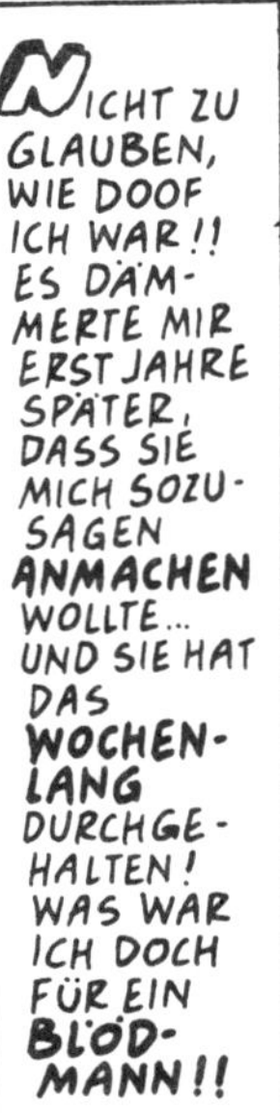
NICHT ZU GLAUBEN, WIE DOOF ICH WAR!! ES DÄMMERTE MIR ERST JAHRE SPÄTER, DASS SIE MICH SOZUSAGEN ANMACHEN WOLLTE... UND SIE HAT DAS WOCHENLANG DURCHGEHALTEN! WAS WAR ICH DOCH FÜR EIN BLÖDMANN!!

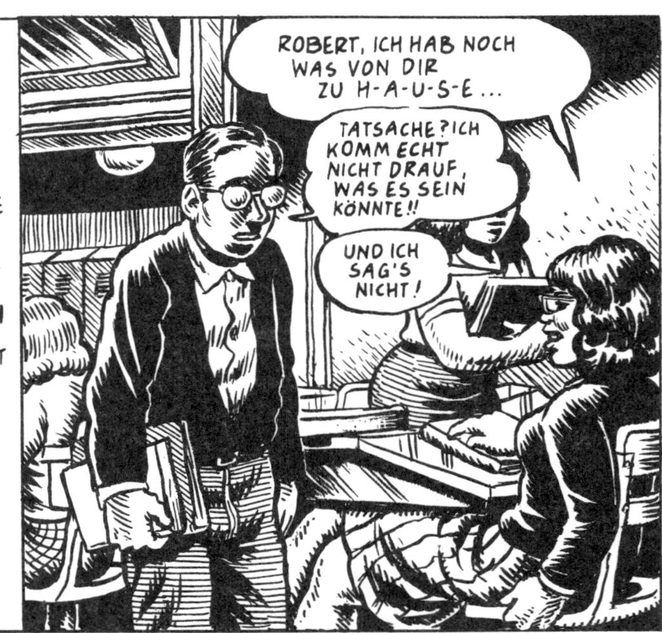
ROBERT, ICH HAB NOCH WAS VON DIR ZU H-A-U-S-E...
TATSACHE? ICH KOMM ECHT NICHT DRAUF, WAS ES SEIN KÖNNTE!!
UND ICH SAG'S NICHT!

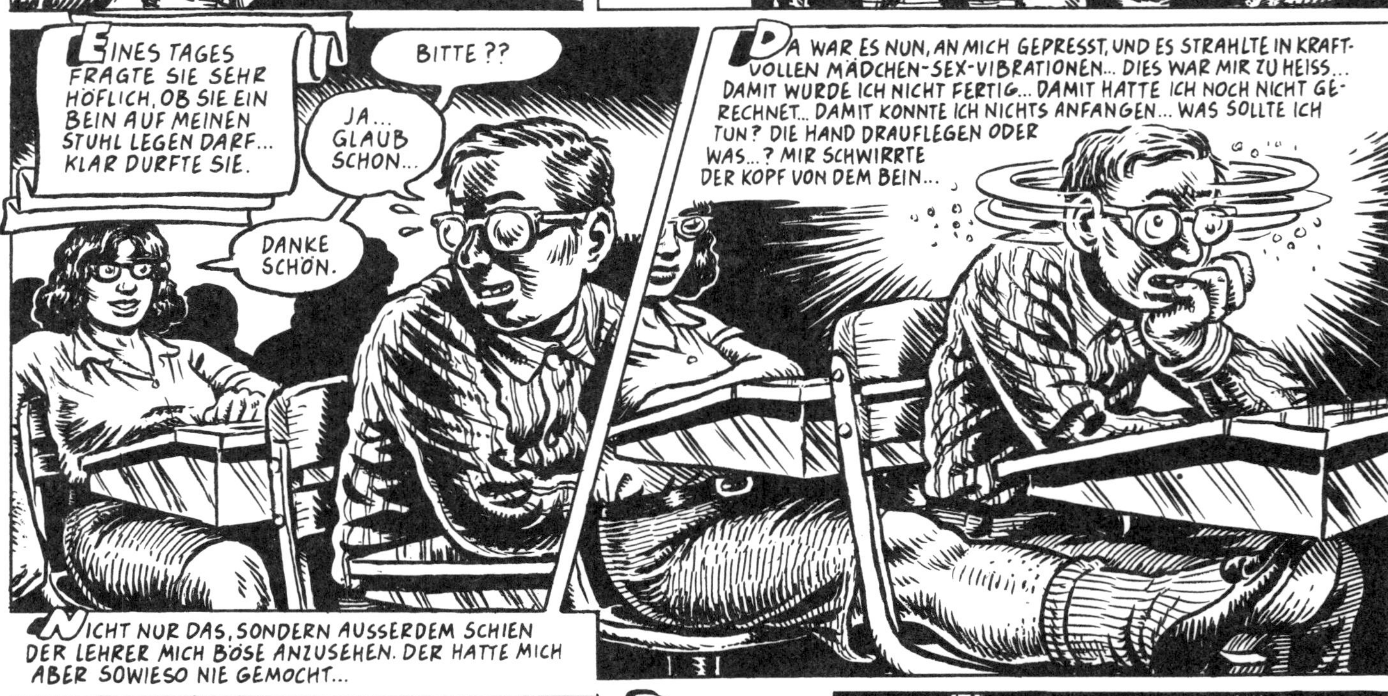
EINES TAGES FRAGTE SIE SEHR HÖFLICH, OB SIE EIN BEIN AUF MEINEN STUHL LEGEN DARF... KLAR DURFTE SIE.
BITTE??
JA... GLAUB SCHON...
DANKE SCHÖN.
DA WAR ES NUN, AN MICH GEPRESST, UND ES STRAHLTE IN KRAFTVOLLEN MÄDCHEN-SEX-VIBRATIONEN... DIES WAR MIR ZU HEISS... DAMIT WURDE ICH NICHT FERTIG... DAMIT HATTE ICH NOCH NICHT GERECHNET... DAMIT KONNTE ICH NICHTS ANFANGEN... WAS SOLLTE ICH TUN? DIE HAND DRAUFLEGEN ODER WAS...? MIR SCHWIRRTE DER KOPF VON DEM BEIN...
NICHT NUR DAS, SONDERN AUSSERDEM SCHIEN DER LEHRER MICH BÖSE ANZUSEHEN. DER HATTE MICH ABER SOWIESO NIE GEMOCHT...

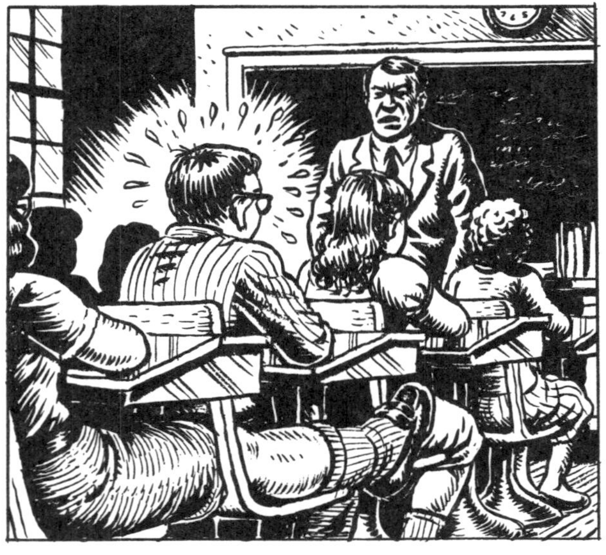

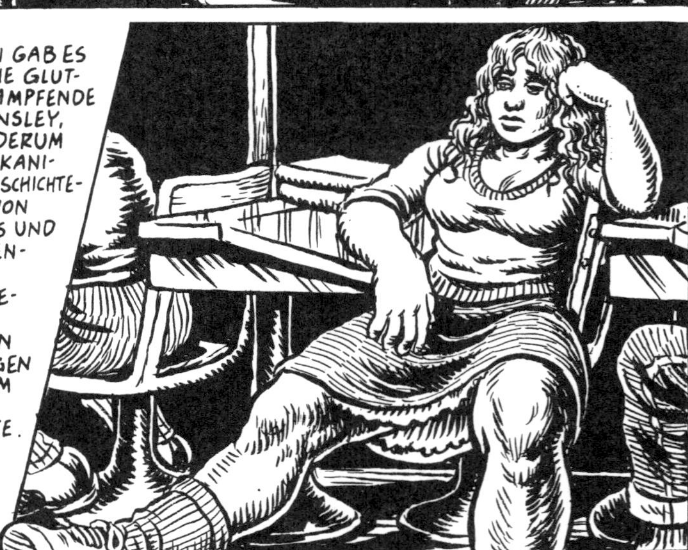
DANN GAB ES NOCH DIE GLUTVOLLE, DAMPFENDE DOLLY HENSLEY, DIE - WIEDERUM IN AMERIKANISCHER GESCHICHTE - RECHTS VON MIR SASS UND SICH EBENFALLS IN VERSCHIEDENEN LASZIVEN STELLUNGEN AN IHREM PULT LÜMMELTE.

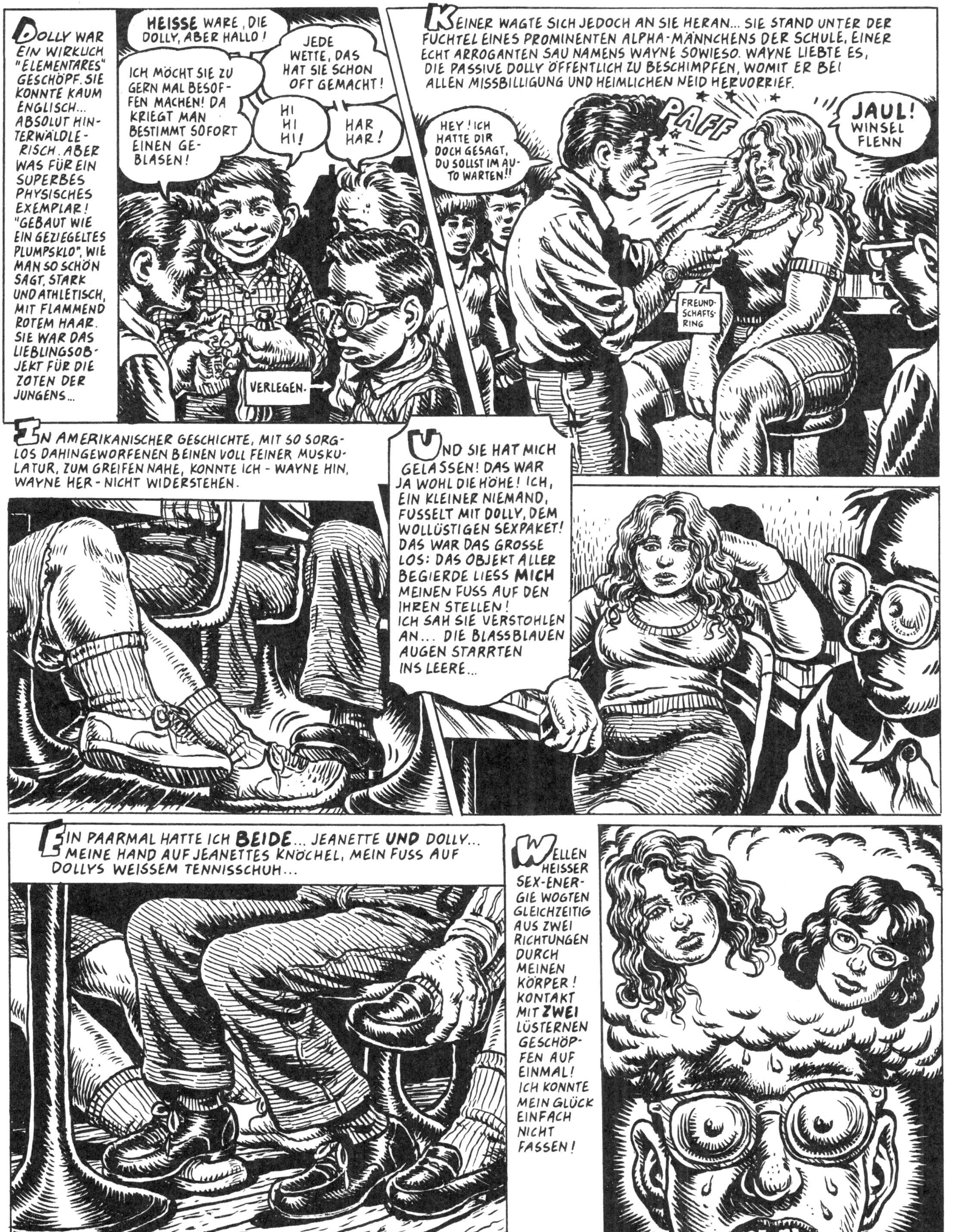

DOLLY WAR EIN WIRKLICH "ELEMENTARES" GESCHÖPF. SIE KONNTE KAUM ENGLISCH... ABSOLUT HINTERWÄLDLERISCH. ABER WAS FÜR EIN SUPERBES PHYSISCHES EXEMPLAR! "GEBAUT WIE EIN GEZIEGELTES PLUMPSKLO", WIE MAN SO SCHÖN SAGT. STARK UND ATHLETISCH, MIT FLAMMEND ROTEM HAAR. SIE WAR DAS LIEBLINGSOBJEKT FÜR DIE ZOTEN DER JUNGENS...

HEISSE WARE, DIE DOLLY, ABER HALLO!

JEDE WETTE, DAS HAT SIE SCHON OFT GEMACHT!

ICH MÖCHT SIE ZU GERN MAL BESOFFEN MACHEN! DA KRIEGT MAN BESTIMMT SOFORT EINEN GEBLASEN!

HI HI HI!

HAR HAR!

VERLEGEN.

KEINER WAGTE SICH JEDOCH AN SIE HERAN... SIE STAND UNTER DER FUCHTEL EINES PROMINENTEN ALPHA-MÄNNCHENS DER SCHULE, EINER ECHT ARROGANTEN SAU NAMENS WAYNE SOWIESO. WAYNE LIEBTE ES, DIE PASSIVE DOLLY ÖFFENTLICH ZU BESCHIMPFEN, WOMIT ER BEI ALLEN MISSBILLIGUNG UND HEIMLICHEN NEID HERVORRIEF.

HEY! ICH HATTE DIR DOCH GESAGT, DU SOLLST IM AUTO WARTEN!!

PAFF

JAUL! WINSEL FLENN

FREUNDSCHAFTSRING

IN AMERIKANISCHER GESCHICHTE, MIT SO SORGLOS DAHINGEWORFENEN BEINEN VOLL FEINER MUSKULATUR, ZUM GREIFEN NAHE, KONNTE ICH - WAYNE HIN, WAYNE HER - NICHT WIDERSTEHEN.

UND SIE HAT MICH GELASSEN! DAS WAR JA WOHL DIE HÖHE! ICH, EIN KLEINER NIEMAND, FUSSELT MIT DOLLY, DEM WOLLÜSTIGEN SEXPAKET! DAS WAR DAS GROSSE LOS: DAS OBJEKT ALLER BEGIERDE LIESS MICH MEINEN FUSS AUF DEN IHREN STELLEN! ICH SAH SIE VERSTOHLEN AN... DIE BLASSBLAUEN AUGEN STARRTEN INS LEERE...

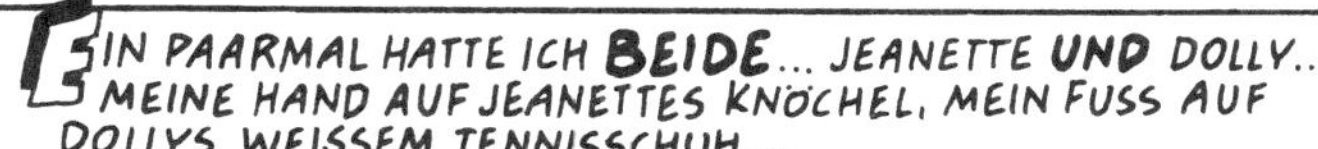

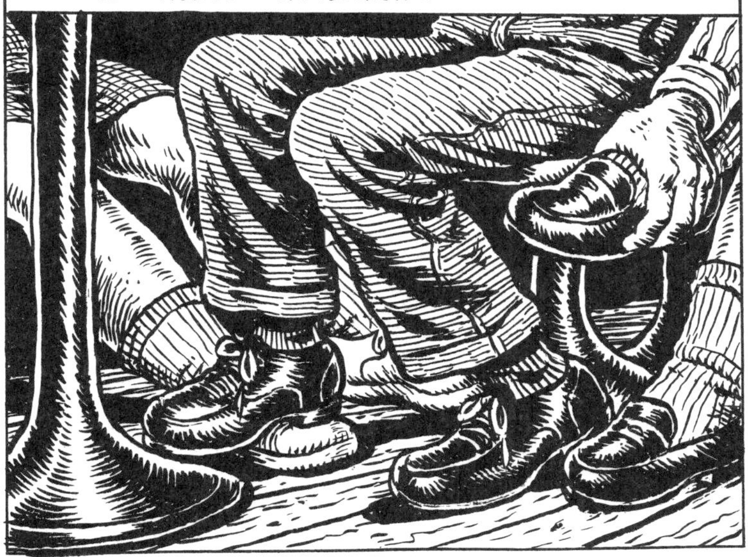

WELLEN HEISSER SEX-ENERGIE WOGTEN GLEICHZEITIG AUS ZWEI RICHTUNGEN DURCH MEINEN KÖRPER! KONTAKT MIT ZWEI LÜSTERNEN GESCHÖPFEN AUF EINMAL! ICH KONNTE MEIN GLÜCK EINFACH NICHT FASSEN!

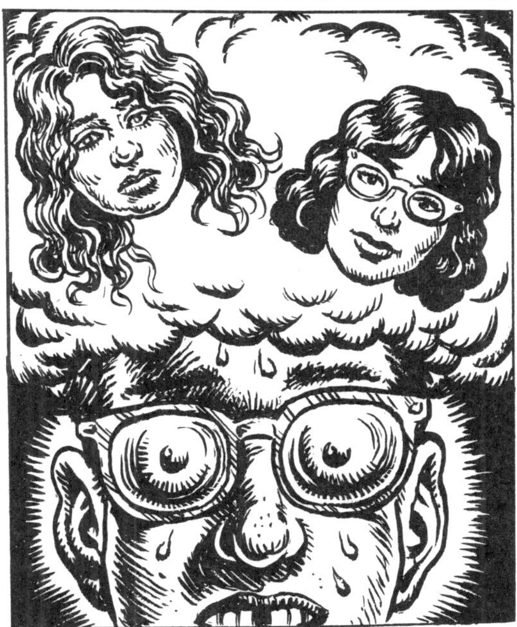

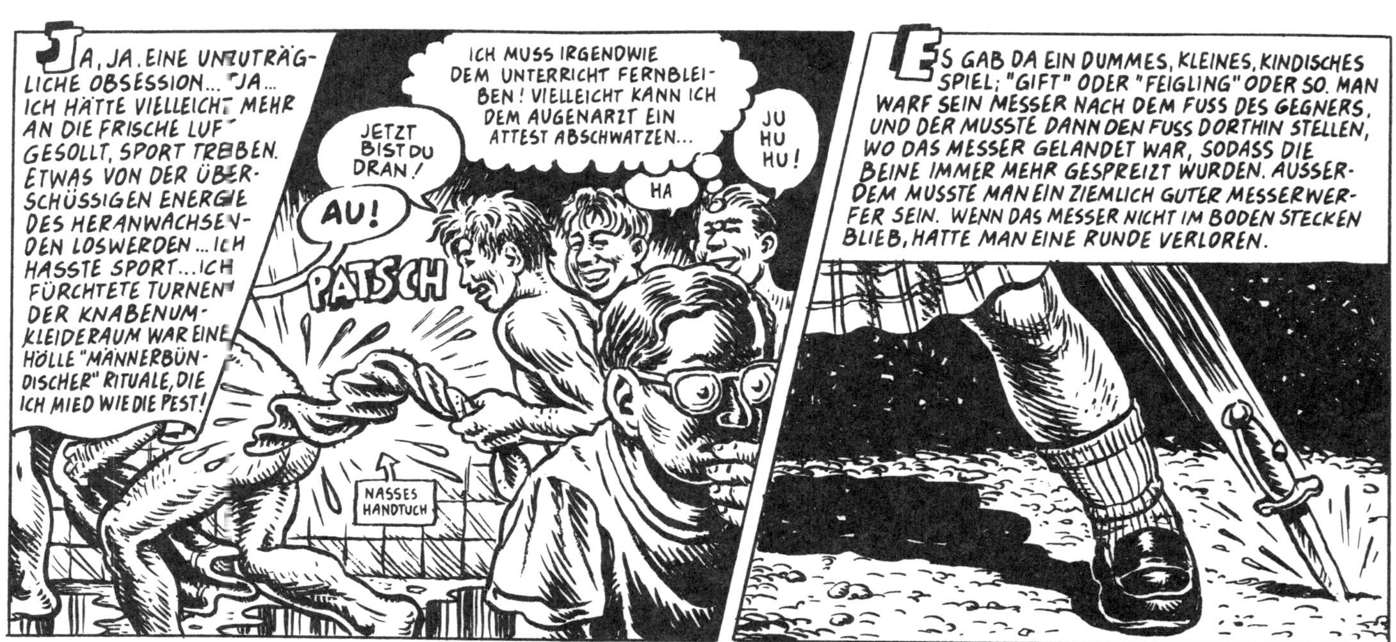
JA, JA. EINE UNZUTRÄGLICHE OBSESSION... JA... ICH HÄTTE VIELLEICHT MEHR AN DIE FRISCHE LUFT GESOLLT, SPORT TREIBEN. ETWAS VON DER ÜBERSCHÜSSIGEN ENERGIE DES HERANWACHSENDEN LOSWERDEN... ICH HASSTE SPORT... ICH FÜRCHTETE TURNEN! DER KNABENUMKLEIDERAUM WAR EINE HÖLLE "MÄNNERBÜNDISCHER" RITUALE, DIE ICH MIED WIE DIE PEST!
ICH MUSS IRGENDWIE DEM UNTERRICHT FERNBLEIBEN! VIELLEICHT KANN ICH DEM AUGENARZT EIN ATTEST ABSCHWATZEN...
JETZT BIST DU DRAN!
JU HU HU!
HA
AU!
PATSCH
NASSES HANDTUCH
ES GAB DA EIN DUMMES, KLEINES, KINDISCHES SPIEL; "GIFT" ODER "FEIGLING" ODER SO. MAN WARF SEIN MESSER NACH DEM FUSS DES GEGNERS, UND DER MUSSTE DANN DEN FUSS DORTHIN STELLEN, WO DAS MESSER GELANDET WAR, SODASS DIE BEINE IMMER MEHR GESPREIZT WURDEN. AUSSERDEM MUSSTE MAN EIN ZIEMLICH GUTER MESSERWERFER SEIN. WENN DAS MESSER NICHT IM BODEN STECKEN BLIEB, HATTE MAN EINE RUNDE VERLOREN.

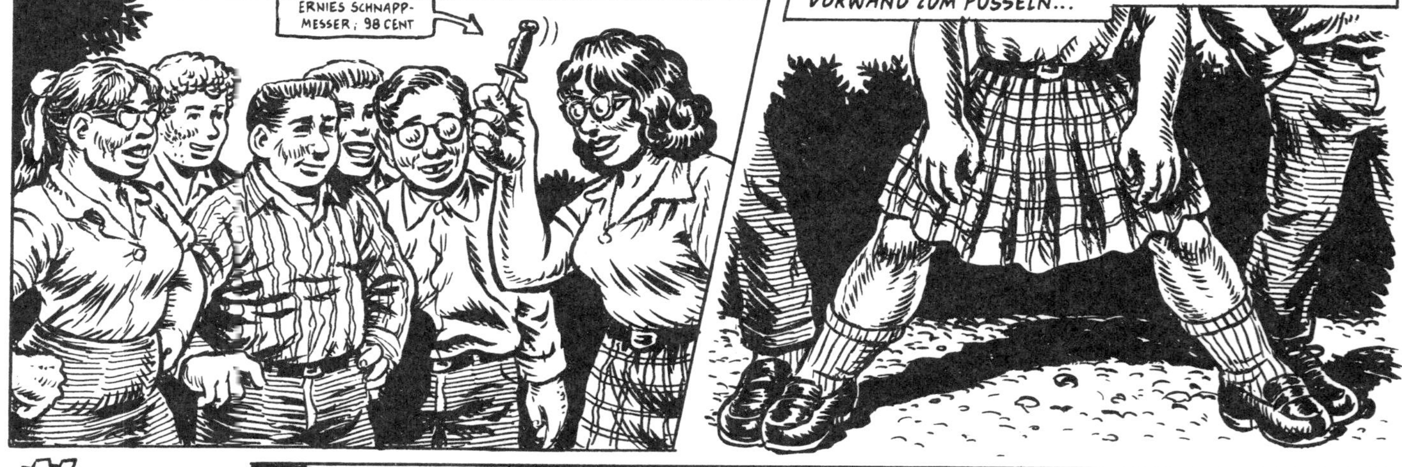
ES GING DARUM, WIE WEIT MAN DIE BEINE SPREIZEN KONNTE. WER ZULETZT NOCH STAND, HATTE GEWONNEN. GINNY BATES UND NANCY CORMAN WAREN BESONDERS BEGABT. DIE JUNGENS VERSAMMELTEN SICH UM DIE BEIDEN UND VERWETTETEN IHR ESSENSGELD.
ERNIES SCHNAPPMESSER; 98 CENT
ICH UND MEIN FREUND ERNIE FAVORISIERTEN DIE LÄNGERBEINIGE GINNY... WIR "HALFEN" IHR, DAMIT SIE GEWANN... WIR STÜTZTEN IHRE BEIDEN FÜSSE MIT JE EINEM UNSERER FÜSSE AB, DAMIT SIE NICHT RUTSCHTE, ANGEBLICH... ES WAR NATÜRLICH NUR EIN VORWAND ZUM FUSSELN...

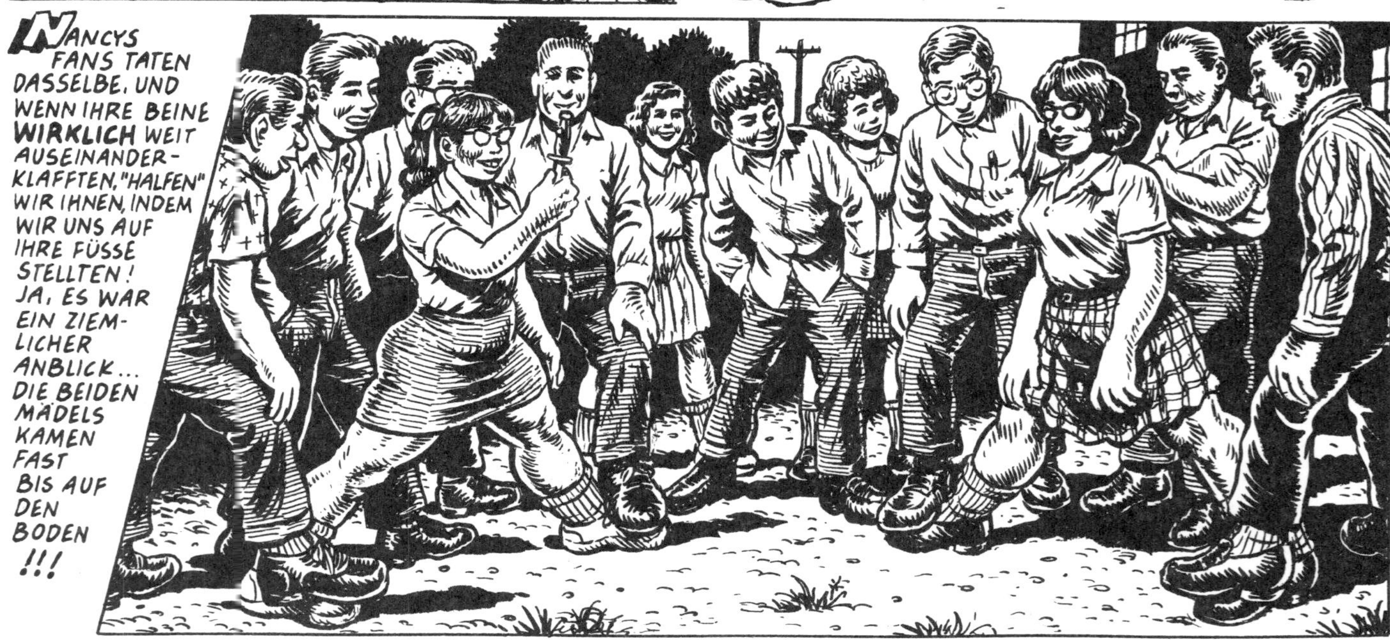
NANCYS FANS TATEN DASSELBE, UND WENN IHRE BEINE WIRKLICH WEIT AUSEINANDERKLAFFTEN, "HALFEN" WIR IHNEN, INDEM WIR UNS AUF IHRE FÜSSE STELLTEN! JA, ES WAR EIN ZIEMLICHER ANBLICK... DIE BEIDEN MÄDELS KAMEN FAST BIS AUF DEN BODEN !!!

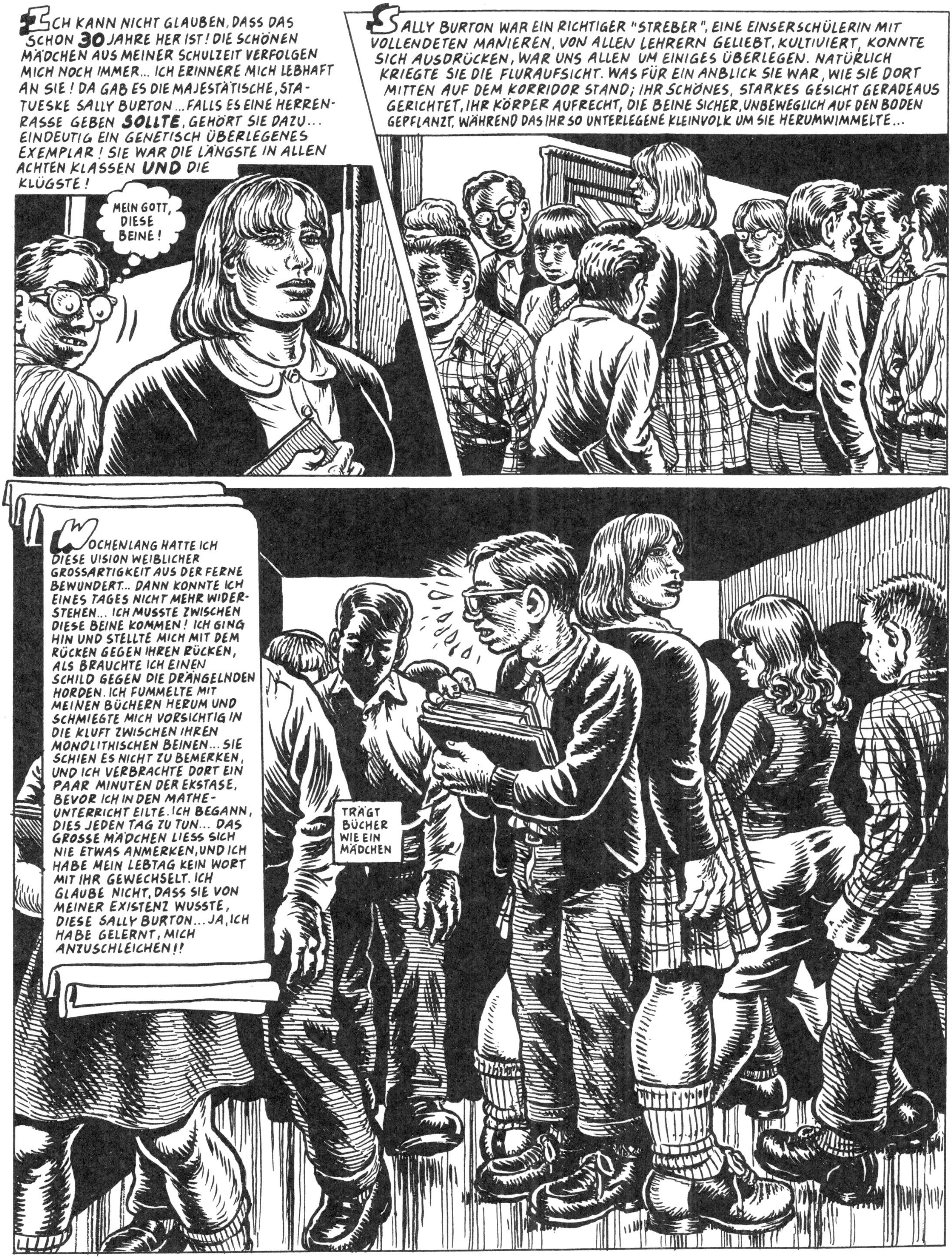

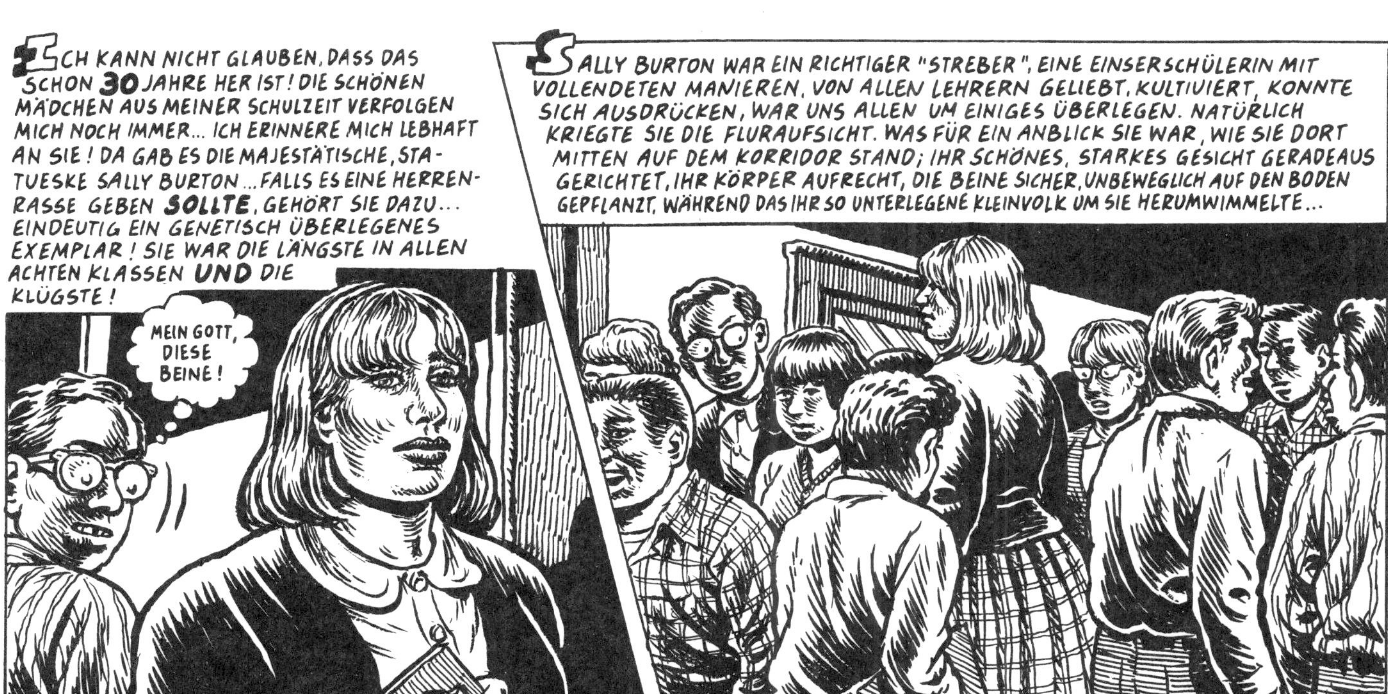

WOCHENLANG HATTE ICH DIESE VISION WEIBLICHER GROSSARTIGKEIT AUS DER FERNE BEWUNDERT... DANN KONNTE ICH EINES TAGES NICHT MEHR WIDERSTEHEN... ICH MUSSTE ZWISCHEN DIESE BEINE KOMMEN! ICH GING HIN UND STELLTE MICH MIT DEM RÜCKEN GEGEN IHREN RÜCKEN, ALS BRAUCHTE ICH EINEN SCHILD GEGEN DIE DRÄNGELNDEN HORDEN. ICH FUMMELTE MIT MEINEN BÜCHERN HERUM UND SCHMIEGTE MICH VORSICHTIG IN DIE KLUFT ZWISCHEN IHREN MONOLITHISCHEN BEINEN... SIE SCHIEN ES NICHT ZU BEMERKEN, UND ICH VERBRACHTE DORT EIN PAAR MINUTEN DER EKSTASE, BEVOR ICH IN DEN MATHEUNTERRICHT EILTE. ICH BEGANN, DIES JEDEN TAG ZU TUN... DAS GROSSE MÄDCHEN LIESS SICH NIE ETWAS ANMERKEN, UND ICH HABE MEIN LEBTAG KEIN WORT MIT IHR GEWECHSELT. ICH GLAUBE NICHT, DASS SIE VON MEINER EXISTENZ WUSSTE, DIESE SALLY BURTON... JA, ICH HABE GELERNT, MICH ANZUSCHLEICHEN!!

TRÄGT BÜCHER WIE EIN MÄDCHEN

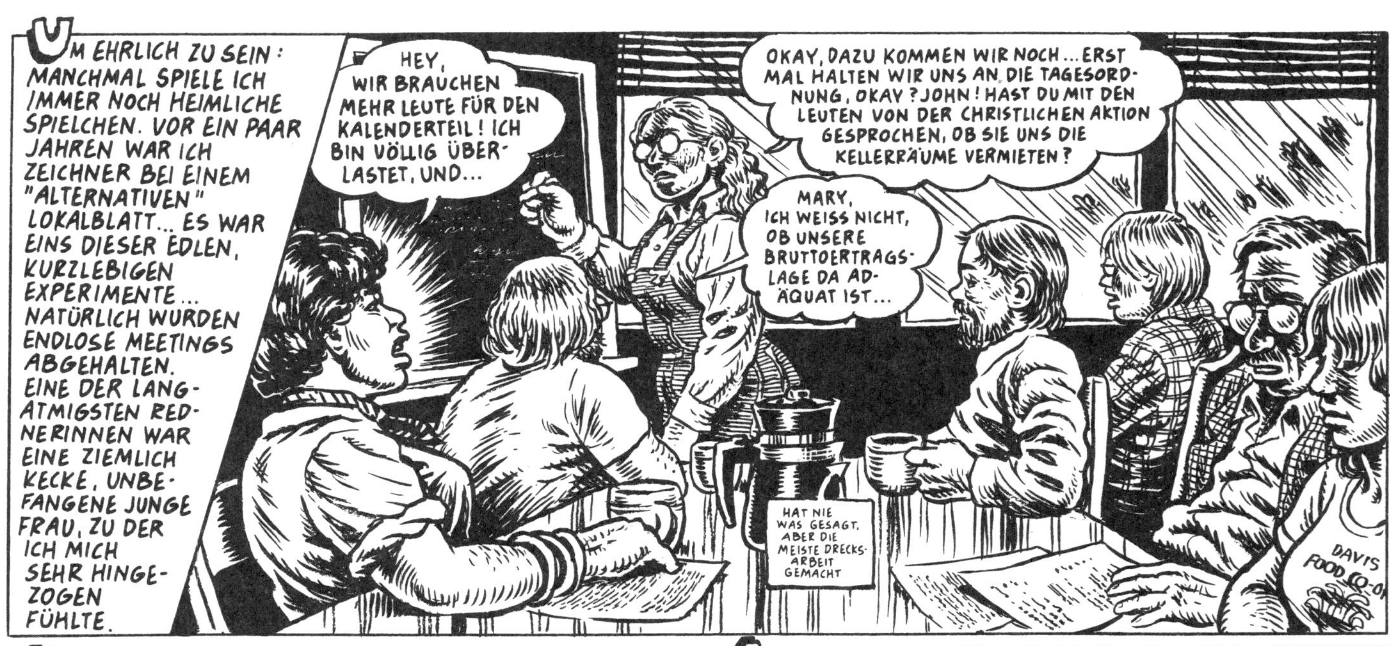

NENNEN WIR SIE "TERRI"... SIE WAR EIN STÄMMIGES, ROBUSTES DING MIT EINER LAUTEN, DRÖHNENDEN STIMME UND HATTE JEDE MENGE IDEEN ZUM BLATT UND WAS WIR DAMIT MACHEN SOLLTEN. NATÜRLICH WAR DIESE HÜBSCHE GÖRE IN DER UMBRUCHNACHT ODER BEIM KLINKENPUTZEN NIE DABEI.

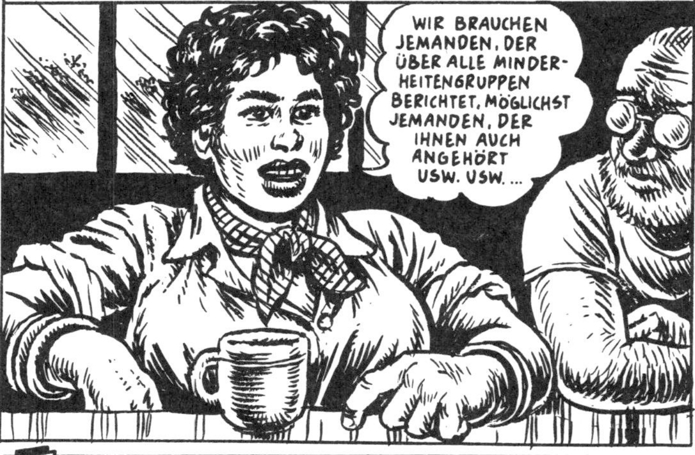

ABER SIE WAR SEXY... DIE KONFERENZEN WAREN SO LANGWEILIG, DASS ICH BEGANN, UNTER DEM TISCH MIT "TERRI" ZU FUSSELN... IHRE GROSSEN PLATTEN FÜSSE WAREN SOWIESO ALLGEGENWÄRTIG... ES WAR SCHWER, NICHT DRAUFZUTRETEN!

SCHUHE AUS DER VR CHINA

HUARACHES

ICH STELLTE TOLLKÜHN MEINE FÜSSE AUF IHRE, RICHTIG FRECH... ÜBERHAUPT NICHT SUBTIL... SIE ZOG IHRE FÜSSE NICHT ZURÜCK UND SAH MICH AUCH NICHT AN. ICH BESCHLOSS, MIR KEINE SORGEN DARÜBER ZU MACHEN, OB DAS NUN POLITISCH EINWANDFREI WAR ODER NICHT. ICH GLAUBE, ES WAR OKAY; IMMERHIN HAT SIE NICHT DRÜBER ABSTIMMEN LASSEN.

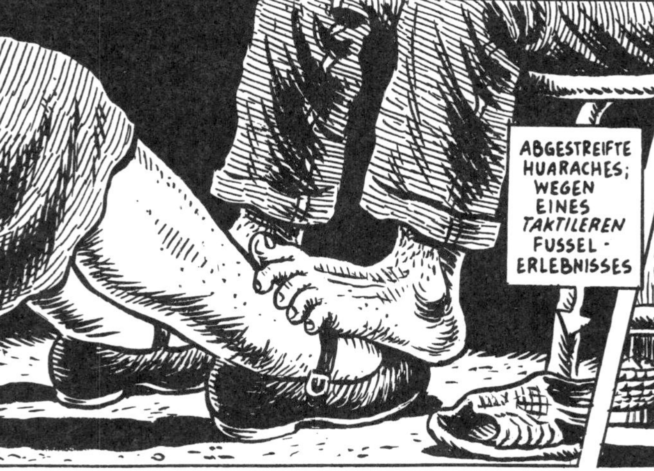

EIN JAHR SPÄTER, NACHDEM DAS BLATT EINGEGANGEN UND "TERRI" GEHEIRATET HATTE UND NACH PAGO PAGO GEGANGEN WAR, TRAF ICH ZUFÄLLIG IHRE FREUNDIN IN EINEM GESUNDI-RESTAURANT... WIR UNTERHIELTEN UNS ÜBER "TERRI"...

JA, SIE HAT MIR ERZÄHLT, DASS DU BEI DEN KONFERENZEN MIT IHR GEFUSSELT HAST...

E... ECHT WAHR??

JA... ES HAT IHR SPASS GEMACHT... DIE MEETINGS WAREN SO LANGWEILIG; DA FAND SIE DAS GANZ AMÜSANT.

OH MANN...

KLO-SCHLÜSSEL

HIER GIBT ES KEIN FLEISCH - ALSO BRINGT AUCH KEINS MIT!

DAS ENDE

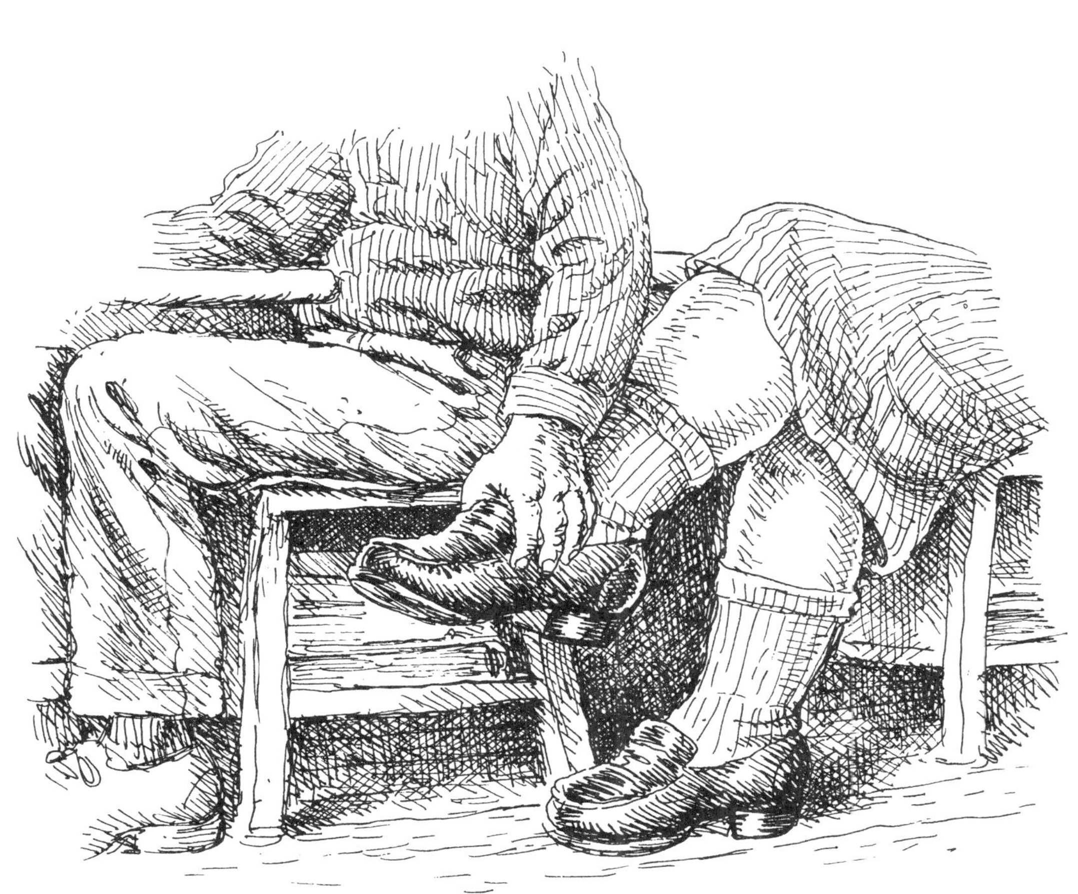

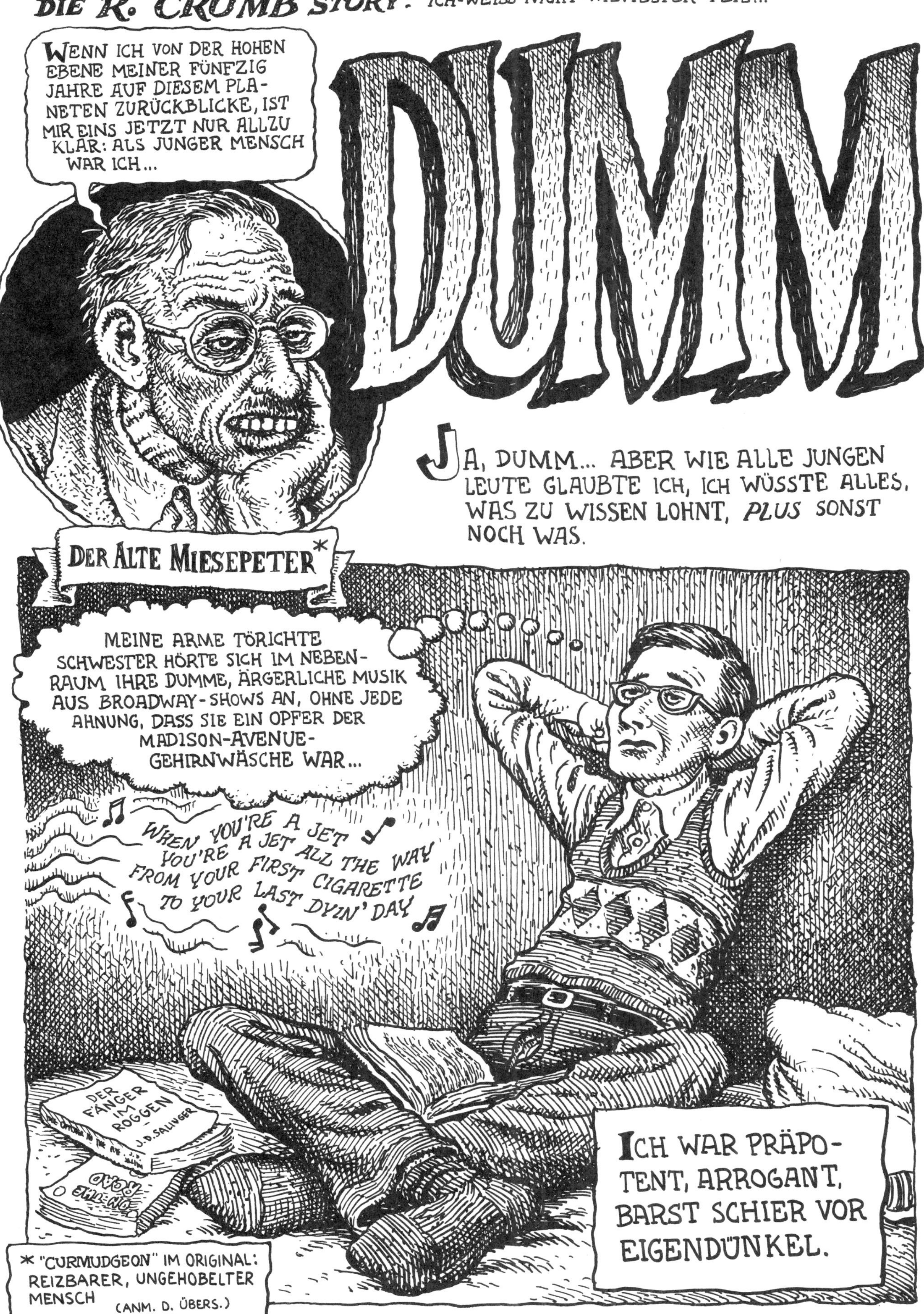
DIE R. CRUMB STORY: ICH-WEISS-NICHT-WIEVIELTER TEIL...
WENN ICH VON DER HOHEN EBENE MEINER FÜNFZIG JAHRE AUF DIESEM PLANETEN ZURÜCKBLICKE, IST MIR EINS JETZT NUR ALLZU KLAR: ALS JUNGER MENSCH WAR ICH...
DUMM
JA, DUMM... ABER WIE ALLE JUNGEN LEUTE GLAUBTE ICH, ICH WÜSSTE ALLES, WAS ZU WISSEN LOHNT, PLUS SONST NOCH WAS.
DER ALTE MIESEPETER*
MEINE ARME TÖRICHTE SCHWESTER HÖRTE SICH IM NEBENRAUM IHRE DUMME, ÄRGERLICHE MUSIK AUS BROADWAY-SHOWS AN, OHNE JEDE AHNUNG, DASS SIE EIN OPFER DER MADISON-AVENUE-GEHIRNWÄSCHE WAR...
WHEN YOU'RE A JET YOU'RE A JET ALL THE WAY FROM YOUR FIRST CIGARETTE TO YOUR LAST DYIN' DAY
DER FÄNGER IM ROGGEN
J.D. SALINGER
ON THE ROAD
ICH WAR PRÄPOTENT, ARROGANT, BARST SCHIER VOR EIGENDÜNKEL.
* "CURMUDGEON" IM ORIGINAL: REIZBARER, UNGEHOBELTER MENSCH (ANM. D. ÜBERS.)

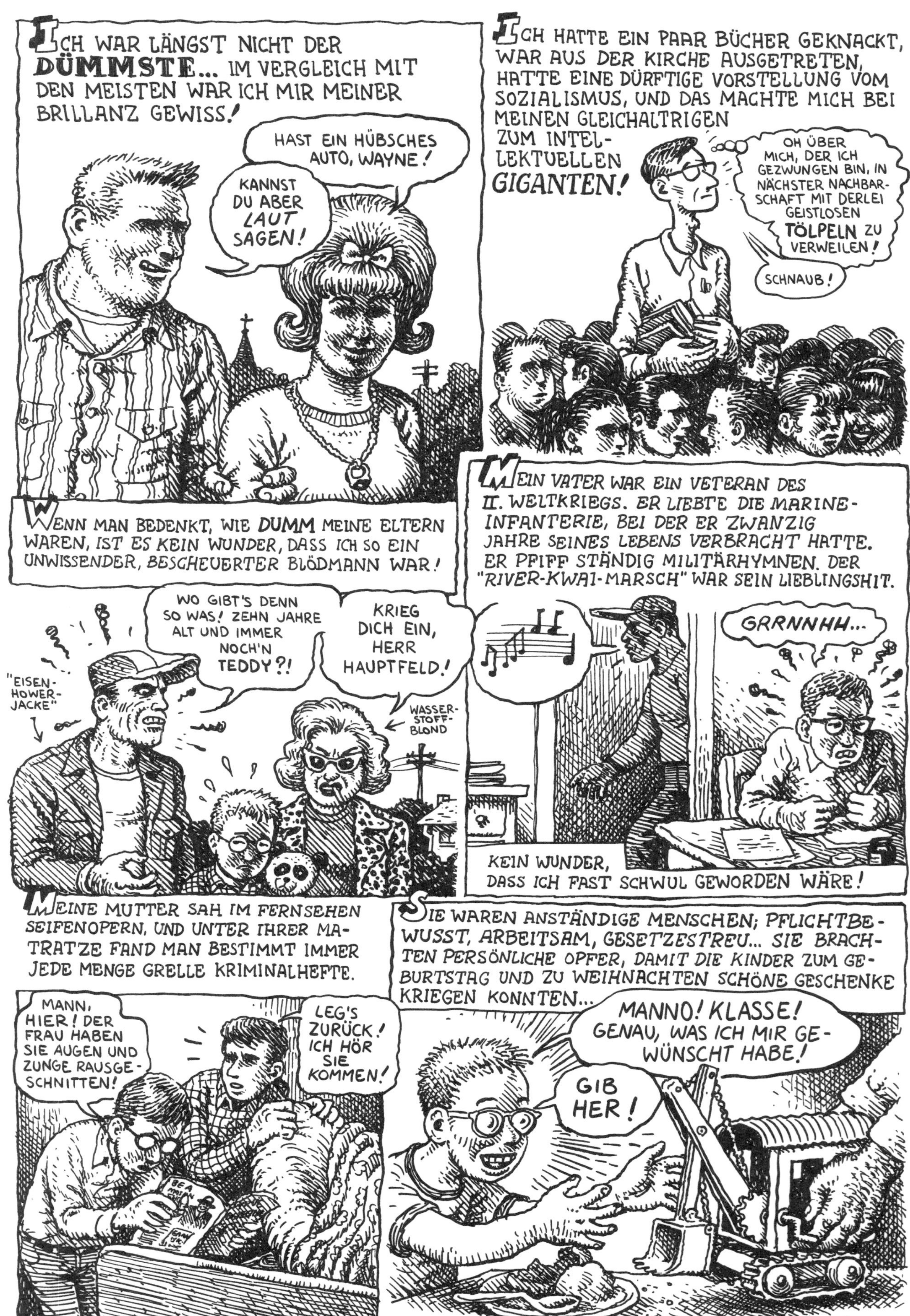
ICH WAR LÄNGST NICHT DER DÜMMSTE... IM VERGLEICH MIT DEN MEISTEN WAR ICH MIR MEINER BRILLANZ GEWISS!
HAST EIN HÜBSCHES AUTO, WAYNE!
KANNST DU ABER LAUT SAGEN!
WENN MAN BEDENKT, WIE DUMM MEINE ELTERN WAREN, IST ES KEIN WUNDER, DASS ICH SO EIN UNWISSENDER, BESCHEUERTER BLÖDMANN WAR!
ICH HATTE EIN PAAR BÜCHER GEKNACKT, WAR AUS DER KIRCHE AUSGETRETEN, HATTE EINE DÜRFTIGE VORSTELLUNG VOM SOZIALISMUS, UND DAS MACHTE MICH BEI MEINEN GLEICHALTRIGEN ZUM INTEL-LEKTUELLEN GIGANTEN!
OH ÜBER MICH, DER ICH GEZWUNGEN BIN, IN NÄCHSTER NACHBARSCHAFT MIT DERLEI GEISTLOSEN TÖLPELN ZU VERWEILEN!
SCHNAUB!
"EISEN-HOWER-JACKE"
WO GIBT'S DENN SO WAS! ZEHN JAHRE ALT UND IMMER NOCH'N TEDDY?!
KRIEG DICH EIN, HERR HAUPTFELD!
WASSER-STOFF-BLOND
MEIN VATER WAR EIN VETERAN DES II. WELTKRIEGS. ER LIEBTE DIE MARINE-INFANTERIE, BEI DER ER ZWANZIG JAHRE SEINES LEBENS VERBRACHT HATTE. ER PFIFF STÄNDIG MILITÄRHYMNEN. DER "RIVER-KWAI-MARSCH" WAR SEIN LIEBLINGSHIT.
GRRNNHH...
KEIN WUNDER, DASS ICH FAST SCHWUL GEWORDEN WÄRE!
MEINE MUTTER SAH IM FERNSEHEN SEIFENOPERN, UND UNTER IHRER MATRATZE FAND MAN BESTIMMT IMMER JEDE MENGE GRELLE KRIMINALHEFTE.
MANN, HIER! DER FRAU HABEN SIE AUGEN UND ZUNGE RAUSGESCHNITTEN!
LEG'S ZURÜCK! ICH HÖR SIE KOMMEN!
SIE WAREN ANSTÄNDIGE MENSCHEN; PFLICHTBEWUSST, ARBEITSAM, GESETZESTREU... SIE BRACHTEN PERSÖNLICHE OPFER, DAMIT DIE KINDER ZUM GEBURTSTAG UND ZU WEIHNACHTEN SCHÖNE GESCHENKE KRIEGEN KONNTEN...
MANNO! KLASSE! GENAU, WAS ICH MIR GEWÜNSCHT HABE!
GIB HER!

SIE WOLLTEN MODERNE MENSCHEN SEIN. SOBALD DIE NEUEN FERTIGHÄUSER IM "RANCHSTIL" GEBAUT WURDEN, KAUFTEN SIE EINS.

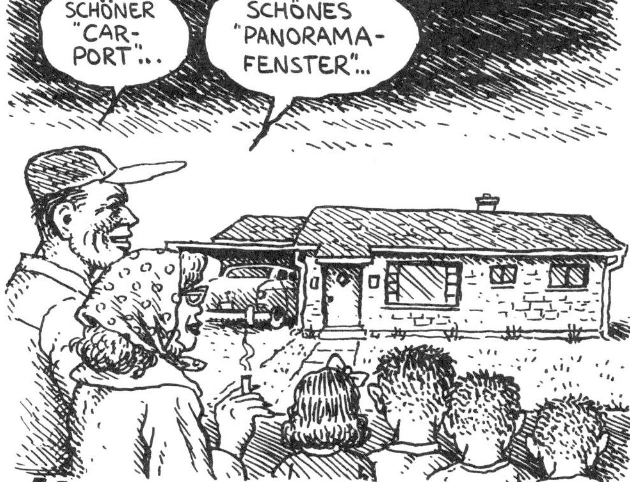

SOBALD FERNSEHEMPFÄNGER FÜR DIE MASSEN ZUGÄNGLICH WURDEN, HATTEN WIR EINEN IM HAUS.

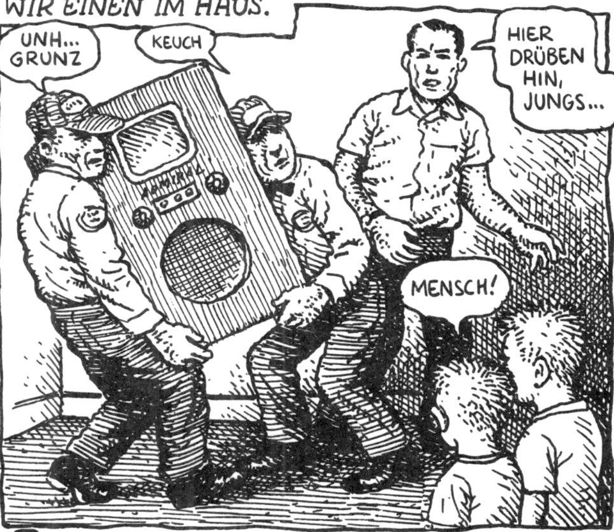

UNSERE FAMILIE VERBRACHTE JEDEN TAG VIELE STUNDEN VOR DER "GLOTZE"... JEDER HATTE SEINEN STAMMPLATZ...

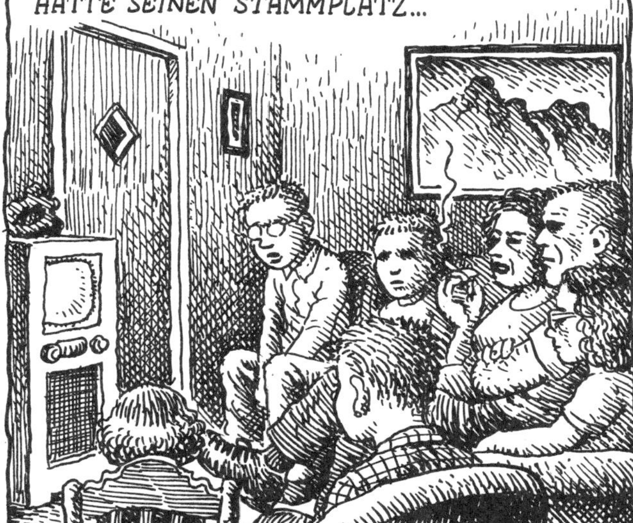

BIS ZUM HEUTIGEN TAG KANN ICH IHNEN VIELE WERBE-JINGLES VORSINGEN, DIE ICH VOR VIERZIG JAHREN VOM FERNSEHEN GELERNT HABE...

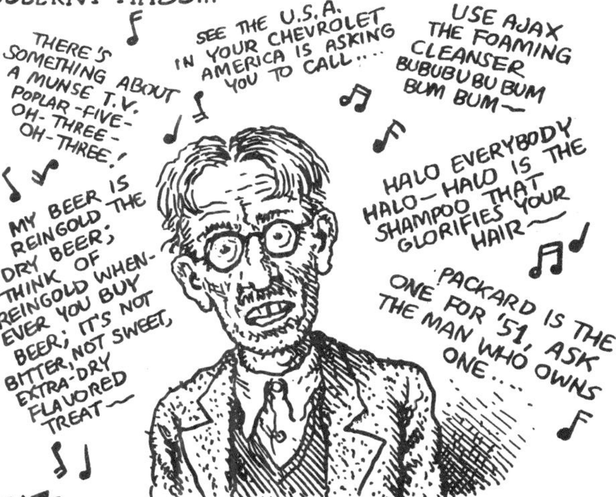

BETTER BUY BIRD'S EYE!

BRUSHA BRUSHA BRUSHA WITH THE NEW IPANA BRUSHA BRUSHA BRUSHA IT'S DANDY FOR YOUR TE-E-EETH!

PAMPER PAMPER NEW SHAMPOO, GENTLE AS A LAMB, SO RIGHT FOR YOU— GENTLE AS A LAMB? YE-E-ES MA'AM! PAMPER PAMPER NEW SHAMPOO!

BE SOCIABLE LOOK SMART STAY UP-TO-DATE WITH PEPSI! SO YOUNG AND FAIR AND DEBONAIRE—

TO LOOK SHARP, AND BE ON THE BALL, TO FEEL SHARP, DADA DA DADA TO BE SHARP USE GILLETTE BLUE BLADES FOR THE SLICKEST QUICKEST SHAVE OF ALL!

REACH FOR A PEACH— A PEACH OF A BLEACH...

HEY MABEL BLACK LABEL

KOMMT MAN INS NACHDENKEN, ODER?

WIR GINGEN JEDEN SONNTAG IN DIE KIRCHE UND ZELEBRIERTEN MIT ALLEN ANDEREN DIE RITUALE; KNIEN, AUFSTEHEN, SICH BEKREUZIGEN USW.

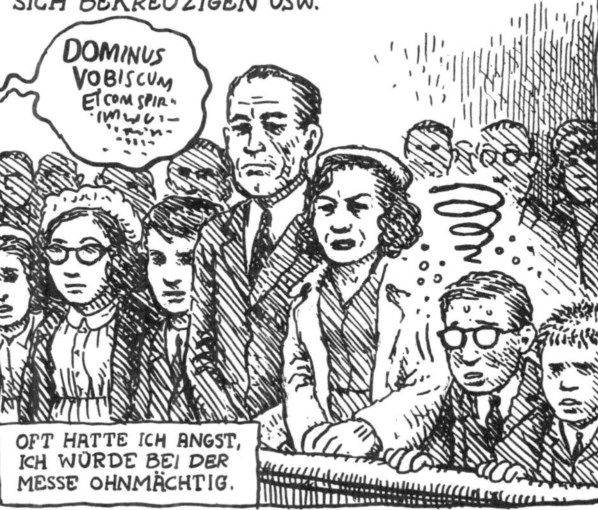

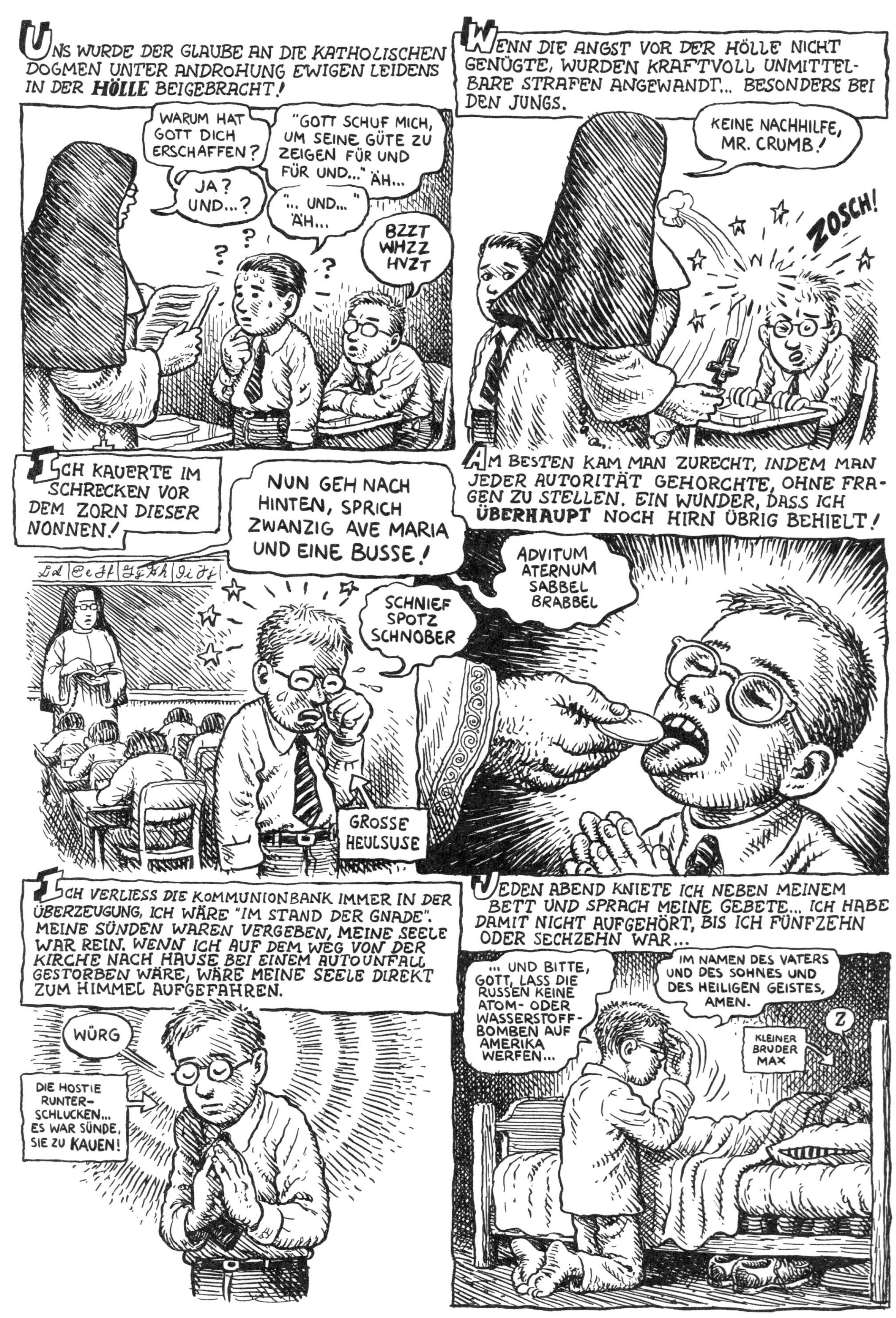
UNS WURDE DER GLAUBE AN DIE KATHOLISCHEN DOGMEN UNTER ANDROHUNG EWIGEN LEIDENS IN DER HÖLLE BEIGEBRACHT!
WARUM HAT GOTT DICH ERSCHAFFEN?
"GOTT SCHUF MICH, UM SEINE GÜTE ZU ZEIGEN FÜR UND FÜR UND..." ÄH...
JA? UND...?
"... UND..." ÄH...
BZZT WHZZ HVZT
WENN DIE ANGST VOR DER HÖLLE NICHT GENÜGTE, WURDEN KRAFTVOLL UNMITTELBARE STRAFEN ANGEWANDT... BESONDERS BEI DEN JUNGS.
KEINE NACHHILFE, MR. CRUMB!
ZOSCH!
ICH KAUERTE IM SCHRECKEN VOR DEM ZORN DIESER NONNEN!
NUN GEH NACH HINTEN, SPRICH ZWANZIG AVE MARIA UND EINE BUSSE!
SCHNIEF SPOTZ SCHNOBER
GROSSE HEULSUSE
AM BESTEN KAM MAN ZURECHT, INDEM MAN JEDER AUTORITÄT GEHORCHTE, OHNE FRAGEN ZU STELLEN. EIN WUNDER, DASS ICH ÜBERHAUPT NOCH HIRN ÜBRIG BEHIELT!
ADVITUM ATERNUM SABBEL BRABBEL
ICH VERLIESS DIE KOMMUNIONBANK IMMER IN DER ÜBERZEUGUNG, ICH WÄRE "IM STAND DER GNADE". MEINE SÜNDEN WAREN VERGEBEN, MEINE SEELE WAR REIN. WENN ICH AUF DEM WEG VON DER KIRCHE NACH HAUSE BEI EINEM AUTOUNFALL GESTORBEN WÄRE, WÄRE MEINE SEELE DIREKT ZUM HIMMEL AUFGEFAHREN.
WÜRG
DIE HOSTIE RUNTERSCHLUCKEN... ES WAR SÜNDE, SIE ZU KAUEN!
JEDEN ABEND KNIETE ICH NEBEN MEINEM BETT UND SPRACH MEINE GEBETE... ICH HABE DAMIT NICHT AUFGEHÖRT, BIS ICH FÜNFZEHN ODER SECHZEHN WAR...
... UND BITTE, GOTT, LASS DIE RUSSEN KEINE ATOM- ODER WASSERSTOFFBOMBEN AUF AMERIKA WERFEN...
IM NAMEN DES VATERS UND DES SOHNES UND DES HEILIGEN GEISTES, AMEN.
KLEINER BRUDER MAX
Z

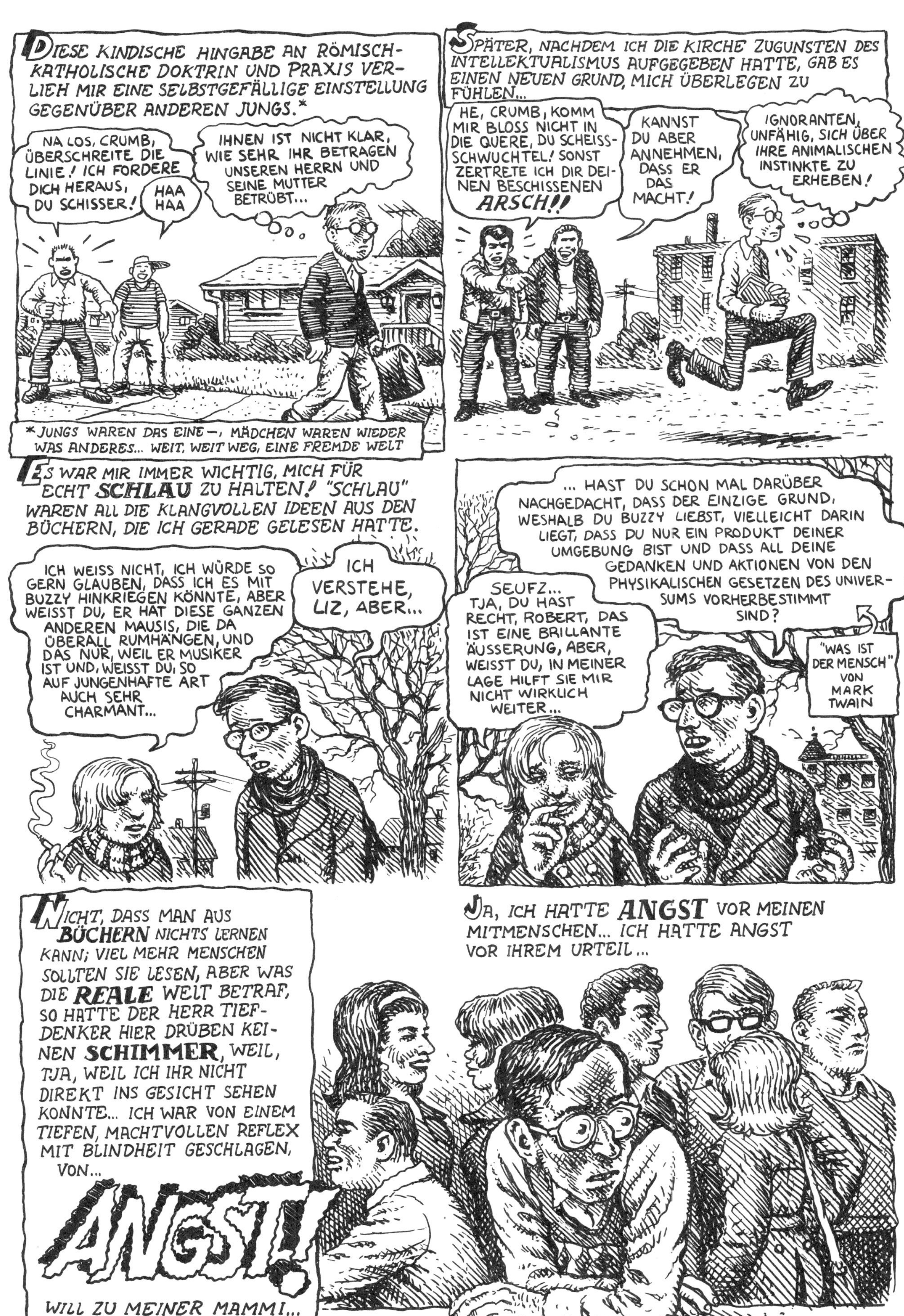
Diese kindische Hingabe an römisch-katholische Doktrin und Praxis verlieh mir eine selbstgefällige Einstellung gegenüber anderen Jungs.*
Na los, Crumb, überschreite die Linie! Ich fordere dich heraus, du Schisser!
Haa haa
Ihnen ist nicht klar, wie sehr ihr Betragen unseren Herrn und seine Mutter betrübt...
* Jungs waren das eine –, Mädchen waren wieder was anderes... weit, weit weg, eine fremde Welt
Später, nachdem ich die Kirche zugunsten des Intellektualismus aufgegeben hatte, gab es einen neuen Grund, mich überlegen zu fühlen...
He, Crumb, komm mir bloss nicht in die Quere, du Scheissschwuchtel! Sonst zertrete ich dir deinen beschissenen Arsch!!
Kannst du aber annehmen, dass er das macht!
Ignoranten, unfähig, sich über ihre animalischen Instinkte zu erheben!
Es war mir immer wichtig, mich für echt schlau zu halten! "Schlau" waren all die klangvollen Ideen aus den Büchern, die ich gerade gelesen hatte.
Ich weiss nicht, ich würde so gern glauben, dass ich es mit Buzzy hinkriegen könnte, aber weisst du, er hat diese ganzen anderen Mausis, die da überall rumhängen, und das nur, weil er Musiker ist und, weisst du, so auf jungenhafte Art auch sehr charmant...
Ich verstehe, Liz, aber...
... Hast du schon mal darüber nachgedacht, dass der einzige Grund, weshalb du Buzzy liebst, vielleicht darin liegt, dass du nur ein Produkt deiner Umgebung bist und dass all deine Gedanken und Aktionen von den physikalischen Gesetzen des Universums vorherbestimmt sind?
Seufz... Tja, du hast recht, Robert, das ist eine brillante Äusserung, aber weisst du, in meiner Lage hilft sie mir nicht wirklich weiter...
"Was ist der Mensch" von Mark Twain
Nicht, dass man aus Büchern nichts lernen kann; viel mehr Menschen sollten sie lesen, aber was die reale Welt betraf, so hatte der Herr Tiefdenker hier drüben keinen Schimmer, weil, tja, weil ich ihr nicht direkt ins Gesicht sehen konnte... Ich war von einem tiefen, machtvollen Reflex mit Blindheit geschlagen, von...
Angst!
Will zu meiner Mammi...
Ja, ich hatte Angst vor meinen Mitmenschen... Ich hatte Angst vor ihrem Urteil...

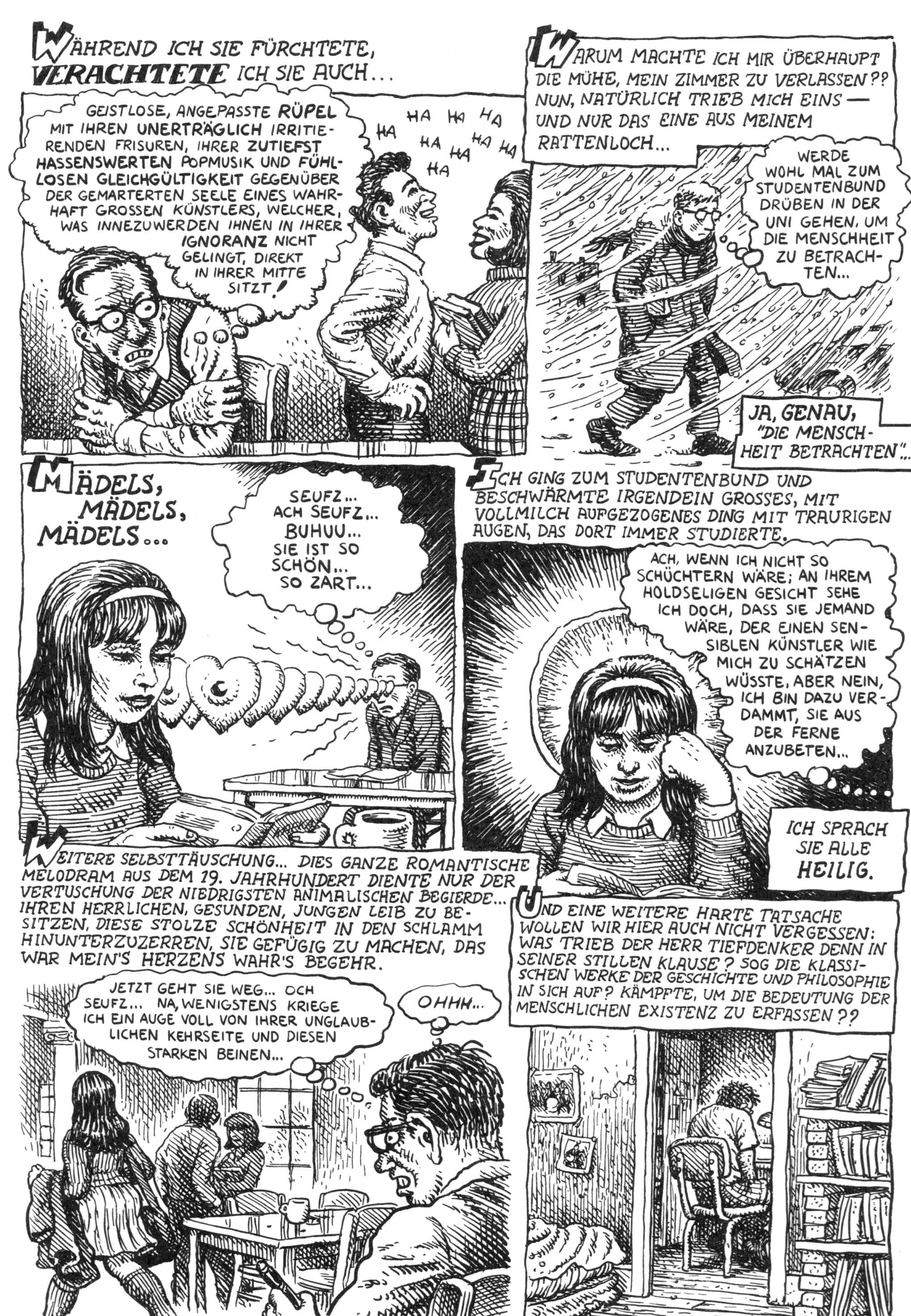
WÄHREND ICH SIE FÜRCHTETE, VERACHTETE ICH SIE AUCH...
GEISTLOSE, ANGEPASSTE RÜPEL MIT IHREN UNERTRÄGLICH IRRITIERENDEN FRISUREN, IHRER ZUTIEFST HASSENSWERTEN POPMUSIK UND FÜHLLOSEN GLEICHGÜLTIGKEIT GEGENÜBER DER GEMARTERTEN SEELE EINES WAHRHAFT GROSSEN KÜNSTLERS, WELCHER, WAS INNEZUWERDEN IHNEN IN IHRER IGNORANZ NICHT GELINGT, DIREKT IN IHRER MITTE SITZT!
HA HA HA HA HA HA HA HA HA HA
WARUM MACHTE ICH MIR ÜBERHAUPT DIE MÜHE, MEIN ZIMMER ZU VERLASSEN?? NUN, NATÜRLICH TRIEB MICH EINS — UND NUR DAS EINE AUS MEINEM RATTENLOCH...
WERDE WOHL MAL ZUM STUDENTENBUND DRÜBEN IN DER UNI GEHEN, UM DIE MENSCHHEIT ZU BETRACHTEN...
JA, GENAU, "DIE MENSCHHEIT BETRACHTEN"...
MÄDELS, MÄDELS, MÄDELS...
SEUFZ... ACH SEUFZ... BUHUU... SIE IST SO SCHÖN... SO ZART...
ICH GING ZUM STUDENTENBUND UND BESCHWÄRMTE IRGENDEIN GROSSES, MIT VOLLMILCH AUFGEZOGENES DING MIT TRAURIGEN AUGEN, DAS DORT IMMER STUDIERTE.
ACH, WENN ICH NICHT SO SCHÜCHTERN WÄRE; AN IHREM HOLDSELIGEN GESICHT SEHE ICH DOCH, DASS SIE JEMAND WÄRE, DER EINEN SENSIBLEN KÜNSTLER WIE MICH ZU SCHÄTZEN WÜSSTE, ABER NEIN, ICH BIN DAZU VERDAMMT, SIE AUS DER FERNE ANZUBETEN...
ICH SPRACH SIE ALLE HEILIG.
WEITERE SELBSTTÄUSCHUNG... DIES GANZE ROMANTISCHE MELODRAM AUS DEM 19. JAHRHUNDERT DIENTE NUR DER VERTUSCHUNG DER NIEDRIGSTEN ANIMALISCHEN BEGIERDE... IHREN HERRLICHEN, GESUNDEN, JUNGEN LEIB ZU BESITZEN, DIESE STOLZE SCHÖNHEIT IN DEN SCHLAMM HINUNTERZUZERREN, SIE GEFÜGIG ZU MACHEN, DAS WAR MEIN'S HERZENS WAHR'S BEGEHR.
JETZT GEHT SIE WEG... OCH SEUFZ... NA, WENIGSTENS KRIEGE ICH EIN AUGE VOLL VON IHRER UNGLAUBLICHEN KEHRSEITE UND DIESEN STARKEN BEINEN...
OHHH...
UND EINE WEITERE HARTE TATSACHE WOLLEN WIR HIER AUCH NICHT VERGESSEN: WAS TRIEB DER HERR TIEFDENKER DENN IN SEINER STILLEN KLAUSE? SOG DIE KLASSISCHEN WERKE DER GESCHICHTE UND PHILOSOPHIE IN SICH AUF? KÄMPFTE, UM DIE BEDEUTUNG DER MENSCHLICHEN EXISTENZ ZU ERFASSEN??

JA, GANZ RECHT! ZU EINEM PROZENT DER GESAMTZEIT! EIN UNVERHÄLTNISMÄSSIG GRÖSSERER TEIL MEINER WACHEN STUNDEN WURDE GENAUSO VERBRACHT WIE VON ALL DEN ANDEREN DERBEN JUNGEN MÄNNCHEN, DENEN ICH MICH SO ÜBERLEGEN FÜHLTE: MIT **SEX**FANTASIEN!!

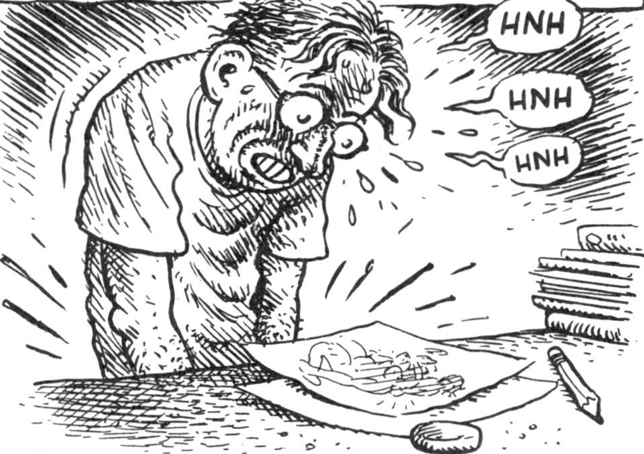

DIE MÖGLICHKEIT, DASS ICH IN DIESER HINSICHT WOHL GENAU WIE ALLE ANDEREN WAR, **DÄMMERTE** MIR NICHT EINMAL... NOCH BEUNRUHIGTE ES MICH, DASS ICH DEN GROSSTEIL MEINER KREATIVEN ENERGIE FÜR MASTURBATIONSSZENARIEN EINSETZTE...

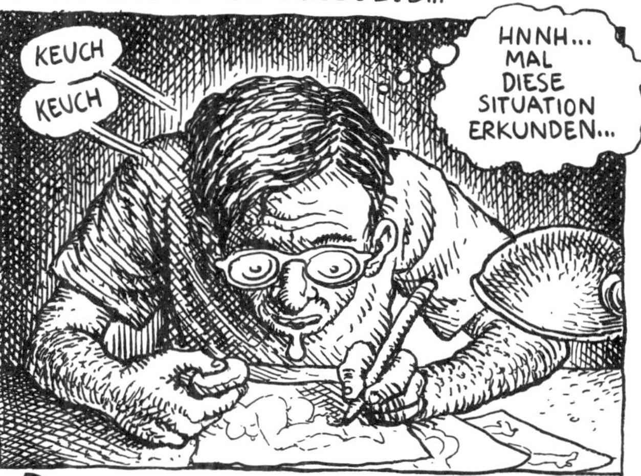

ICH WERDE IHNEN DIE DETAILS ERSPAREN. ES MAG GENÜGEN, WENN ICH SAGE, DASS DIESE FANTASIEN SEHR WENIG MIT ECHTEN FRAUEN ODER "NORMALEN" GESCHLECHTLICHEN AKTIVITÄTEN ZU TUN HATTEN...

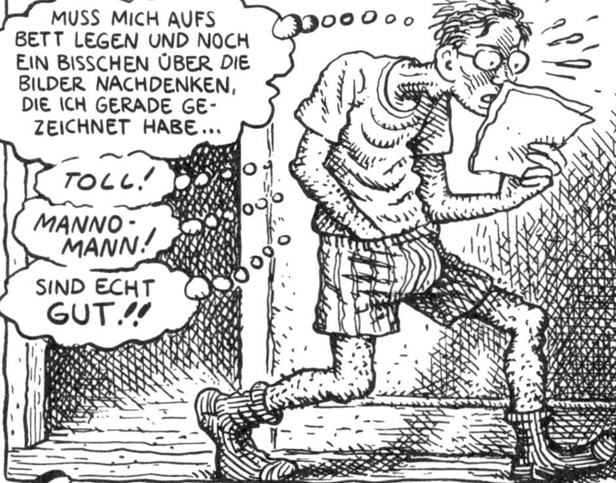

DAS WAREN MEINE EIGENEN ORIGINALEN UND EINZIGARTIGEN KREATIONEN... ABER ICH WAR NIE, NIEMALS **STOLZ** AUF SIE.*

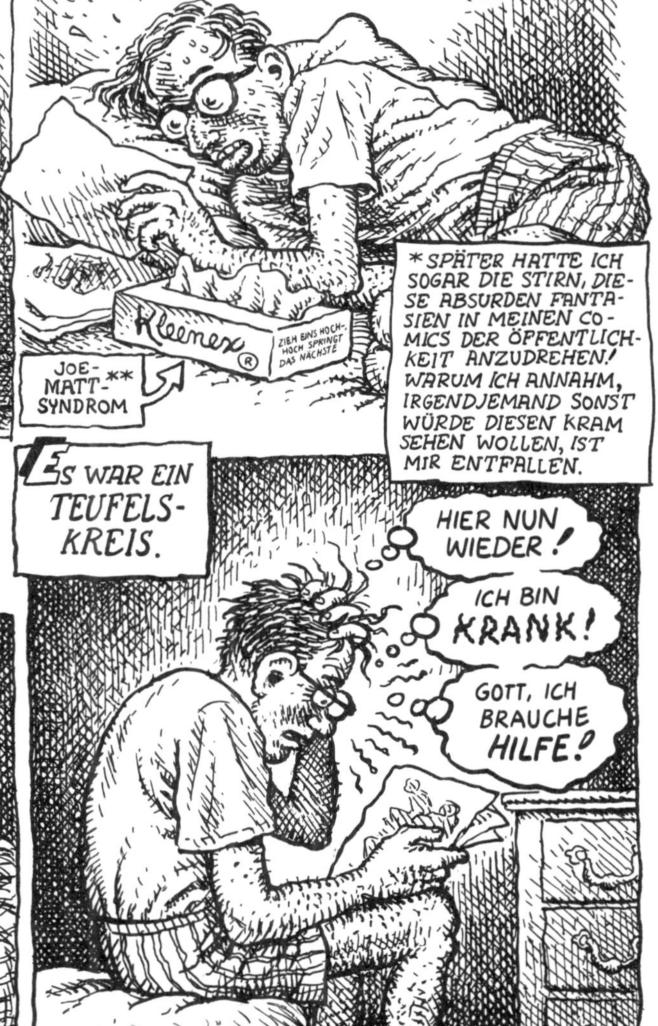

GANZ IM GEGENTEIL... WENN ICH SIE NICHT VERWENDETE, UM MICH SELBST ZU ERREGEN, ERFUHR ICH, BESONDERS UNMITTELBAR NACH DEM KOMMEN, STARKE **SCHAM** UND **SELBSTHASS**GEFÜHLE...

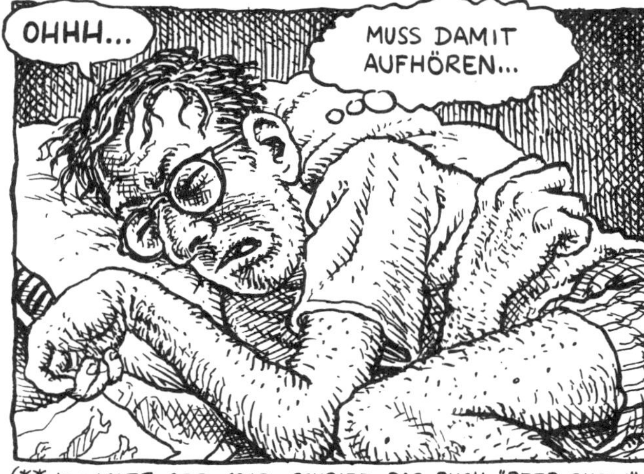

(** JOE MATT, GEB. 1963, SCHRIEB DAS BUCH "PEEP SHOW", IN DEM ES HAUPTSÄCHLICH UMS MASTURBIEREN GEHT.)

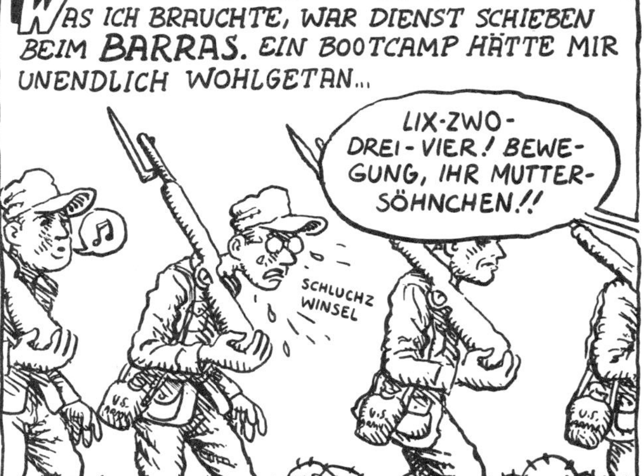

DER ZWANG, IN DIE KALTE GRAUSAME WELT HINAUSZUGEHEN UND EINEN "JOB VON NEUN BIS FÜNF" (TATSÄCHLICH VON 8:00 BIS 16:42h) ANZUTRETEN, HATTE FAST DIE GLEICHE WIRKUNG... GEGEN MEINEN WILLEN BEKAM ICH EIN BISSCHEN AUTHENTISCHES WISSEN UND LEBENSERFAHRUNG MIT... WENIG GENUG...

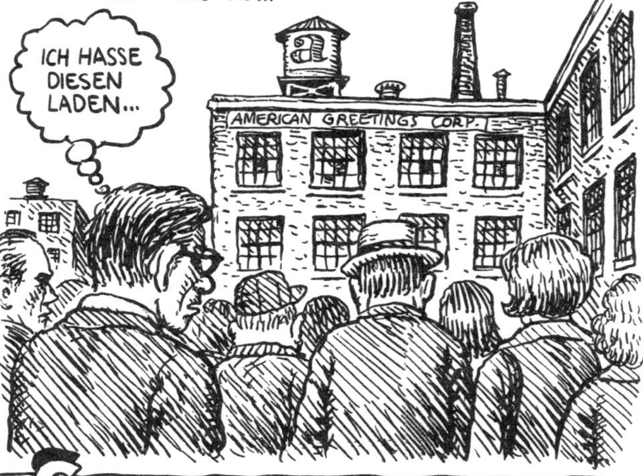

DANN ERLITT ICH EINEN ENTSCHEIDENDEN RÜCKSCHLAG... ICH ENTDECKTE DIE HIPPIES, KÜNDIGTE MEINEN JOB UND FING AN, "STONED" ZU WERDEN...

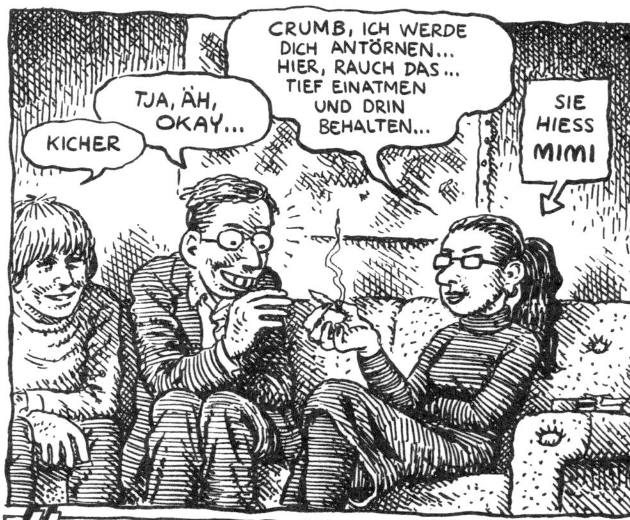

SEHR SCHNELL WURDE AUCH ICH ZUM LSD-OPFER... JA...

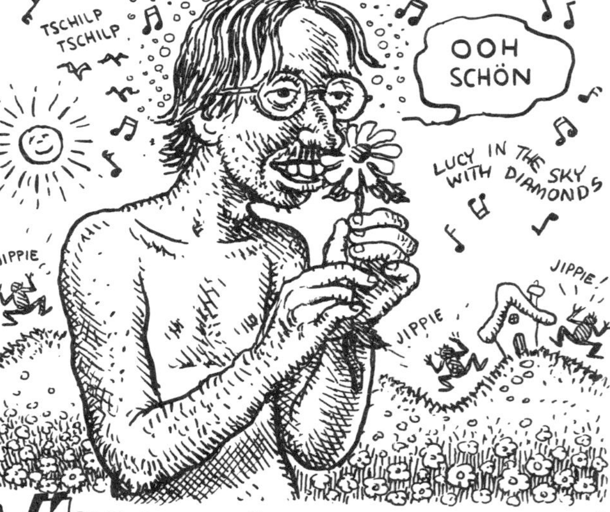

UND ICH HATTE VIEL GESELLSCHAFT. "WE ALL LIVE IN A YELLOW SUBMARINE" STIMMTE! WIR WAREN VISIONÄRE, HEILIGE, MÄRCHENPRINZESSINNEN, MYTHOLOGISCHE GÖTTER UND GÖTTINNEN. ES WAR WUNDERSCHÖN...

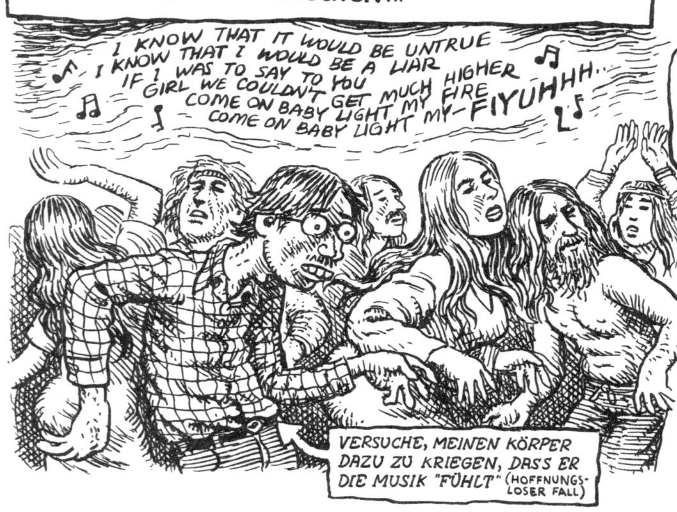

MEINE SELBSTGEFÄLLIGKEIT HATTE INZWISCHEN SCHWINDELNDE HÖHEN ERREICHT, WAR ICH DOCH VON ANDEREN UMGEBEN, DIE DIESE GROSSARTIGEN UND GLORREICHEN ILLUSIONEN TEILTEN... WAREN ALLE, WIE ICH, MITTELSCHICHTS-PUNKS...

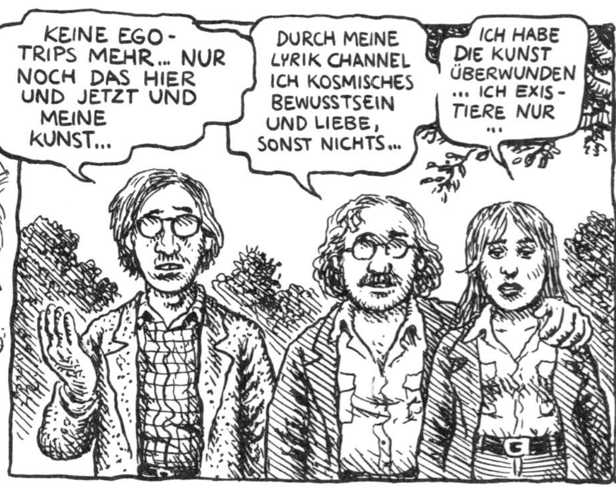

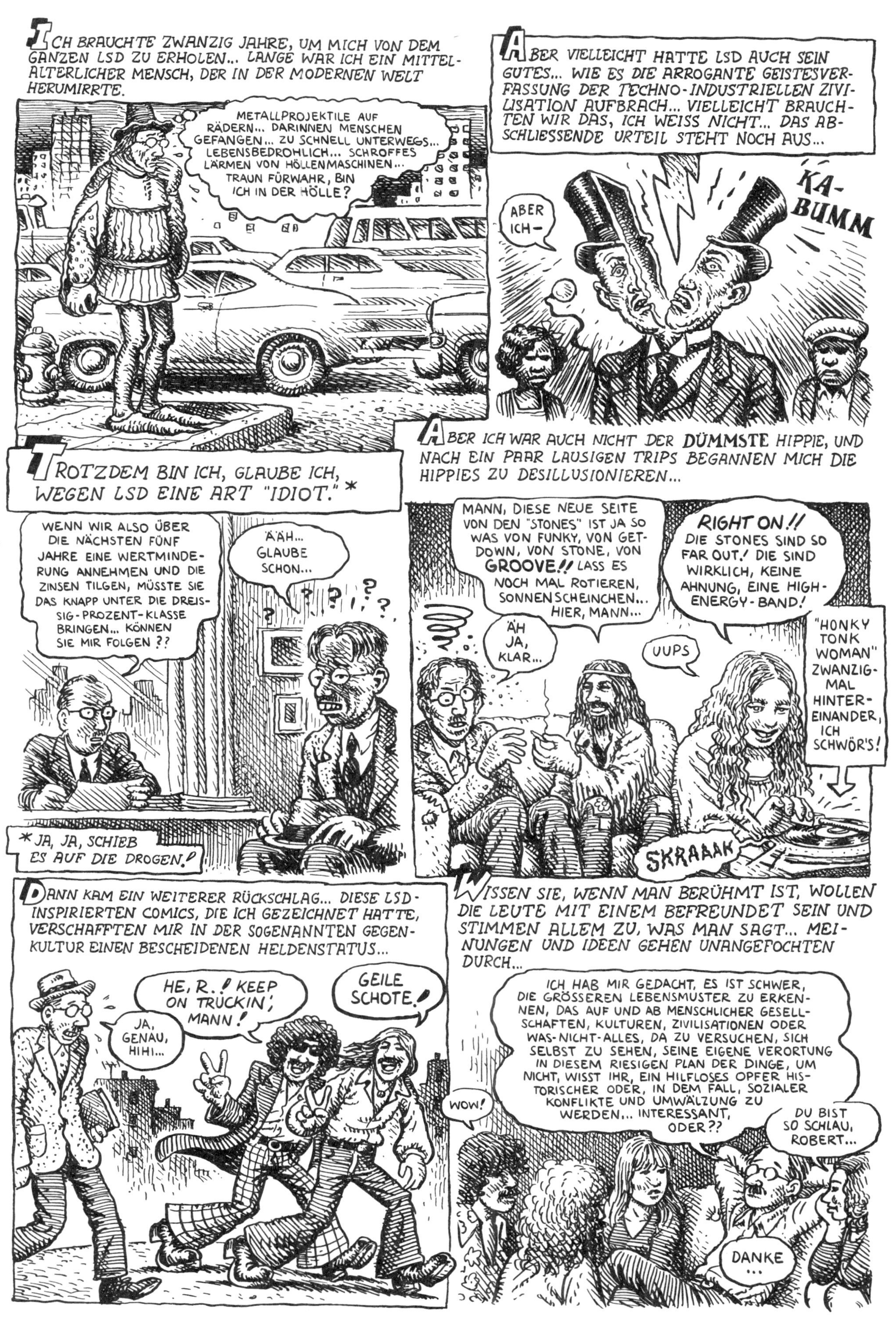
ICH BRAUCHTE ZWANZIG JAHRE, UM MICH VON DEM GANZEN LSD ZU ERHOLEN... LANGE WAR ICH EIN MITTELALTERLICHER MENSCH, DER IN DER MODERNEN WELT HERUMIRRTE.
METALLPROJEKTILE AUF RÄDERN... DARINNEN MENSCHEN GEFANGEN... ZU SCHNELL UNTERWEGS... LEBENSBEDROHLICH... SCHROFFES LÄRMEN VON HÖLLENMASCHINEN... TRAUN FÜRWAHR, BIN ICH IN DER HÖLLE?
ABER VIELLEICHT HATTE LSD AUCH SEIN GUTES... WIE ES DIE ARROGANTE GEISTESVERFASSUNG DER TECHNO-INDUSTRIELLEN ZIVILISATION AUFBRACH... VIELLEICHT BRAUCHTEN WIR DAS, ICH WEISS NICHT... DAS ABSCHLIESSENDE URTEIL STEHT NOCH AUS...
ABER ICH—
KA-BUMM
TROTZDEM BIN ICH, GLAUBE ICH, WEGEN LSD EINE ART "IDIOT." *
WENN WIR ALSO ÜBER DIE NÄCHSTEN FÜNF JAHRE EINE WERTMINDERUNG ANNEHMEN UND DIE ZINSEN TILGEN, MÜSSTE SIE DAS KNAPP UNTER DIE DREISSIG-PROZENT-KLASSE BRINGEN... KÖNNEN SIE MIR FOLGEN??
ÄÄH... GLAUBE SCHON...
* JA, JA, SCHIEB ES AUF DIE DROGEN!
ABER ICH WAR AUCH NICHT DER DÜMMSTE HIPPIE, UND NACH EIN PAAR LAUSIGEN TRIPS BEGANNEN MICH DIE HIPPIES ZU DESILLUSIONIEREN...
MANN, DIESE NEUE SEITE VON DEN "STONES" IST JA SO WAS VON FUNKY, VON GETDOWN, VON STONE, VON GROOVE!! LASS ES NOCH MAL ROTIEREN, SONNENSCHEINCHEN... HIER, MANN...
RIGHT ON!! DIE STONES SIND SO FAR OUT! DIE SIND WIRKLICH, KEINE AHNUNG, EINE HIGH-ENERGY-BAND!
ÄH JA, KLAR...
UUPS
"HONKY TONK WOMAN" ZWANZIGMAL HINTEREINANDER, ICH SCHWÖR'S!
SKRAAAK
DANN KAM EIN WEITERER RÜCKSCHLAG... DIESE LSD-INSPIRIERTEN COMICS, DIE ICH GEZEICHNET HATTE, VERSCHAFFTEN MIR IN DER SOGENANNTEN GEGENKULTUR EINEN BESCHEIDENEN HELDENSTATUS...
HE, R.! KEEP ON TRUCKIN', MANN!
GEILE SCHOTE!
JA, GENAU, HIHI...
WISSEN SIE, WENN MAN BERÜHMT IST, WOLLEN DIE LEUTE MIT EINEM BEFREUNDET SEIN UND STIMMEN ALLEM ZU, WAS MAN SAGT... MEINUNGEN UND IDEEN GEHEN UNANGEFOCHTEN DURCH...
ICH HAB MIR GEDACHT, ES IST SCHWER, DIE GRÖSSEREN LEBENSMUSTER ZU ERKENNEN, DAS AUF UND AB MENSCHLICHER GESELLSCHAFTEN, KULTUREN, ZIVILISATIONEN ODER WAS-NICHT-ALLES, DA ZU VERSUCHEN, SICH SELBST ZU SEHEN, SEINE EIGENE VERORTUNG IN DIESEM RIESIGEN PLAN DER DINGE, UM NICHT, WISST IHR, EIN HILFLOSES OPFER HISTORISCHER ODER, IN DEM FALL, SOZIALER KONFLIKTE UND UMWÄLZUNG ZU WERDEN... INTERESSANT, ODER??
WOW!
DU BIST SO SCHLAU, ROBERT...
DANKE ...

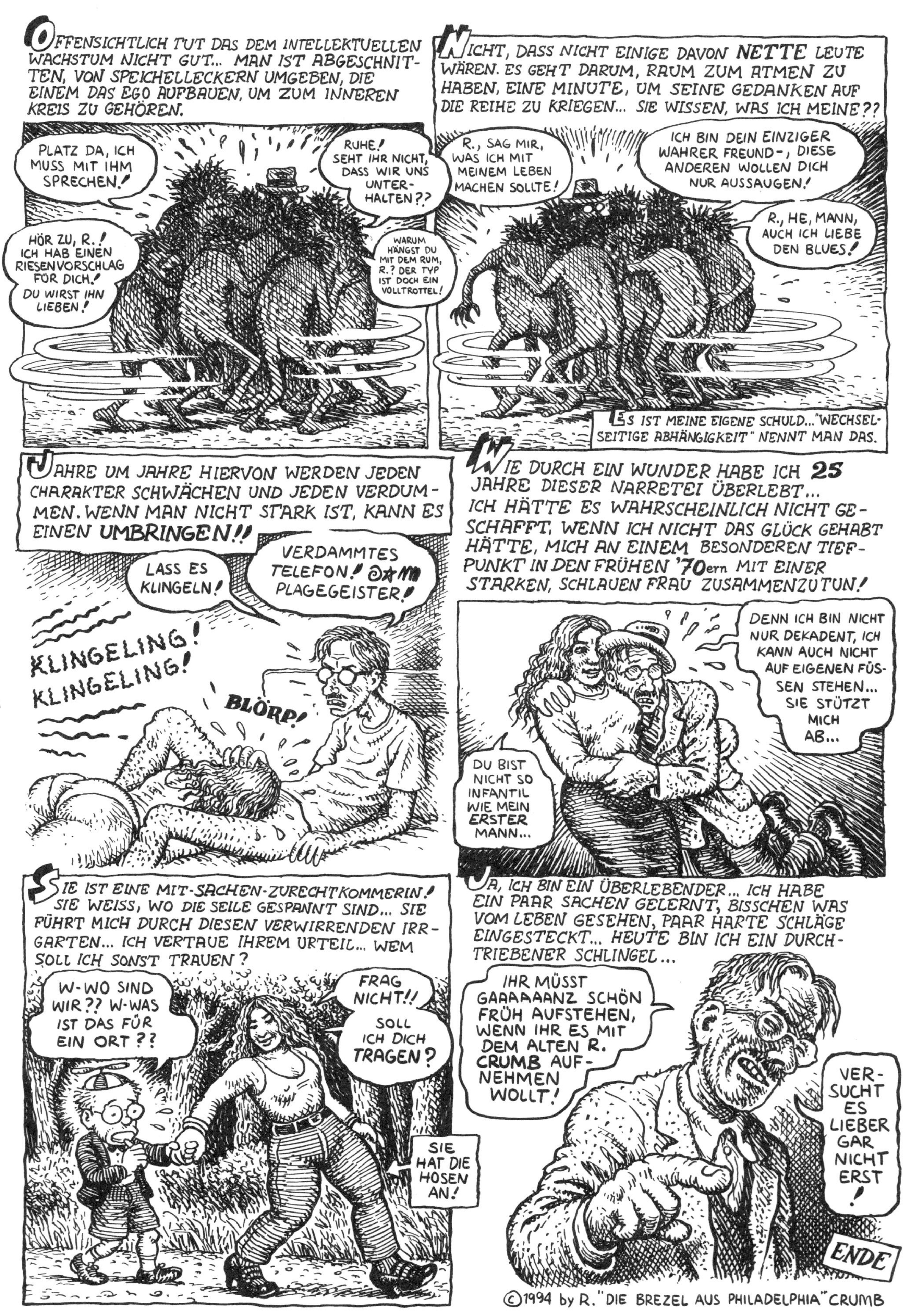
OFFENSICHTLICH TUT DAS DEM INTELLEKTUELLEN WACHSTUM NICHT GUT... MAN IST ABGESCHNITTEN, VON SPEICHELLECKERN UMGEBEN, DIE EINEM DAS EGO AUFBAUEN, UM ZUM INNEREN KREIS ZU GEHÖREN.
PLATZ DA, ICH MUSS MIT IHM SPRECHEN!
RUHE! SEHT IHR NICHT, DASS WIR UNS UNTERHALTEN??
HÖR ZU, R.! ICH HAB EINEN RIESENVORSCHLAG FÜR DICH! DU WIRST IHN LIEBEN!
WARUM HÄNGST DU MIT DEM RUM, R.? DER TYP IST DOCH EIN VOLLTROTTEL!
NICHT, DASS NICHT EINIGE DAVON NETTE LEUTE WÄREN. ES GEHT DARUM, RAUM ZUM ATMEN ZU HABEN, EINE MINUTE, UM SEINE GEDANKEN AUF DIE REIHE ZU KRIEGEN... SIE WISSEN, WAS ICH MEINE??
R., SAG MIR, WAS ICH MIT MEINEM LEBEN MACHEN SOLLTE!
ICH BIN DEIN EINZIGER WAHRER FREUND-, DIESE ANDEREN WOLLEN DICH NUR AUSSAUGEN!
R., HE, MANN, AUCH ICH LIEBE DEN BLUES!
ES IST MEINE EIGENE SCHULD..."WECHSELSEITIGE ABHÄNGIGKEIT" NENNT MAN DAS.
JAHRE UM JAHRE HIERVON WERDEN JEDEN CHARAKTER SCHWÄCHEN UND JEDEN VERDUMMEN. WENN MAN NICHT STARK IST, KANN ES EINEN UMBRINGEN!!
LASS ES KLINGELN!
VERDAMMTES TELEFON! @☆!!! PLAGEGEISTER!
KLINGELING! KLINGELING!
BLÖRP!
WIE DURCH EIN WUNDER HABE ICH 25 JAHRE DIESER NARRETEI ÜBERLEBT... ICH HÄTTE ES WAHRSCHEINLICH NICHT GESCHAFFT, WENN ICH NICHT DAS GLÜCK GEHABT HÄTTE, MICH AN EINEM BESONDEREN TIEFPUNKT IN DEN FRÜHEN '70ern MIT EINER STARKEN, SCHLAUEN FRAU ZUSAMMENZUTUN!
DENN ICH BIN NICHT NUR DEKADENT, ICH KANN AUCH NICHT AUF EIGENEN FÜSSEN STEHEN... SIE STÜTZT MICH AB...
DU BIST NICHT SO INFANTIL WIE MEIN ERSTER MANN...
SIE IST EINE MIT-SACHEN-ZURECHTKOMMERIN! SIE WEISS, WO DIE SEILE GESPANNT SIND... SIE FÜHRT MICH DURCH DIESEN VERWIRRENDEN IRRGARTEN... ICH VERTAUE IHREM URTEIL... WEM SOLL ICH SONST TRAUEN?
W-WO SIND WIR?? W-WAS IST DAS FÜR EIN ORT??
FRAG NICHT!!
SOLL ICH DICH TRAGEN?
SIE HAT DIE HOSEN AN!
JA, ICH BIN EIN ÜBERLEBENDER... ICH HABE EIN PAAR SACHEN GELERNT, BISSCHEN WAS VOM LEBEN GESEHEN, PAAR HARTE SCHLÄGE EINGESTECKT... HEUTE BIN ICH EIN DURCHTRIEBENER SCHLINGEL...
IHR MÜSST GAAAAAANZ SCHÖN FRÜH AUFSTEHEN, WENN IHR ES MIT DEM ALTEN R. CRUMB AUFNEHMEN WOLLT!
VERSUCHT ES LIEBER GAR NICHT ERST!
ENDE

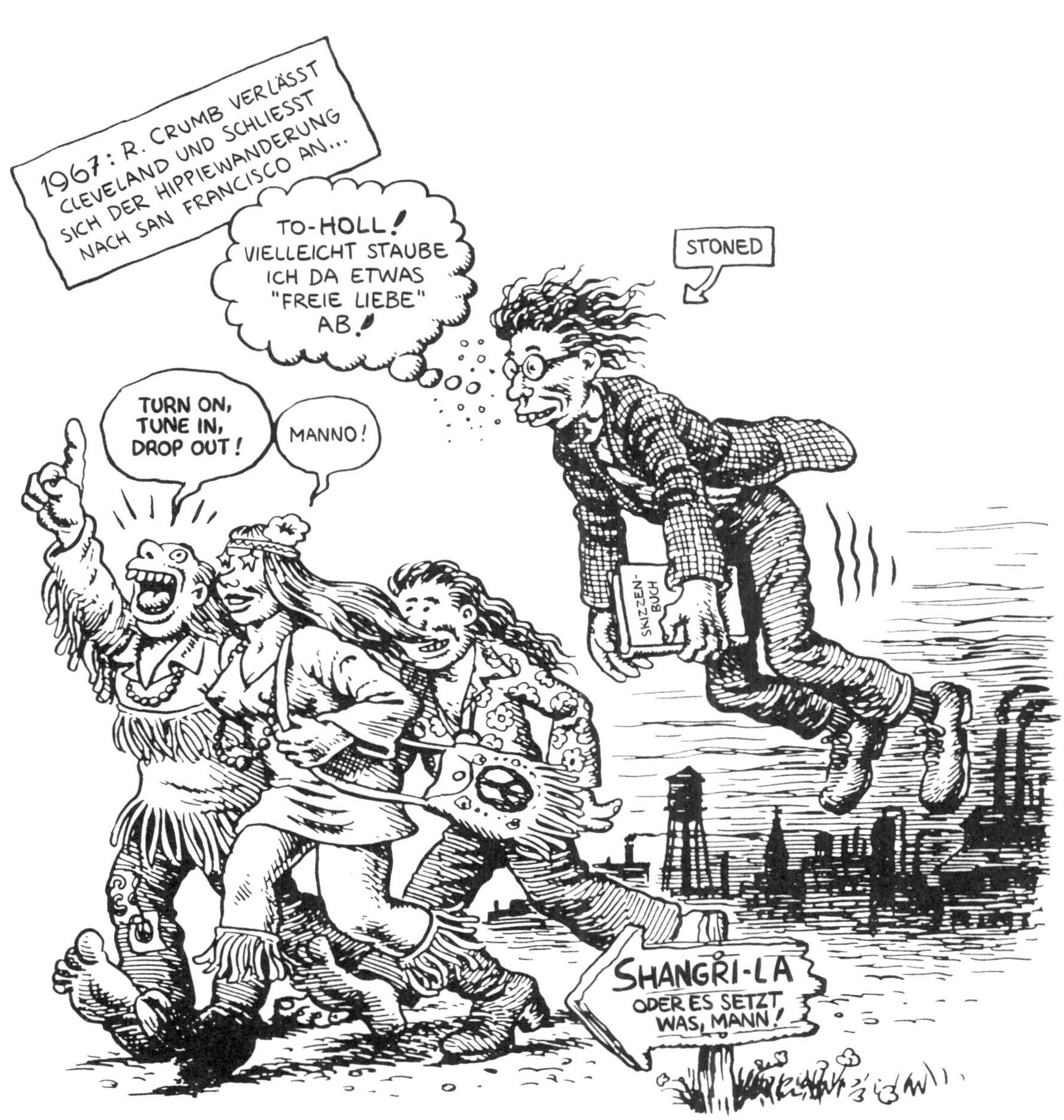
1967: R. CRUMB VERLÄSST CLEVELAND UND SCHLIESST SICH DER HIPPIEWANDERUNG NACH SAN FRANCISCO AN...
TO-HOLL! VIELLEICHT STAUBE ICH DA ETWAS "FREIE LIEBE" AB!
STONED
TURN ON, TUNE IN, DROP OUT!
MANNO!
SKIZZEN-BUCH
SHANGRI-LA ODER ES SETZT WAS, MANN!

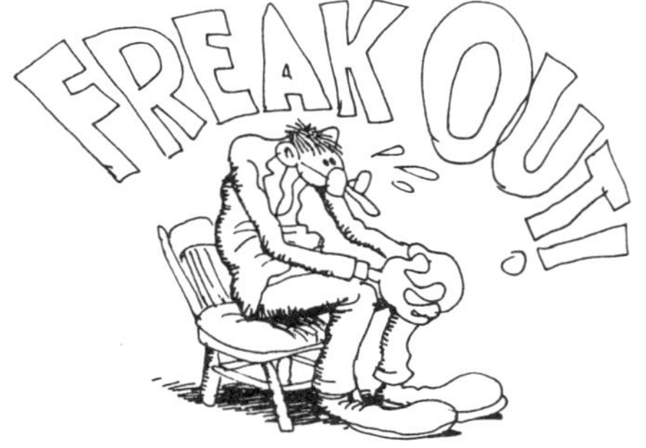
FREAK OUT!

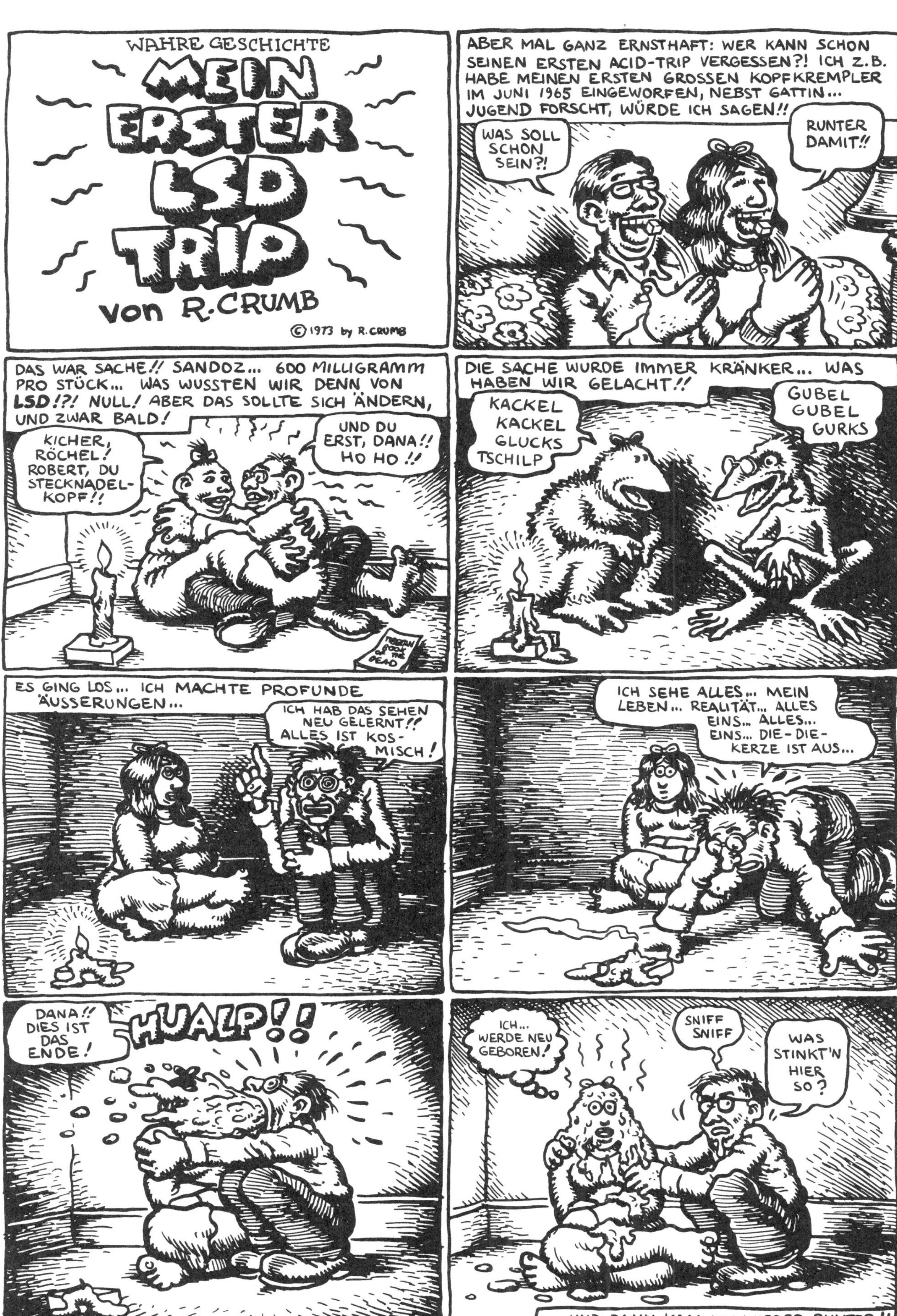
WAHRE GESCHICHTE
MEIN ERSTER LSD TRIP
von R. CRUMB
© 1973 by R. CRUMB
ABER MAL GANZ ERNSTHAFT: WER KANN SCHON SEINEN ERSTEN ACID-TRIP VERGESSEN?! ICH Z.B. HABE MEINEN ERSTEN GROSSEN KOPFKREMPLER IM JUNI 1965 EINGEWORFEN, NEBST GATTIN... JUGEND FORSCHT, WÜRDE ICH SAGEN!!
WAS SOLL SCHON SEIN?!
RUNTER DAMIT!!
DAS WAR SACHE!! SANDOZ... 600 MILLIGRAMM PRO STÜCK... WAS WUSSTEN WIR DENN VON LSD!?! NULL! ABER DAS SOLLTE SICH ÄNDERN, UND ZWAR BALD!
KICHER, RÖCHEL! ROBERT, DU STECKNADEL-KOPF!!
UND DU ERST, DANA!! HO HO!!
TIBETAN BOOK OF THE DEAD
DIE SACHE WURDE IMMER KRÄNKER... WAS HABEN WIR GELACHT!!
KACKEL KACKEL GLUCKS TSCHILP
GUBEL GUBEL GURKS
ES GING LOS... ICH MACHTE PROFUNDE ÄUSSERUNGEN...
ICH HAB DAS SEHEN NEU GELERNT!! ALLES IST KOS-MISCH!
ICH SEHE ALLES... MEIN LEBEN... REALITÄT... ALLES EINS... ALLES... EINS... DIE-DIE-KERZE IST AUS...
DANA!! DIES IST DAS ENDE!
HUALP!!
ICH... WERDE NEU GEBOREN!
SNIFF SNIFF
WAS STINKT'N HIER SO?
... UND DANN KAM ICH WIEDER RUNTER!!

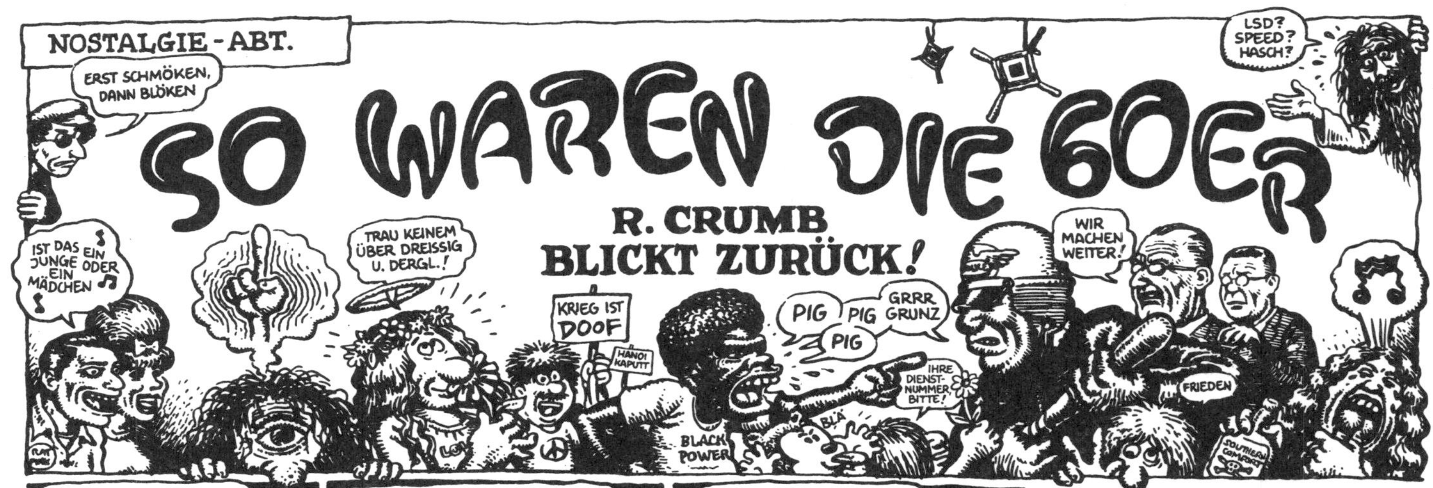

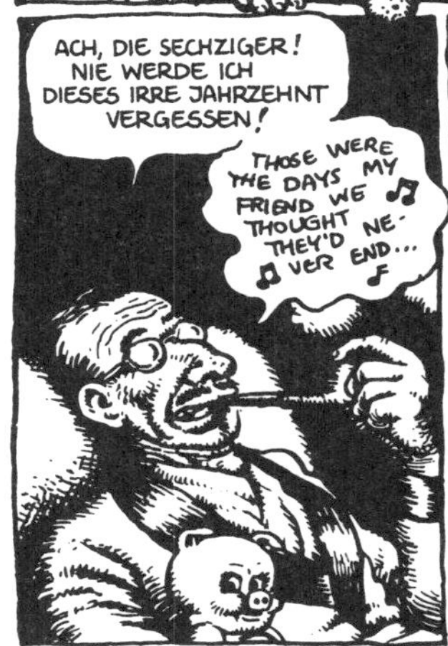

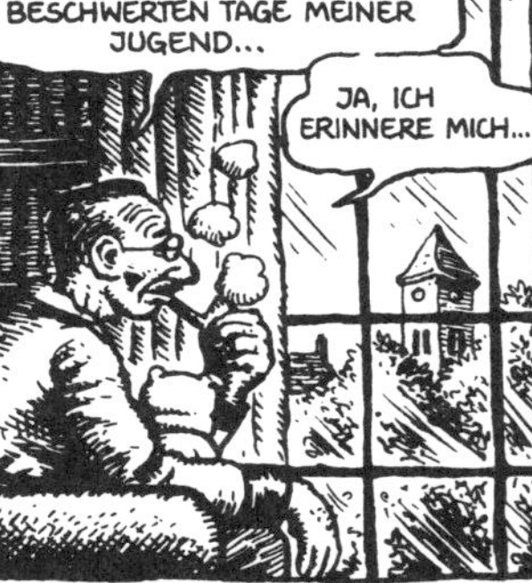

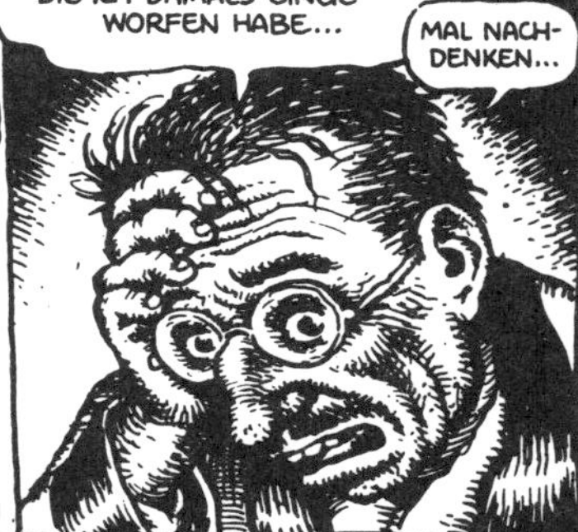

Es ist leichter, sich an die frühen 60er zu erinnern, als ich noch einigermassen "normal" war. Jeden Morgen bin ich in den Bus gestiegen und zur Arbeit gefahren, die ganze Richtung...

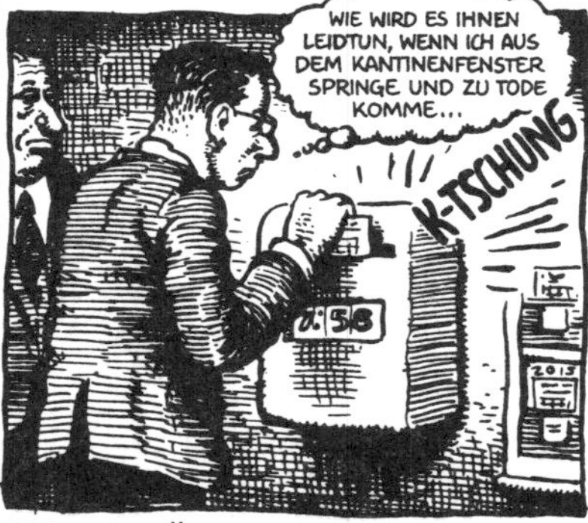

Ich lebte noch in der "realen" Welt, bis ich 1965 LSD nahm. Und da begannen für Mr. Bob Crumb die 60er Jahre!

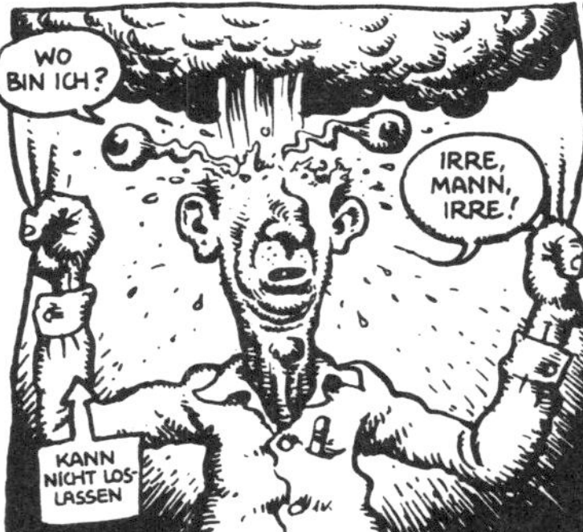

Für unsere Väter war es der II. Weltkrieg, "der Grosse"... für "uns" waren es LSD und andere kräftige bewusstseinsverändernde Substanzen... unsere Väter erzählen Kriegsgeschichten ...wir erzählen LSD-Geschichten (Typen, die im "Nam" waren, erzählen beides!) !!!

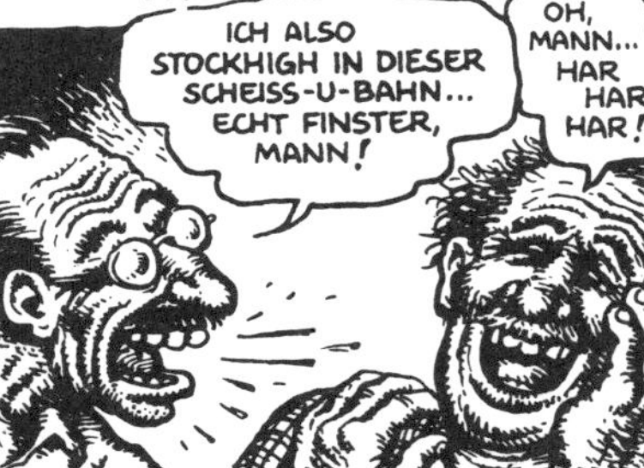

Danach war alles anders... ich hörte auf den Rat von Dr. Tim: "Turn on, tune in, drop out." Ich folgte dem Zug der Blumenkinder nach San Francisco!

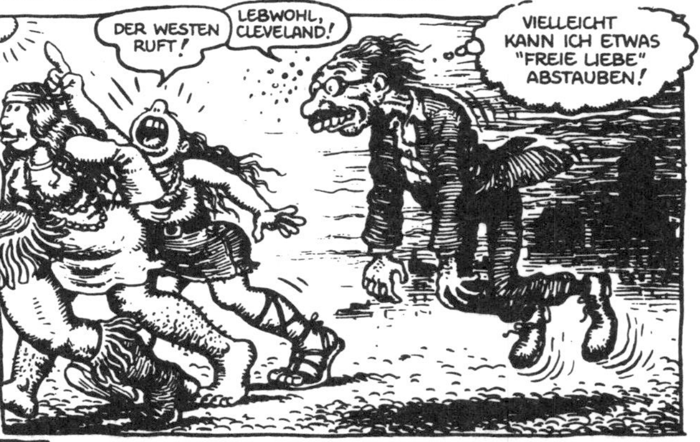

Und das erinnert mich an eine meiner liebsten Erinnerungen an die 60er: man konnte überall immer jede Menge <u>Bein</u> sehen!

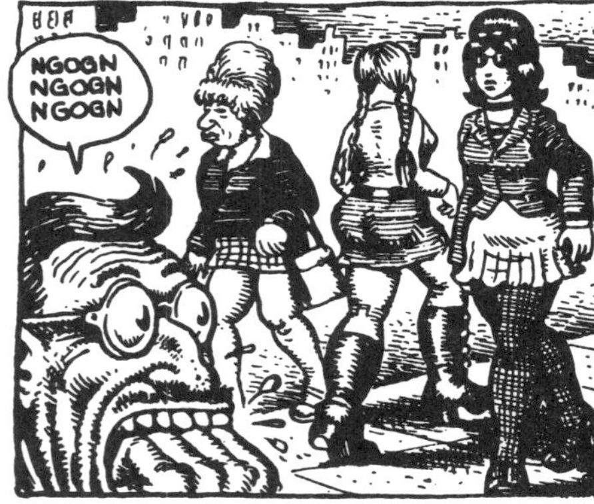

Andererseits war das vielleicht doch nicht so gut, denn ich befand mich in einem konstanten Zustand frustrierter Erregung; man war ja jung und hatte seine Gefühle nicht so recht unter Kontrolle.

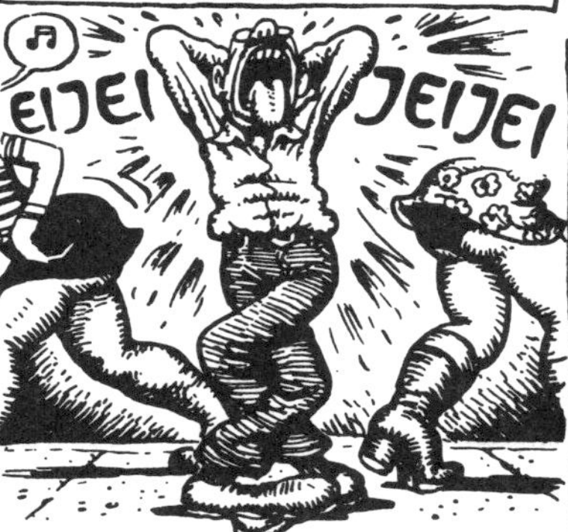

Dahin, dahin, was? Frauen waren noch "Mausis" und blickten Rat- und schutzsuchend zu uns Männern auf, aber wenn Sie die Wahrheit wissen wollen: Ich mag "die neue Frau" viel lieber. ***Jetzt*** wäre ich gern ein junger Mann, bei dem Kaliber, das die Frauen heutzutage haben!

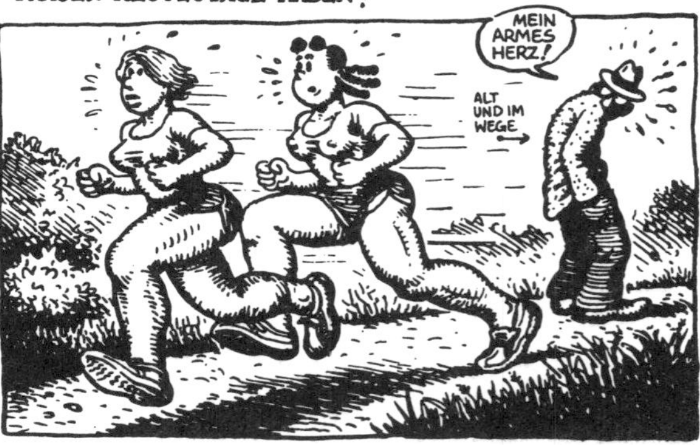

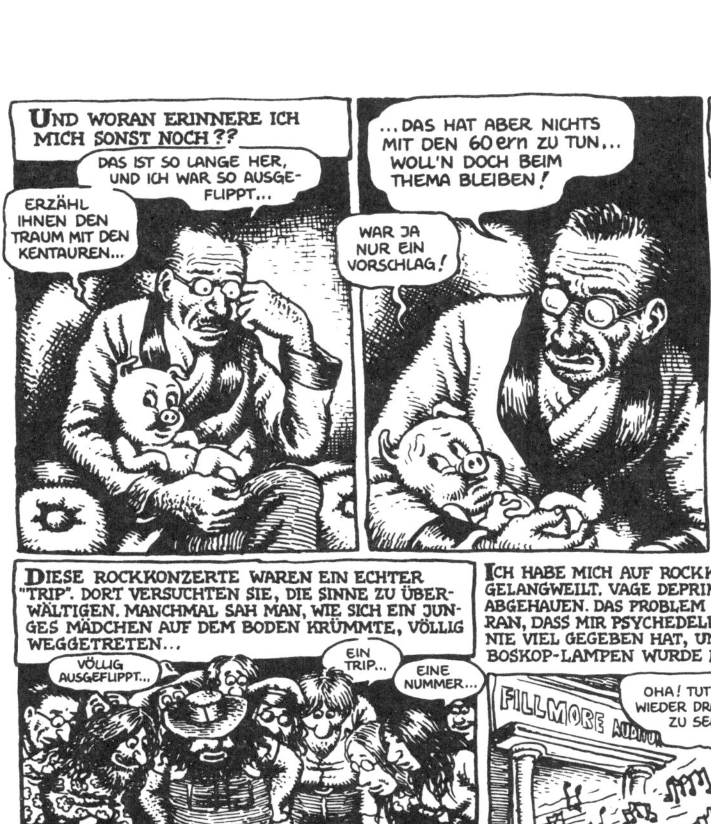
UND WORAN ERINNERE ICH MICH SONST NOCH??
DAS IST SO LANGE HER, UND ICH WAR SO AUSGEFLIPPT...
ERZÄHL IHNEN DEN TRAUM MIT DEN KENTAUREN...
...DAS HAT ABER NICHTS MIT DEN 60ern ZU TUN... WOLL'N DOCH BEIM THEMA BLEIBEN!
WAR JA NUR EIN VORSCHLAG!
ICH WAR JA SELBST EIN KIND DER 60er JAHRE... ICH SAGTE "GROOVY"... ICH SAGTE "OH WOW". ICH GING AUF LOVE-INS UND ANTIKRIEGSDEMONSTRATIONEN... ICH KNALLTE MIR AUF ROCKKONZERTEN DAS HIRN VOLL...
OH WOW!
DIESE ROCKKONZERTE WAREN EIN ECHTER "TRIP". DORT VERSUCHTEN SIE, DIE SINNE ZU ÜBERWÄLTIGEN. MANCHMAL SAH MAN, WIE SICH EIN JUNGES MÄDCHEN AUF DEM BODEN KRÜMMTE, VÖLLIG WEGGETRETEN...
VÖLLIG AUSGEFLIPPT...
EIN TRIP...
EINE NUMMER...

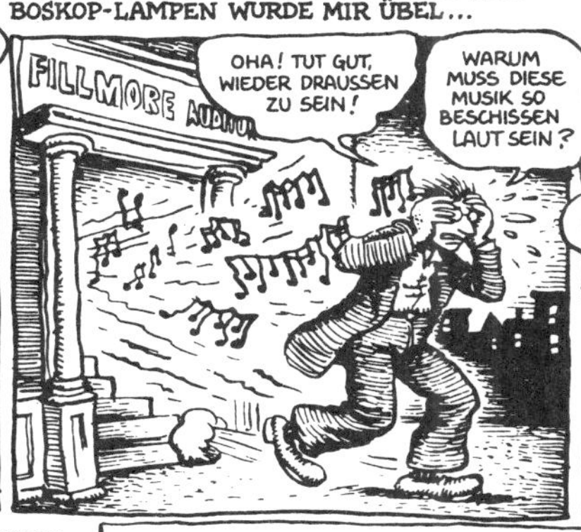
ICH HABE MICH AUF ROCKKONZERTEN IMMER GELANGWEILT. VAGE DEPRIMIERT BIN ICH DA ABGEHAUEN. DAS PROBLEM LAG TEILWEISE DARAN, DASS MIR PSYCHEDELISCHE ROCKMUSIK NIE VIEL GEGEBEN HAT, UND VON DEN STROBOSKOP-LAMPEN WURDE MIR ÜBEL...
FILLMORE AUDITO
OHA! TUT GUT, WIEDER DRAUSSEN ZU SEIN!
WARUM MUSS DIESE MUSIK SO BESCHISSEN LAUT SEIN?

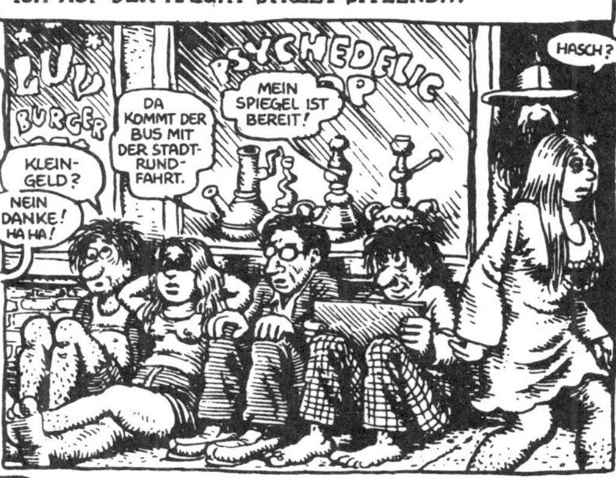
ICH WOHNTE EIN PAAR JAHRE LANG IN "THE HAIGHT"... DEN SOGENANNTEN SOMMER DER LIEBE VERBRACHTE ICH AUF DER HAIGHT STREET SITZEND...
PSYCHEDELIC
BURGER
HASCH?
MEIN SPIEGEL IST BEREIT!
DA KOMMT DER BUS MIT DER STADTRUNDFAHRT.
KLEINGELD?
NEIN DANKE! HA HA!

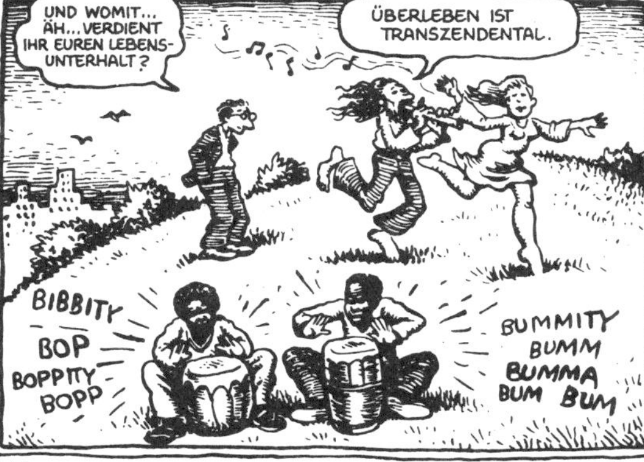
MANCHMAL WAR ICH MIT MEINEN BEKANNTEN AUF DEM "HIPPIEHÜGEL". ABER ICH KONNTE NICHT VORBEHALTLOS ZUM HIPPIE WERDEN. ICH ZÖGERTE. ICH WAR GEHEMMT... "UP TIGHT".
UND WOMIT... ÄH... VERDIENT IHR EUREN LEBENSUNTERHALT?
ÜBERLEBEN IST TRANSZENDENTAL.
BIBBITY BOP BOPPITY BOPP
BUMMITY BUMM BUMMA BUM BUM
ICH NAHM VON FREMDEN KEINE DROGEN AN...
DANKE NEIN... HEUTE NICHT!

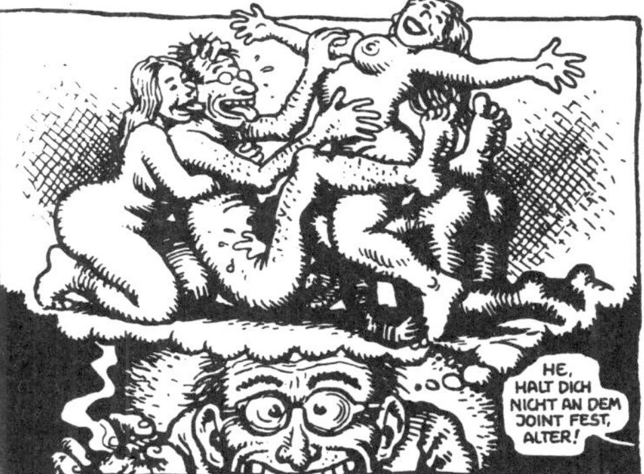
TROTZDEM WURDE ICH VOM ALLGEMEINEN IDEALISMUS JENER ZEIT MITGERISSEN. ICH GLAUBTE, DASS WIR EINE NEUE WELT ERSCHUFEN. DIE MENSCHEN WÜRDEN EINANDER LIEBEN UND FREUNDLICH SEIN, UND WIR ALLE WÜRDEN AUF EWIG DEN LOCKEREN SEX GENIESSEN...
HE, HALT DICH NICHT AN DEM JOINT FEST, ALTER!
JA, ICH WAR EGOISTISCH, ICH WAR AUSSER KONTROLLE. DIE MÄNNLICHE AGGRESSION SCHOSS INS KRAUT. ALLEN "MAUSIS" KONNTE MAN AN DIE WÄSCHE. KANN MAN ES IHNEN VERÜBELN, WENN SIE SICH "WOMEN'S LIB" ZUWANDTEN?!
TAG, BOB, DAS IST MEINE FREUNDIN ELLIE! WIR...
ICH... ÄH...
HALLO! SCHÖN, DASS DU MICH TRIFFST! HI HI...
MR. UNCOOL

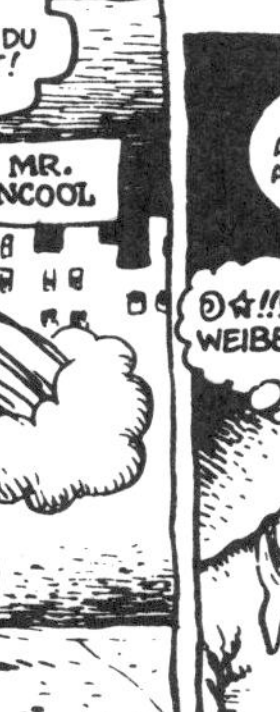
ICH GEB'S ZU, AUCH ICH WAR WIDERWÄRTIG... AUCH ICH "MACHTE" DIE MÄDCHEN "AN"... AUCH ICH MISSACHTETE SIE... AUCH ICH WURDE DURCH DIE NEUE FEMINISTISCHE RICHTUNG IN DIE REALITÄT ZURÜCKBEFÖRDERT.
WILL AUCH WIEDER ARTIG SEIN!
WEIBER
CHAUVI-SCHWEIN
UNTERENTWICKELTES BEWUSSTSEIN
WEISSE MÄNNLICHE PRIVILEGIEN
WIEDERGUTMACHUNG FÜR ALLE ERLITTENEN
DOPPELTE MORAL
SEXISTISCHE THESEN
MÄNNLICH-PERVERS
UNTERDRÜCKTE FRAU-ÖNN
NICHT VERTRAUENSWÜRDIG

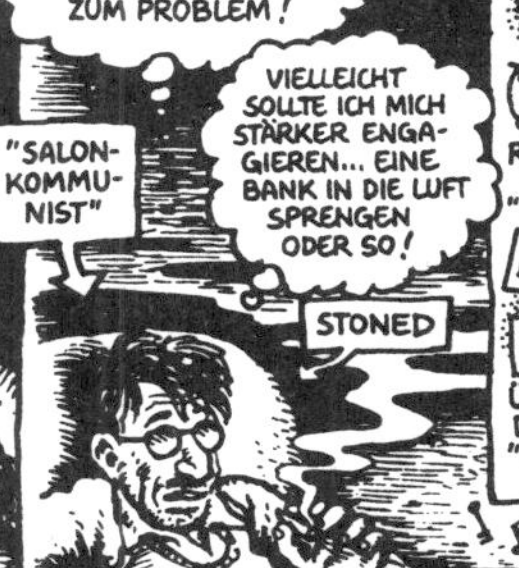
UND DANN DIE REVOLUTION, DIE WIR JEDEN MOMENT ERWARTETEN!
HOFFENTLICH GEHÖRE ICH ZUR LÖSUNG UND NICHT ZUM PROBLEM!
VIELLEICHT SOLLTE ICH MICH STÄRKER ENGAGIEREN... EINE BANK IN DIE LUFT SPRENGEN ODER SO!
"SALONKOMMUNIST"
STONED
BELIEBTE SLOGANS JENER EPOCHE:
OFF THE PIG!
UP AGAINST THE WALL MOTHERFUCKER
EINE KLEINE RADIKALE GRUPPE IN NEW YORK NANNTE SICH DIE "UP-AGAINST-THE-WALL-MOTHERFUCKERS".
BURN, BABY, BURN
IT'S COMING DOWN FAST
ÜBERTRIEBENER SPRUCH DER "WEATHERMEN": "ALLE WEISSEN BABYS SIND "PIGS"."

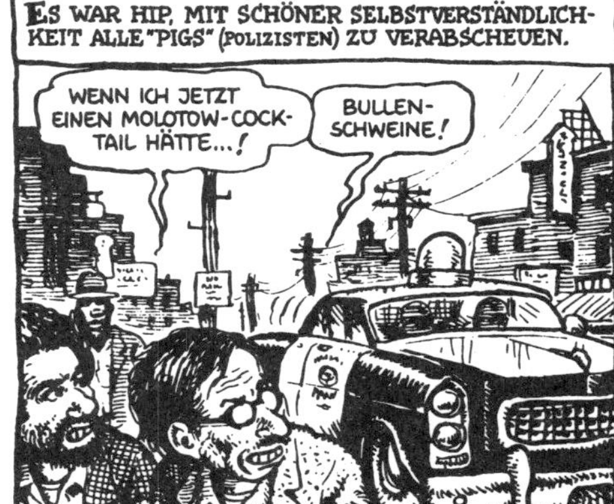

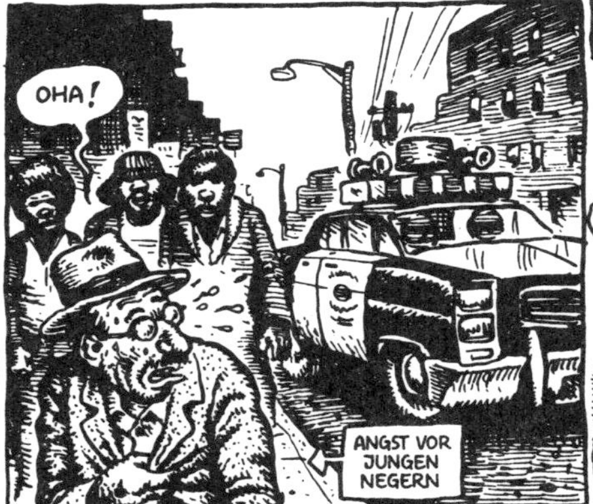

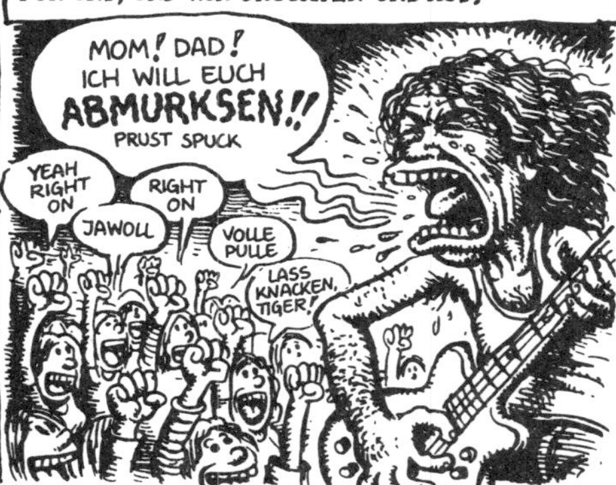

DIE REBELLION DER "JUGENDKULTUR" WAR VOLLER BEDACHT DURCHGESTALTET...

VIELE DIESER MITTELSTANDS-"DROP-OUTS" LEBTEN IN IHREM EIGENEN LSD-INSPIRIERTEN MÄRCHENLAND, WIE DAS MÄDCHEN IN DER HAIGHT STREET, DAS NUR ALS "DIE LEBKUCHENPRINZESSIN" BEKANNT WAR.

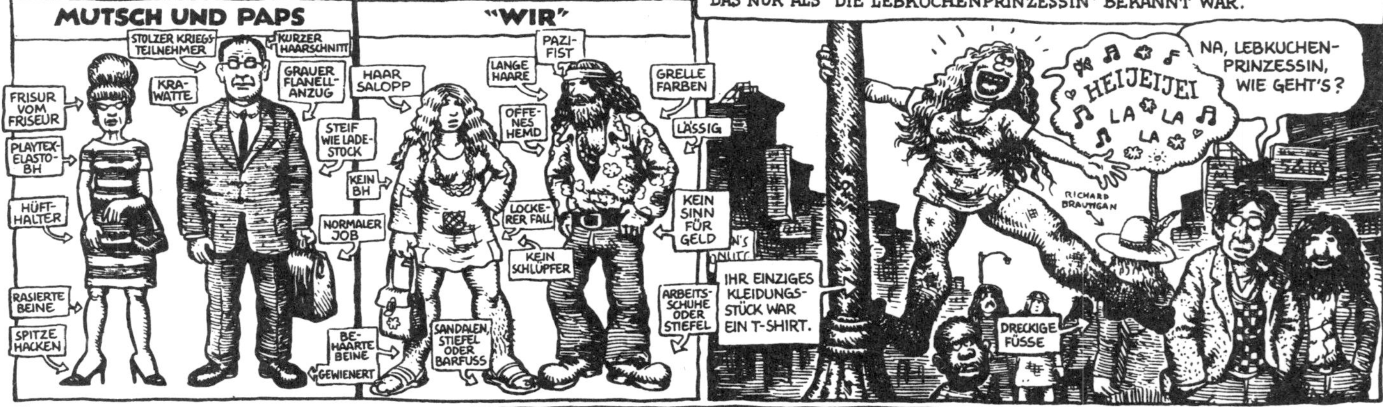

ABER ES KONNTE NICHT GUT GEHEN... SIE WAREN WIE HILFLOSE KLEINE LÄMMER, UND DIE HUNGRIGEN WÖLFE LIESSEN NICHT LANGE AUF SICH WARTEN...

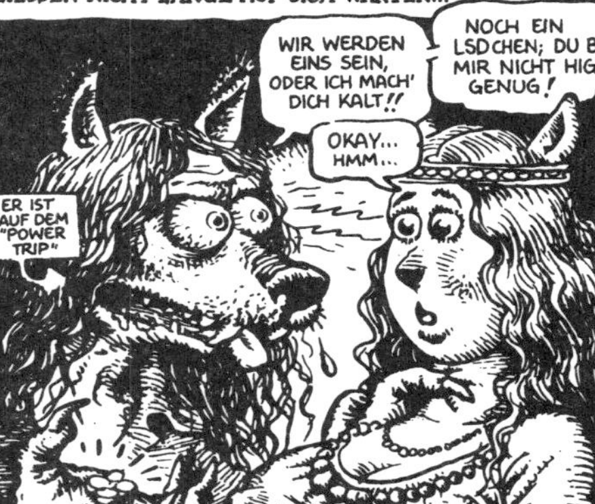

NACH DEM "SOMMER DER LIEBE" WAREN DIE UNBESCHWERTEN TAGE DER "BLUMENKINDER" GEZÄHLT... NIEDERE INSTINKTE UND HABGIER BEGANNEN, "BAD VIBES" ZU VERBREITEN. FÜR VIELE WURDE DIE SZENE ZU "HEAVY"... GESETZLOSE MOTORRADBANDEN ÜBERNAHMEN DIE HAIGHT STREET...

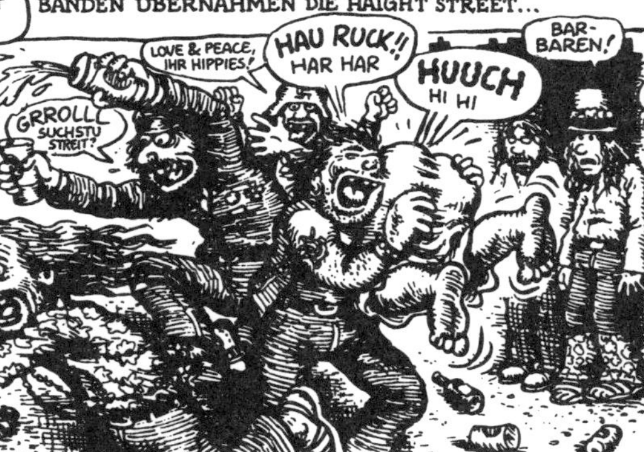

EINE VERWAHRLOSTERE SORTE VON HIPPIES TAUCHTE AUF... SIE WAREN AUF EINE WEISE HIP, WELCHE DIE VERFEINERTE SENSIBILITÄT DER HIPPIES AUS BESSERGESTELLTEN ELTERNHÄUSERN BELEIDIGTE...

GEGEN 1969 GING EIN DÄMON NAMENS PARANOIA IN DER HAIGHT STREET UM... DIE DROGEN WURDEN HÄRTER, UND DIE MENSCHEN BEWAFFNETEN SICH... ÜBERFÄLLE, MORDE, VERGEWALTIGUNGEN, KOMMERZIALISIERUNG UND ANDERE PLAGEN SUCHTEN DIE GEGEND HEIM... ES WAR EIN BESCHISSENES, TROSTLOSES SCHAUSPIEL...

IN DEN JAHREN 1969 UND '70 BEGANN DAS GROSSE RAD SICH ZU SCHNELL ZU DREHEN, UND DIE LEUTE FLOGEN IN ALLE RICHTUNGEN AUSEINANDER. DIE "SCENE" ZERFIEL RAPIDE!

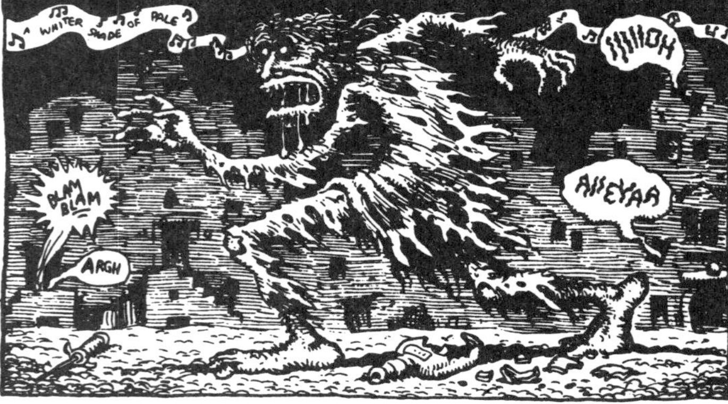

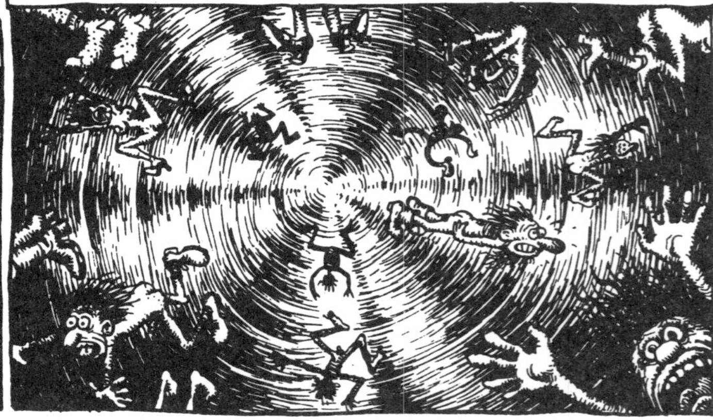

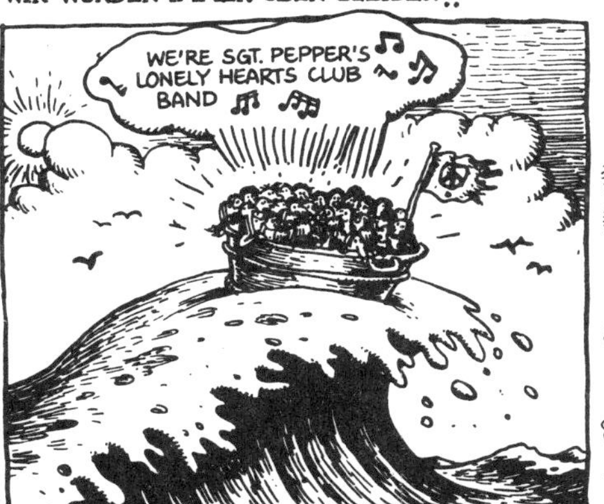
DAMALS WAR ES NICHT SO OFFENSICHTLICH, DASS WIR AUF EINEM WELLENKAMM RITTEN… WIR DACHTEN, WIR WÜRDEN IMMER OBEN BLEIBEN!!
WE'RE SGT. PEPPER'S LONELY HEARTS CLUB BAND

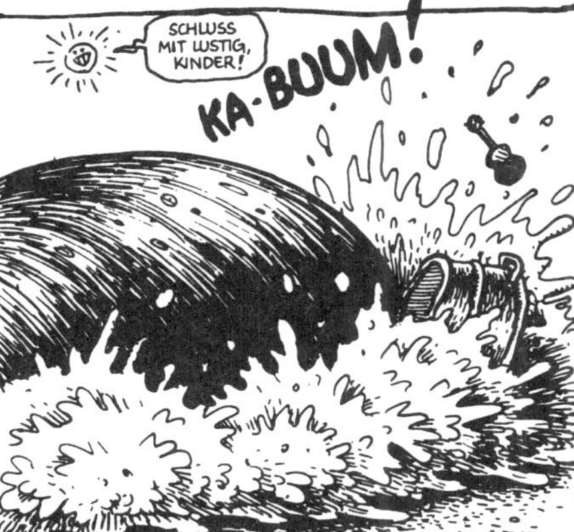
ABER DIE WOGE ZERSCHELLTE AM STRAND…
SCHLUSS MIT LUSTIG, KINDER!
KA-BUUM!

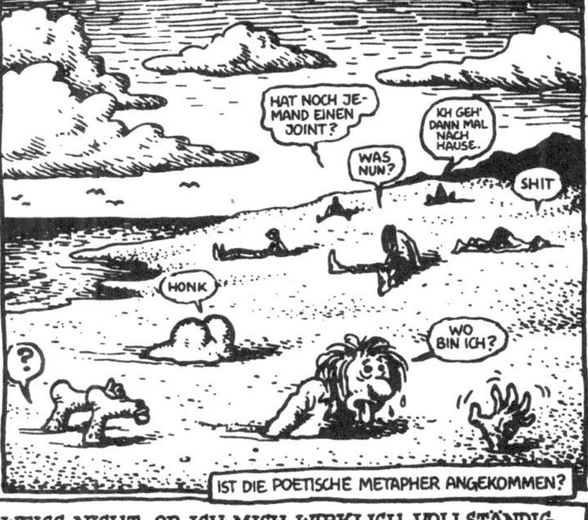
UND VIELE LEUTE BLIEBEN LAHM UND DURCHNÄSST LIEGEN UND HATTEN NICHTS ALS EINEN MUND VOLL SALZWASSER.
HAT NOCH JEMAND EINEN JOINT?
ICH GEH' DANN MAL NACH HAUSE.
WAS NUN?
SHIT
HONK
WO BIN ICH?
?
IST DIE POETISCHE METAPHER ANGEKOMMEN?

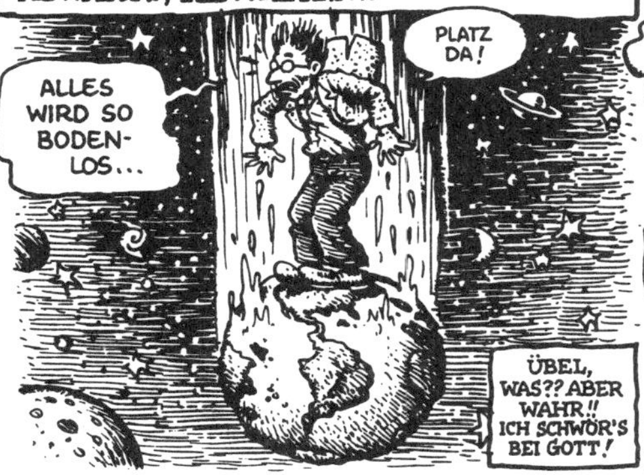
ETWA EIN JAHR LANG HATTE ICH SO EIN SCHWINDLIGES GEFÜHL, ALS FIELE DIE ERDE SELBST DURCH DEN WELTRAUM!! SIE WAR EIN HÖCHSTGESCHWINDIGKEITSAUFZUG, UND DER FUHR ABWÄRTS, ABWÄRTS, ABWÄRTS…
ALLES WIRD SO BODENLOS…
PLATZ DA!
ÜBEL, WAS?? ABER WAHR!! ICH SCHWÖR'S BEI GOTT!

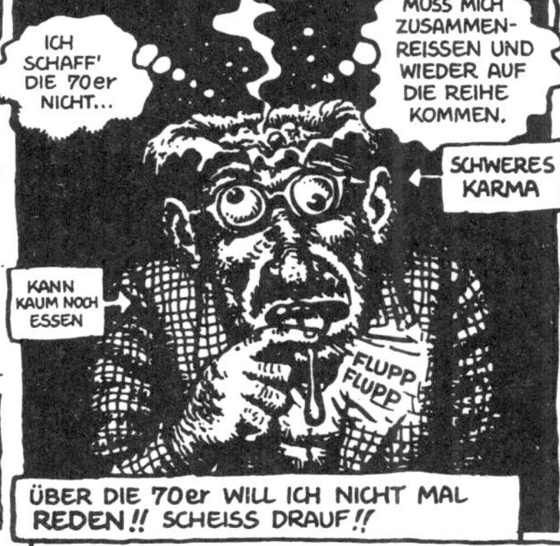
ICH WAR JAHRELANG EIN "AUSGEBRANNTER" FALL… ALL DAS LSD… ALL DAS GIFT… DER WAHNSINN… MEIN HIRN WAR HIN.
ICH SCHAFF' DIE 70er NICHT…
MUSS MICH ZUSAMMENREISSEN UND WIEDER AUF DIE REIHE KOMMEN.
SCHWERES KARMA
KANN KAUM NOCH ESSEN
FLUPP FLUPP
ÜBER DIE 70er WILL ICH NICHT MAL REDEN!! SCHEISS DRAUF!!

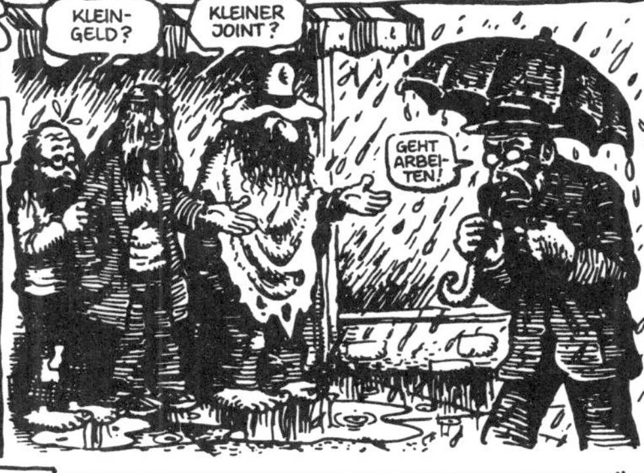
ICH WEISS NICHT, OB ICH MICH WIRKLICH VOLLSTÄNDIG ERHOLT HABE, ABER, KACKE, ES GEHT MIR BESSER ALS MANCHEN ANDEREN OPFERN DER 60er… MANCHE SIND IMMER NOCH IN DER HAIGHT STREET… IMMER NOCH AUF DROGEN, IMMER NOCH IN "POFEN" USW.
KLEINGELD?
KLEINER JOINT?
GEHT ARBEITEN!

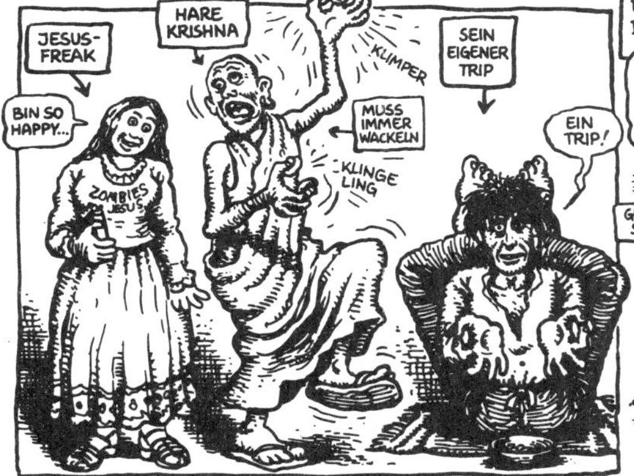
MANCHE WURDEN HOFFNUNGSLOSE RELIGIÖSE FANATIKER DES EINEN ODER ANDEREN "KULTS"… JEDER EIN "TRIP-FLIP"…
JESUS-FREAK
HARE KRISHNA
SEIN EIGENER TRIP
BIN SO HAPPY…
KLIMPER
MUSS IMMER WACKELN
KLINGELING
EIN TRIP!

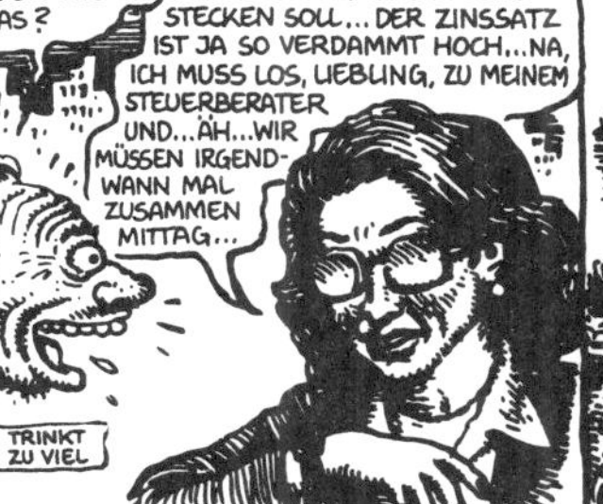
ANDERE BESCHLOSSEN, DIESEN KINDERKRAM SEIN ZU LASSEN, UND KREMPELTEN DIE ÄRMEL HOCH… JETZT SIEHT MAN SIE AUF DEM WEG NACH OBEN, UND SIE RAFFEN DAS GELD UND KAUFEN SICH DAFÜR BADEZUBER MIT EINGEBAUTEM STRUDEL…
HA! HE, WEISST DU NOCH, WIE WIR ALLE IN DEN WÄLDERN HAUSEN WOLLTEN? WEISST DU DOCH NOCH, ODER? ODER WIE ODER WAS?
MMMJA… HI HI… ABER ICH WEISS WIRKLICH NICHT, OB ICH AUF DEM GELDMARKT INVESTIEREN ODER MEINE DIVIDENDENPAPIERE IN GRUNDSTÜCKE STECKEN SOLL… DER ZINSSATZ IST JA SO VERDAMMT HOCH… NA, ICH MUSS LOS, LIEBLING, ZU MEINEM STEUERBERATER UND… ÄH… WIR MÜSSEN IRGENDWANN MAL ZUSAMMEN MITTAG…
GUTARTIGER SCHLAMPER
TRINKT ZU VIEL

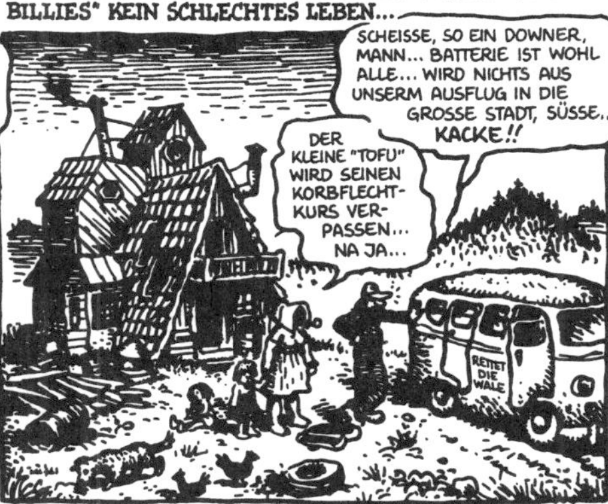
WIEDER ANDERE VERTEILTEN SICH IN EINER "ZURÜCK AUFS LAND"-BEWEGUNG AUF DIE HÜGEL UND BEWAHRTEN DAS DRUM & DRAN DER HIPPIE-SUBKULTUR, DIE SIE DORTHIN MITNAHMEN. FÜR VIELE DIESER "HIPPIE-BILLIES" KEIN SCHLECHTES LEBEN…
SCHEISSE, SO EIN DOWNER, MANN… BATTERIE IST WOHL ALLE… WIRD NICHTS AUS UNSERM AUSFLUG IN DIE GROSSE STADT, SÜSSE… KACKE!!
DER KLEINE "TOFU" WIRD SEINEN KORBFLECHTKURS VERPASSEN… NA JA…
RETTET DIE WALE

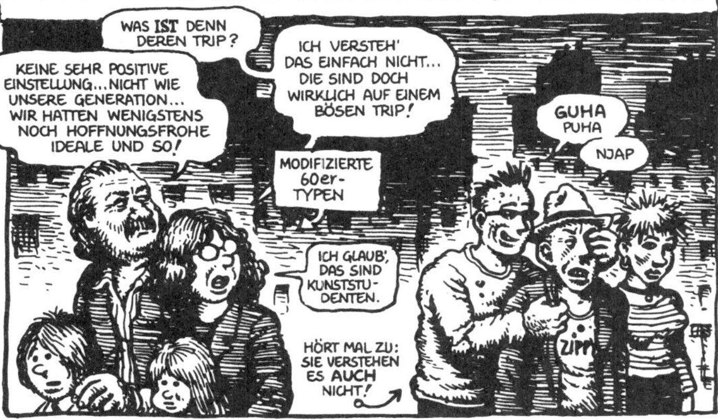
JA, ABER WER WILL NOCH ETWAS VON DEN 60ern WISSEN? IST DOCH ALLES GRAUE VORZEIT… JETZT HABEN WIR 1982, UND DIE KARTEN SIND NEU GEMISCHT… DIE JUGEND VON HEUTE IST JEDENFALLS WAS GANZ ANDERES, SO VIEL STEHT FEST!
WAS IST DENN DEREN TRIP?
KEINE SEHR POSITIVE EINSTELLUNG… NICHT WIE UNSERE GENERATION… WIR HATTEN WENIGSTENS NOCH HOFFNUNGSFROHE IDEALE UND SO!
ICH VERSTEH' DAS EINFACH NICHT… DIE SIND DOCH WIRKLICH AUF EINEM BÖSEN TRIP!
GUHA PUHA
NJAP
MODIFIZIERTE 60er-TYPEN
ICH GLAUB', DAS SIND KUNSTSTUDENTEN.
HÖRT MAL ZU: SIE VERSTEHEN ES AUCH NICHT!
ZIPP

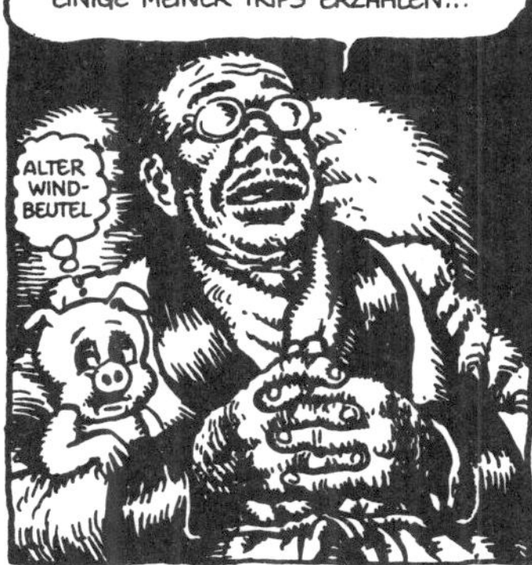
ACH, DIESE IRREN, FAULEN, VERSCHWOMMENEN TAGE VON 1965, '66, '67… DIESE UNVERGESSLICHEN LSD-TRIPS… (MANCHMAL WÜNSCHTE ICH, ICH KÖNNTE SIE VERGESSEN!) ICH WERDE EUCH EINIGE MEINER TRIPS ERZÄHLEN…
ALTER WINDBEUTEL

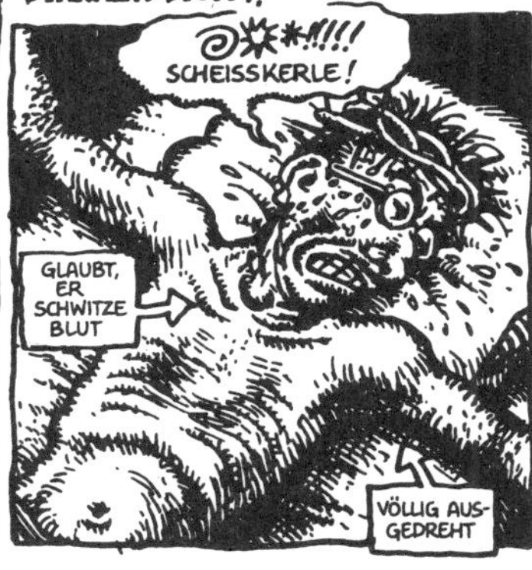
WIE ICH z.B. DAVON ÜBERZEUGT WAR, JESUS CHRISTUS ZU SEIN, RICHTIG AM KREUZ, DER FÜR DIE SÜNDEN DER GANZEN MENSCHHEIT LEIDET (KATHOLISCHE ERZIEHUNG!)… OHA, DAS WAR STARKER STOFF!!
SCHEISSKERLE!
GLAUBT, ER SCHWITZE BLUT
VÖLLIG AUSGEDREHT

JA, AUF LSD HATTE ICH VIELE "RELIGIÖSE" ERLEBNISSE... MEHRMALS SAH ICH DAS GROSSE WEISSE LICHT UND HÖRTE HIMMELSKLÄNGE... WAR GANZ EINDRUCKSVOLL...

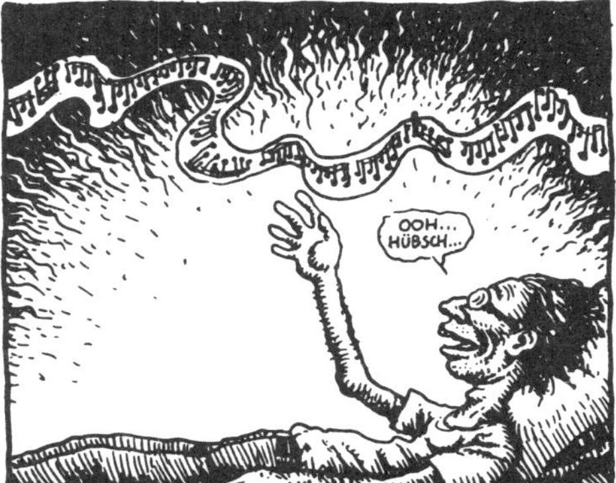

ABER EINE SEKUNDE SPÄTER LAG ICH VÖLLIG BELÄMMERT DA...

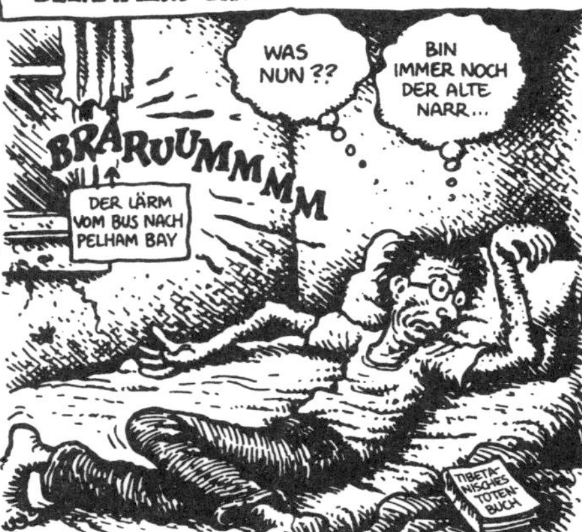

MEIN SCHLIMMSTER BÖSER TRIP WAR DER, IN DEM ICH STARB UND DIREKT ZUR HÖLLE FUHR... UND DORT WAR ICH VON HUMANOIDEN VERKÖRPERUNGEN DES TOTALEN SATANISCHEN BÖSEN UMGEBEN!

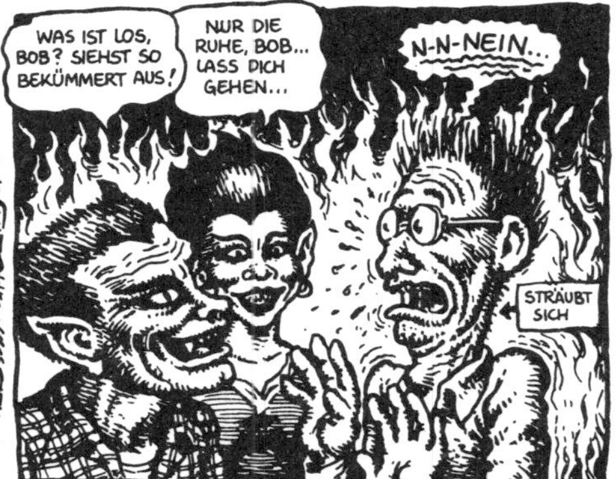

DAS WAR DIE ZEIT MEINER GRÖSSTEN PARANOIA... HATTE IMMER DIES SELTSAME KRIBBELN IM HINTERKOPF UND FUHR HERUM, WEIL ICH DACHTE, ICH KRIEGE VON HINTEN EINS ÜBERGEBRATEN!

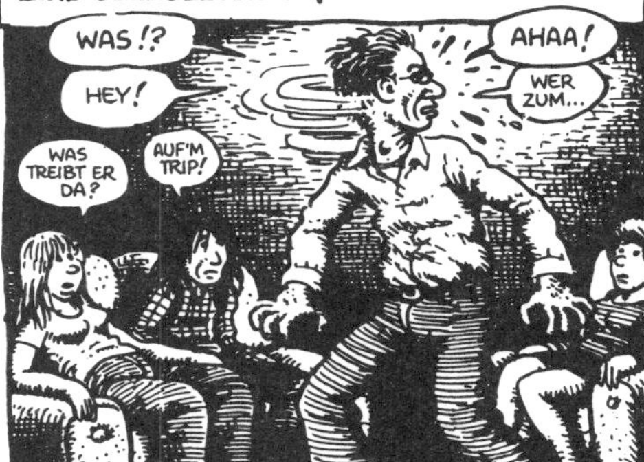

ICH GLAUBE, MEIN BESTER LSD-TRIP WAR, ALS ICH DREI TAGE LANG NICHT RUNTERKAM... ICH GLAUBTE, ICH SEI IM STANDE DER EKSTATISCHEN GNADE... EIN GLÜHENDER, STRAHLENDER HEILIGER, DER ALL DIE KOSMISCHEN WAHRHEITEN SEHEN KONNTE...

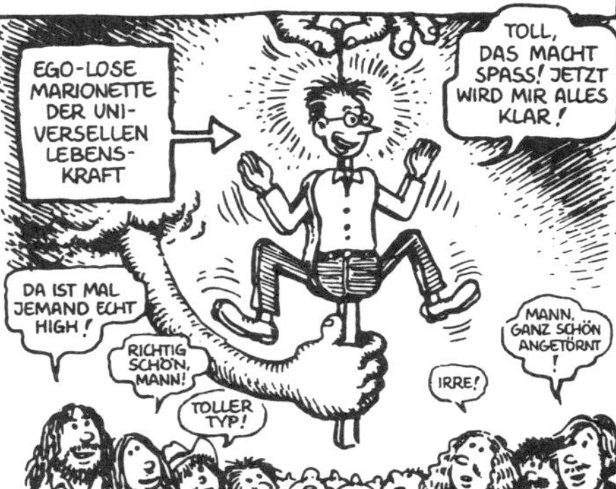

MEIN "DRITTES AUGE" WAR GEÖFFNET, UND WAS ICH ANSAH, SAH ICH TOTAL UND PERFEKT (DACHTE ICH). DREI TAGE LANG ERZÄHLTE ICH DEN LEUTEN ALLES ÜBER IHRE GENETISCHE GESCHICHTE UND ÄHNLICHEN KRAM... SIE HABEN ES GEFRESSEN WIE NICHTS!

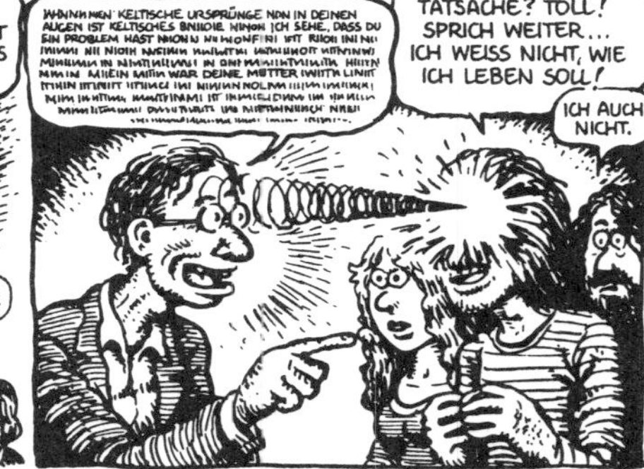

NATÜRLICH WACHTE ICH AM 4. TAGE DIESER DROGENERFAHRUNG IN DER TIEFSTEN, SCHWÄRZESTEN GRUBE DER VERZWEIFLUNG UND LEERE AUF... JA, WENN ICH DAMALS SCHON ÜBER VITAMINE BESCHEID GEWUSST HÄTTE!!

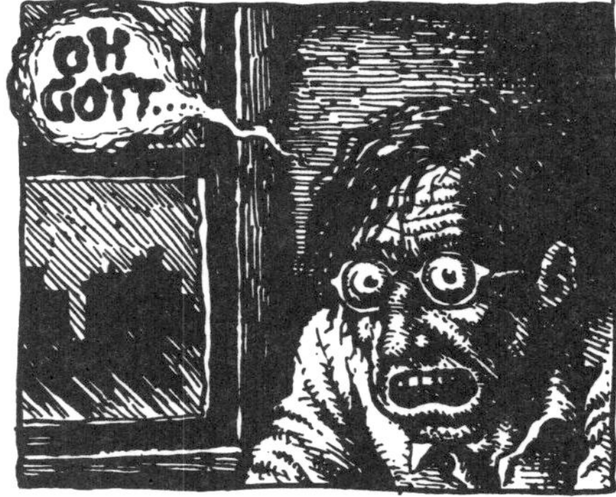

ACH JA... IRRE ZEITEN WAREN DAS... ICH KÖNNTE IMMER SO WEITER VON MEINEN TRIPS ERZÄHLEN, ABER ICH... ÄH...

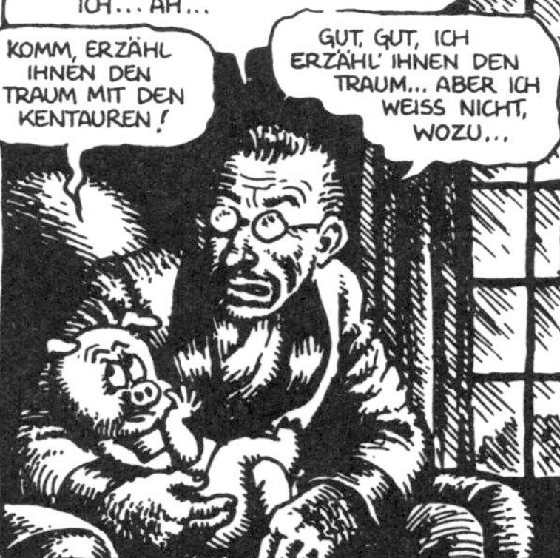

ICH HATTE DIESEN TRAUM, DASS ICH IRGENDWIE IRGENDWO WAR, WO ALLES VOLL NATÜRLICHER SCHÖNHEIT WAR... EIN REGELRECHTER GARTEN EDEN... UND IN DER FERNE SAH ICH EINE GRUPPE, EIN RUDEL, KÖNNTE MAN SAGEN, VON KENTAUREN!

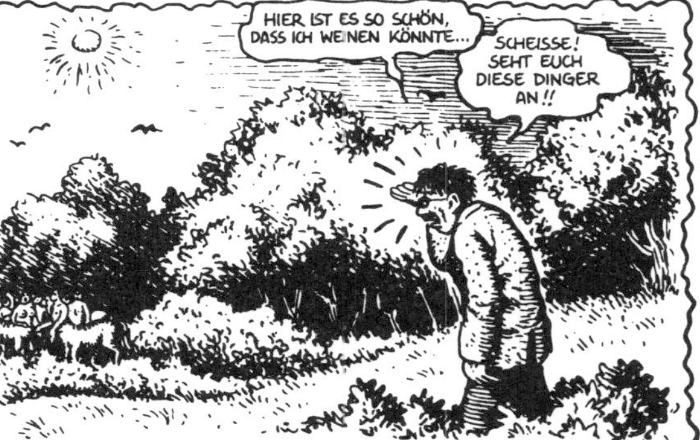

ICH TRAT NÄHER... SIE HATTEN ALLE VOLLKOMMENE, JUNGE, SCHÖNE GESICHTER... SÜSS UND UNSCHULDIG... EWIGE SIEBZEHNJÄHRIGE...

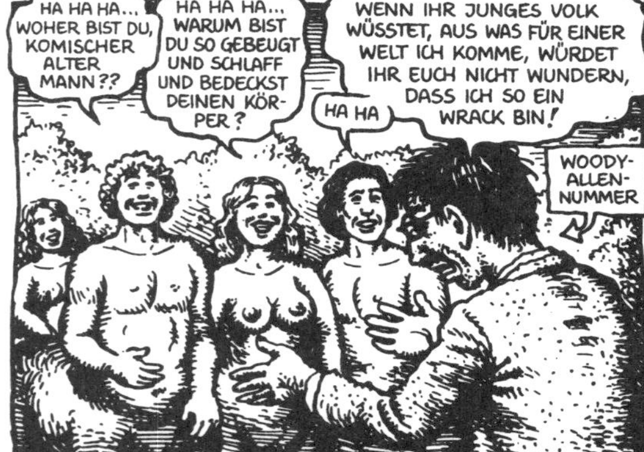

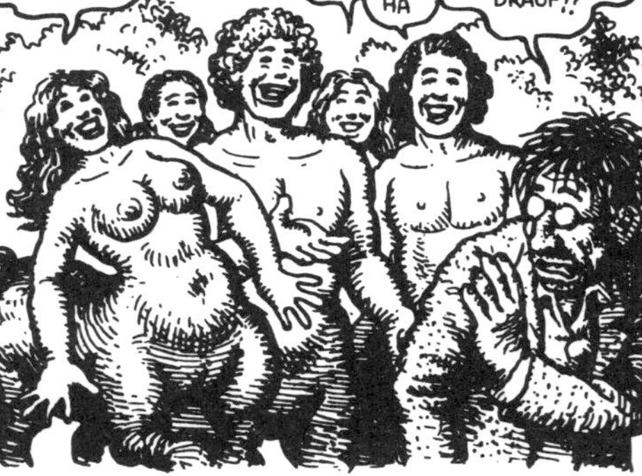

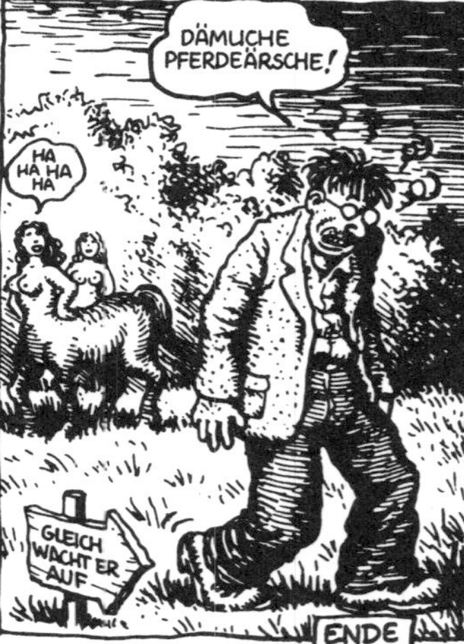

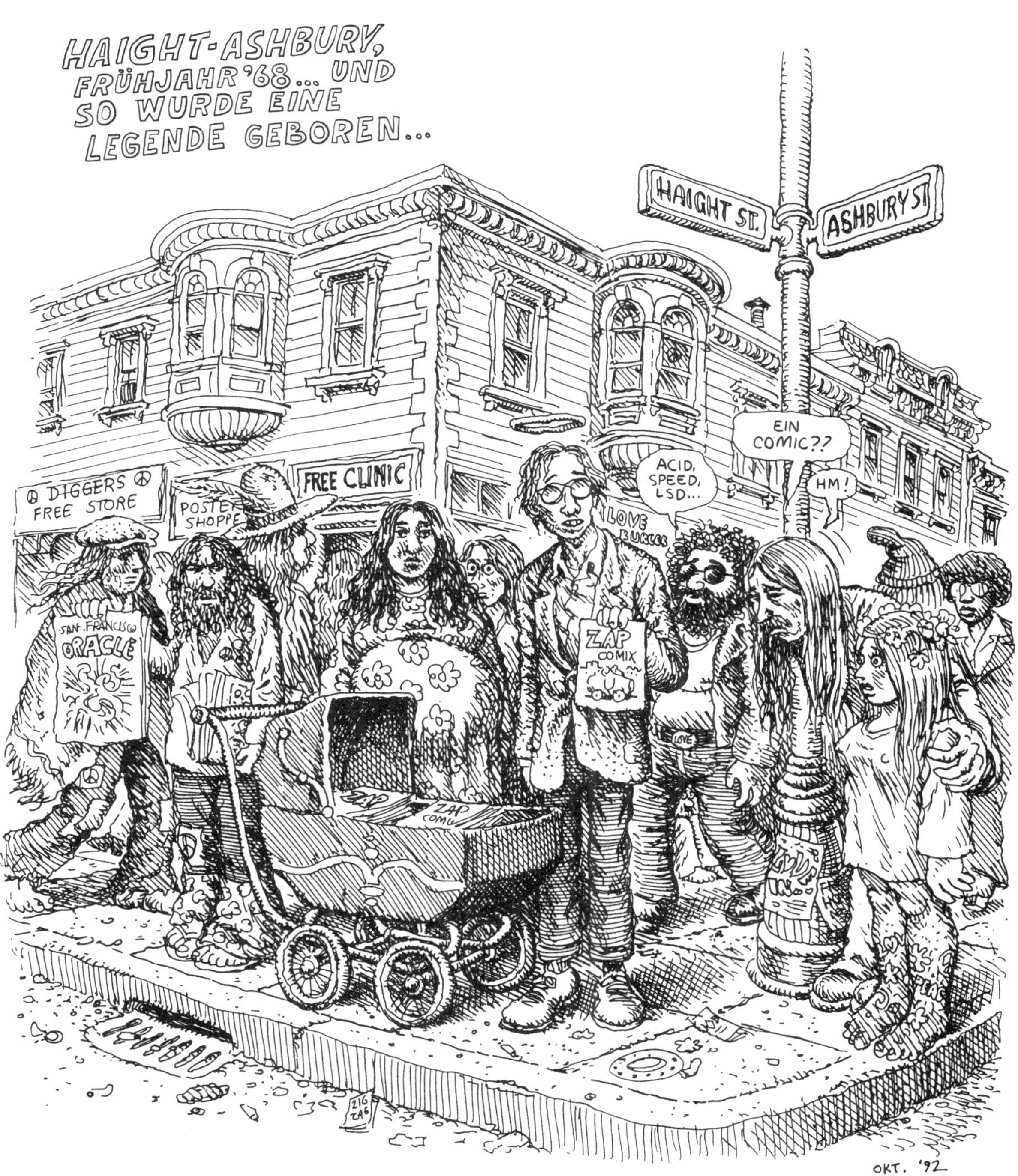
HAIGHT-ASHBURY, FRÜHJAHR '68... UND SO WURDE EINE LEGENDE GEBOREN...
HAIGHT ST.
ASHBURY ST
DIGGERS FREE STORE
FREE CLINIC
SAN FRANCISCO ORACLE
ZAP COMIX
ACID, SPEED, LSD...
EIN COMIC??
HM!
LOVE
ZIG ZAG
OKT. '92

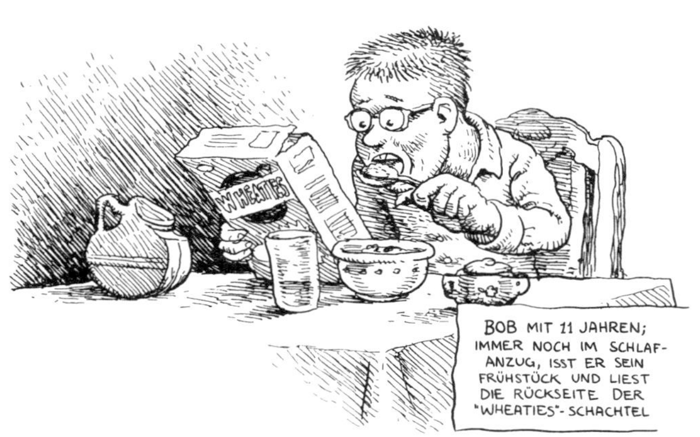
WHEATIES
BOB MIT 11 JAHREN; IMMER NOCH IM SCHLAF-ANZUG, ISST ER SEIN FRÜHSTÜCK UND LIEST DIE RÜCKSEITE DER "WHEATIES"-SCHACHTEL

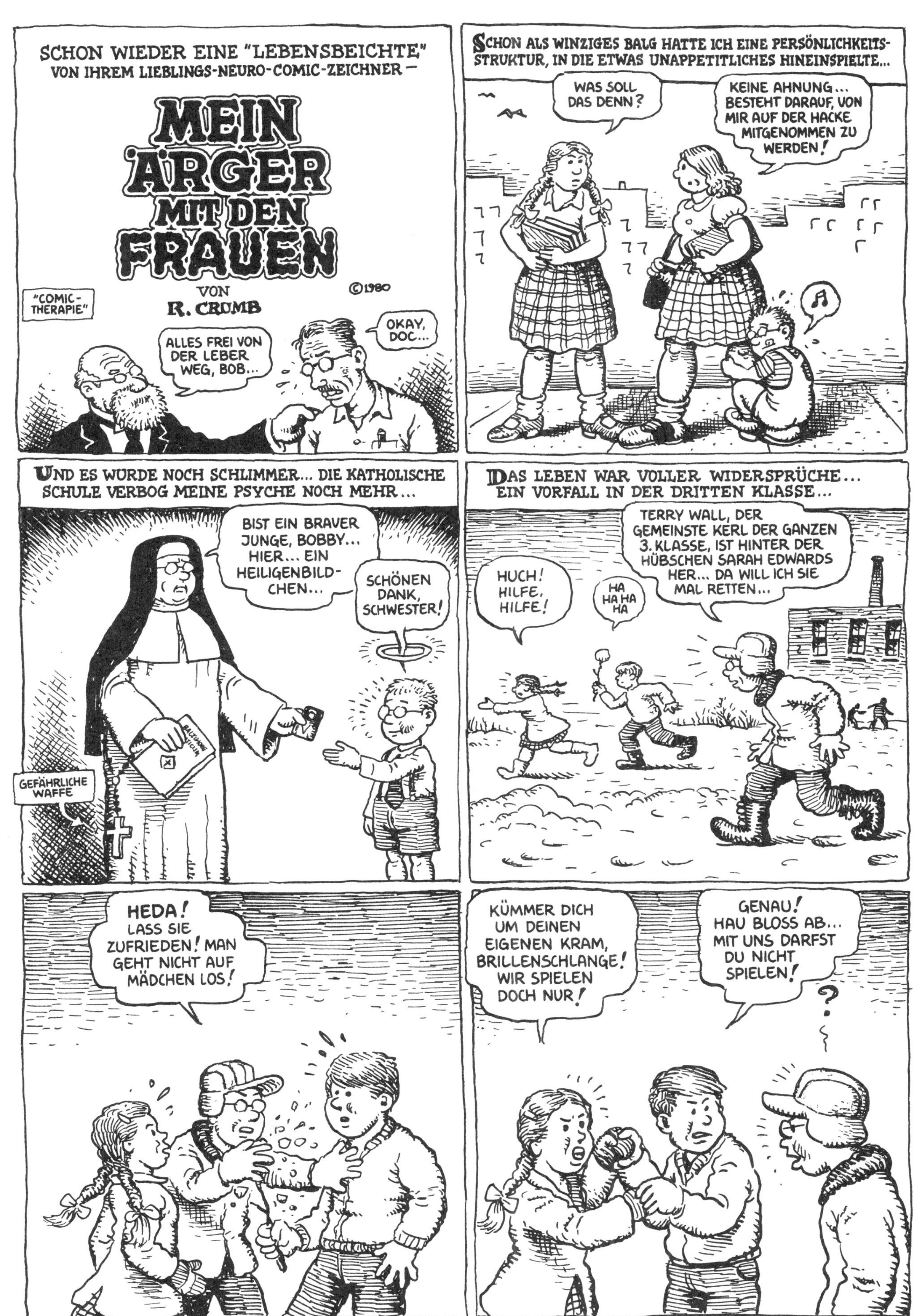
SCHON WIEDER EINE "LEBENSBEICHTE" VON IHREM LIEBLINGS-NEURO-COMIC-ZEICHNER –
MEIN ÄRGER MIT DEN FRAUEN
VON R. CRUMB
©1980
"COMIC-THERAPIE"
ALLES FREI VON DER LEBER WEG, BOB...
OKAY, DOC...
SCHON ALS WINZIGES BALG HATTE ICH EINE PERSÖNLICHKEITSSTRUKTUR, IN DIE ETWAS UNAPPETITLICHES HINEINSPIELTE...
WAS SOLL DAS DENN?
KEINE AHNUNG... BESTEHT DARAUF, VON MIR AUF DER HACKE MITGENOMMEN ZU WERDEN!
UND ES WURDE NOCH SCHLIMMER... DIE KATHOLISCHE SCHULE VERBOG MEINE PSYCHE NOCH MEHR...
BIST EIN BRAVER JUNGE, BOBBY... HIER... EIN HEILIGENBILDCHEN...
SCHÖNEN DANK, SCHWESTER!
GEFÄHRLICHE WAFFE
DAS LEBEN WAR VOLLER WIDERSPRÜCHE... EIN VORFALL IN DER DRITTEN KLASSE...
TERRY WALL, DER GEMEINSTE KERL DER GANZEN 3. KLASSE, IST HINTER DER HÜBSCHEN SARAH EDWARDS HER... DA WILL ICH SIE MAL RETTEN...
HUCH! HILFE, HILFE!
HA HA HA HA
HEDA! LASS SIE ZUFRIEDEN! MAN GEHT NICHT AUF MÄDCHEN LOS!
KÜMMER DICH UM DEINEN EIGENEN KRAM, BRILLENSCHLANGE! WIR SPIELEN DOCH NUR!
GENAU! HAU BLOSS AB... MIT UNS DARFST DU NICHT SPIELEN!

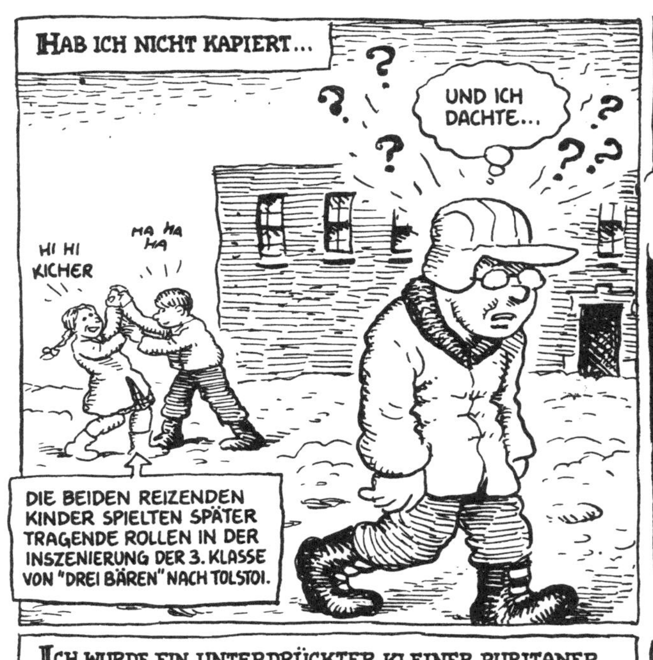
HAB ICH NICHT KAPIERT...
UND ICH DACHTE...
HI HI KICHER
HA HA HA
DIE BEIDEN REIZENDEN KINDER SPIELTEN SPÄTER TRAGENDE ROLLEN IN DER INSZENIERUNG DER 3. KLASSE VON "DREI BÄREN" NACH TOLSTOI.

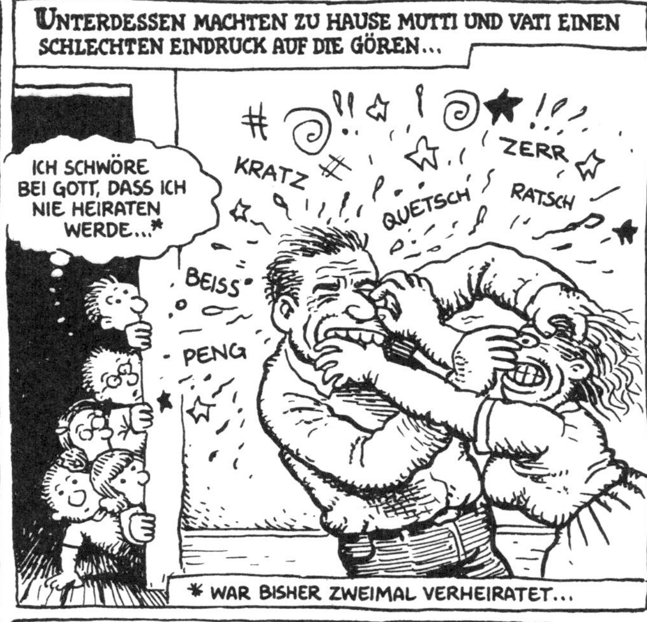
UNTERDESSEN MACHTEN ZU HAUSE MUTTI UND VATI EINEN SCHLECHTEN EINDRUCK AUF DIE GÖREN...
ICH SCHWÖRE BEI GOTT, DASS ICH NIE HEIRATEN WERDE...*
KRATZ
ZERR
QUETSCH
RATSCH
BEISS
PENG
* WAR BISHER ZWEIMAL VERHEIRATET...

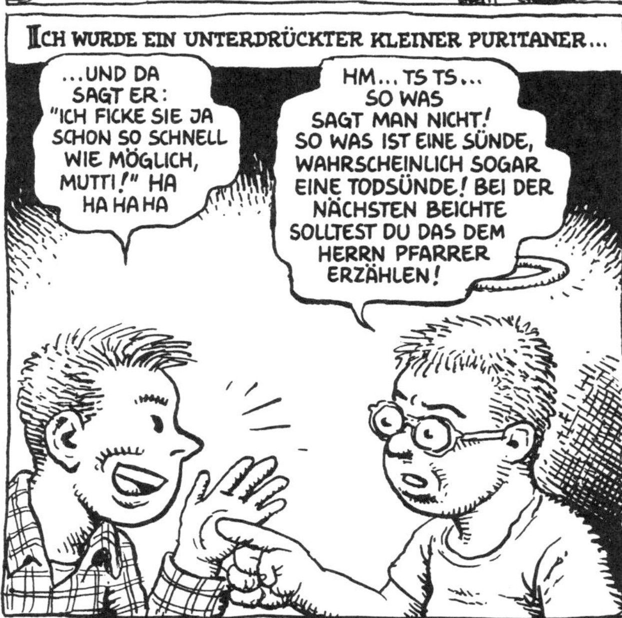
ICH WURDE EIN UNTERDRÜCKTER KLEINER PURITANER...
...UND DA SAGT ER: "ICH FICKE SIE JA SCHON SO SCHNELL WIE MÖGLICH, MUTTI!" HA HA HA HA
HM... TS TS... SO WAS SAGT MAN NICHT! SO WAS IST EINE SÜNDE, WAHRSCHEINLICH SOGAR EINE TODSÜNDE! BEI DER NÄCHSTEN BEICHTE SOLLTEST DU DAS DEM HERRN PFARRER ERZÄHLEN!

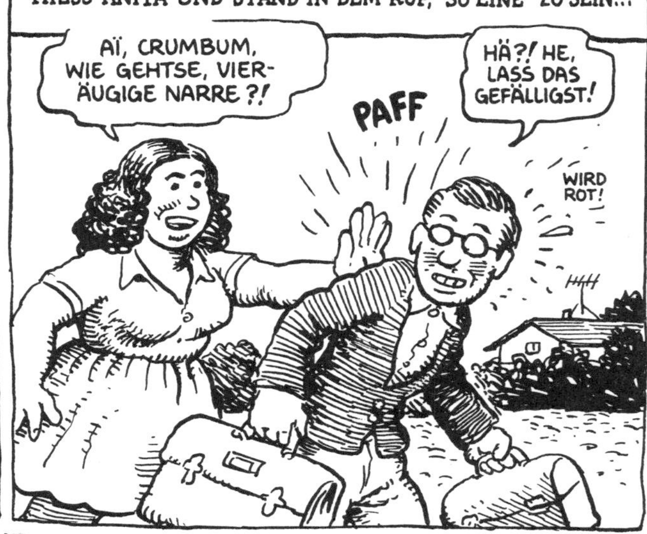
IN DER 7. KLASSE GAB ES EIN MEXIKANISCHES RIESENMÄDEL, DAS MICH AUS IRGENDEINEM GRUND MOCHTE. SIE HIESS ANITA UND STAND IN DEM RUF, "SO EINE" ZU SEIN...
AÏ, CRUMBUM, WIE GEHTSE, VIERÄUGIGE NARRE?!
PAFF
HÄ?! HE, LASS DAS GEFÄLLIGST!
WIRD ROT!

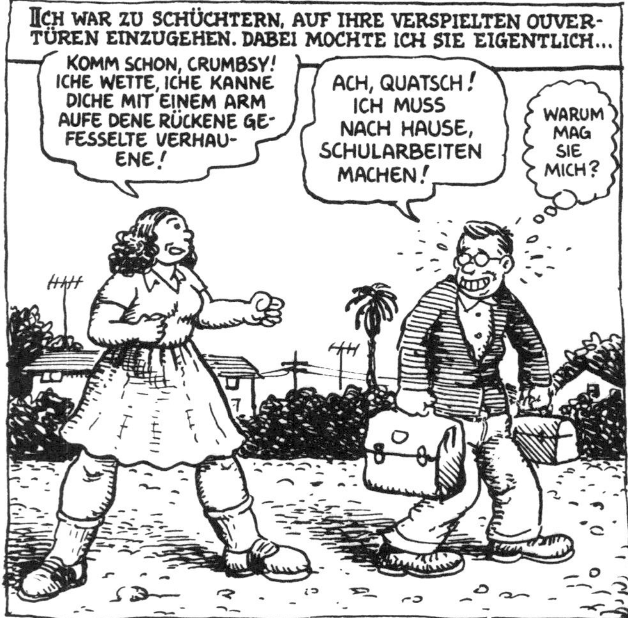
ICH WAR ZU SCHÜCHTERN, AUF IHRE VERSPIELTEN OUVERTÜREN EINZUGEHEN. DABEI MOCHTE ICH SIE EIGENTLICH...
KOMM SCHON, CRUMBSY! ICHE WETTE, ICHE KANNE DICHE MIT EINEM ARM AUFE DENE RÜCKENE GEFESSELTE VERHAUENE!
ACH, QUATSCH! ICH MUSS NACH HAUSE, SCHULARBEITEN MACHEN!
WARUM MAG SIE MICH?

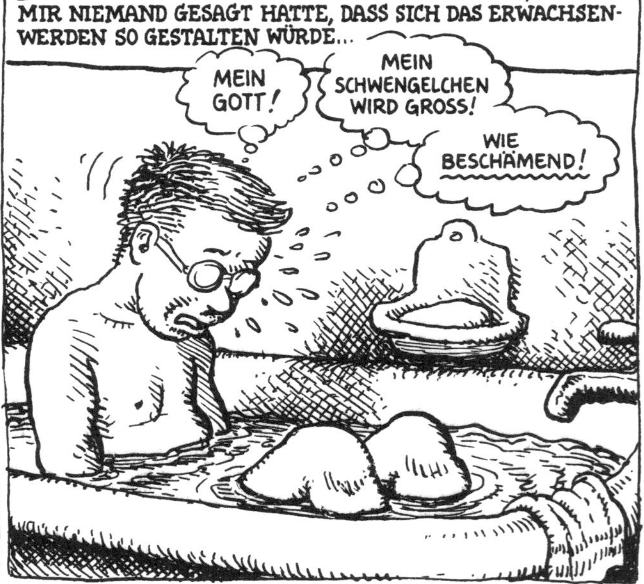
DANN KAM DIE PUBERTÄT... ICH WAR SCHOCKIERT, WEIL MIR NIEMAND GESAGT HATTE, DASS SICH DAS ERWACHSENWERDEN SO GESTALTEN WÜRDE...
MEIN GOTT!
MEIN SCHWENGELCHEN WIRD GROSS!
WIE BESCHÄMEND!

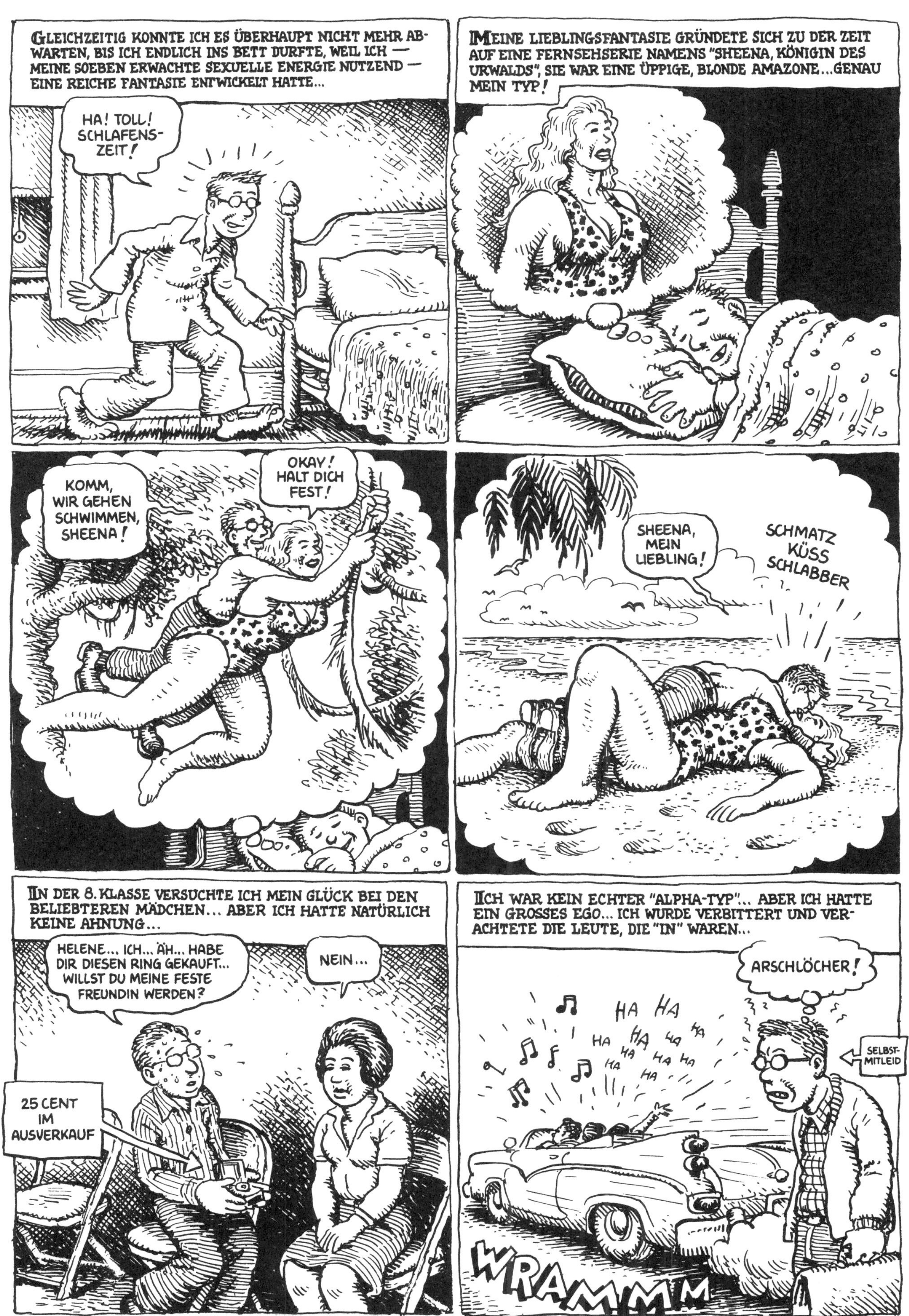
GLEICHZEITIG KONNTE ICH ES ÜBERHAUPT NICHT MEHR ABWARTEN, BIS ICH ENDLICH INS BETT DURFTE, WEIL ICH — MEINE SOEBEN ERWACHTE SEXUELLE ENERGIE NUTZEND — EINE REICHE FANTASIE ENTWICKELT HATTE...
HA! TOLL! SCHLAFENSZEIT!
MEINE LIEBLINGSFANTASIE GRÜNDETE SICH ZU DER ZEIT AUF EINE FERNSEHSERIE NAMENS "SHEENA, KÖNIGIN DES URWALDS", SIE WAR EINE ÜPPIGE, BLONDE AMAZONE...GENAU MEIN TYP!
KOMM, WIR GEHEN SCHWIMMEN, SHEENA!
OKAY! HALT DICH FEST!
SHEENA, MEIN LIEBLING!
SCHMATZ KÜSS SCHLABBER
IN DER 8. KLASSE VERSUCHTE ICH MEIN GLÜCK BEI DEN BELIEBTEREN MÄDCHEN... ABER ICH HATTE NATÜRLICH KEINE AHNUNG...
HELENE... ICH... ÄH... HABE DIR DIESEN RING GEKAUFT... WILLST DU MEINE FESTE FREUNDIN WERDEN?
NEIN...
25 CENT IM AUSVERKAUF
ICH WAR KEIN ECHTER "ALPHA-TYP"... ABER ICH HATTE EIN GROSSES EGO... ICH WURDE VERBITTERT UND VERACHTETE DIE LEUTE, DIE "IN" WAREN...
ARSCHLÖCHER!
HA HA HA HA HA HA HA HA HA HA HA
SELBSTMITLEID
WRAMMMM

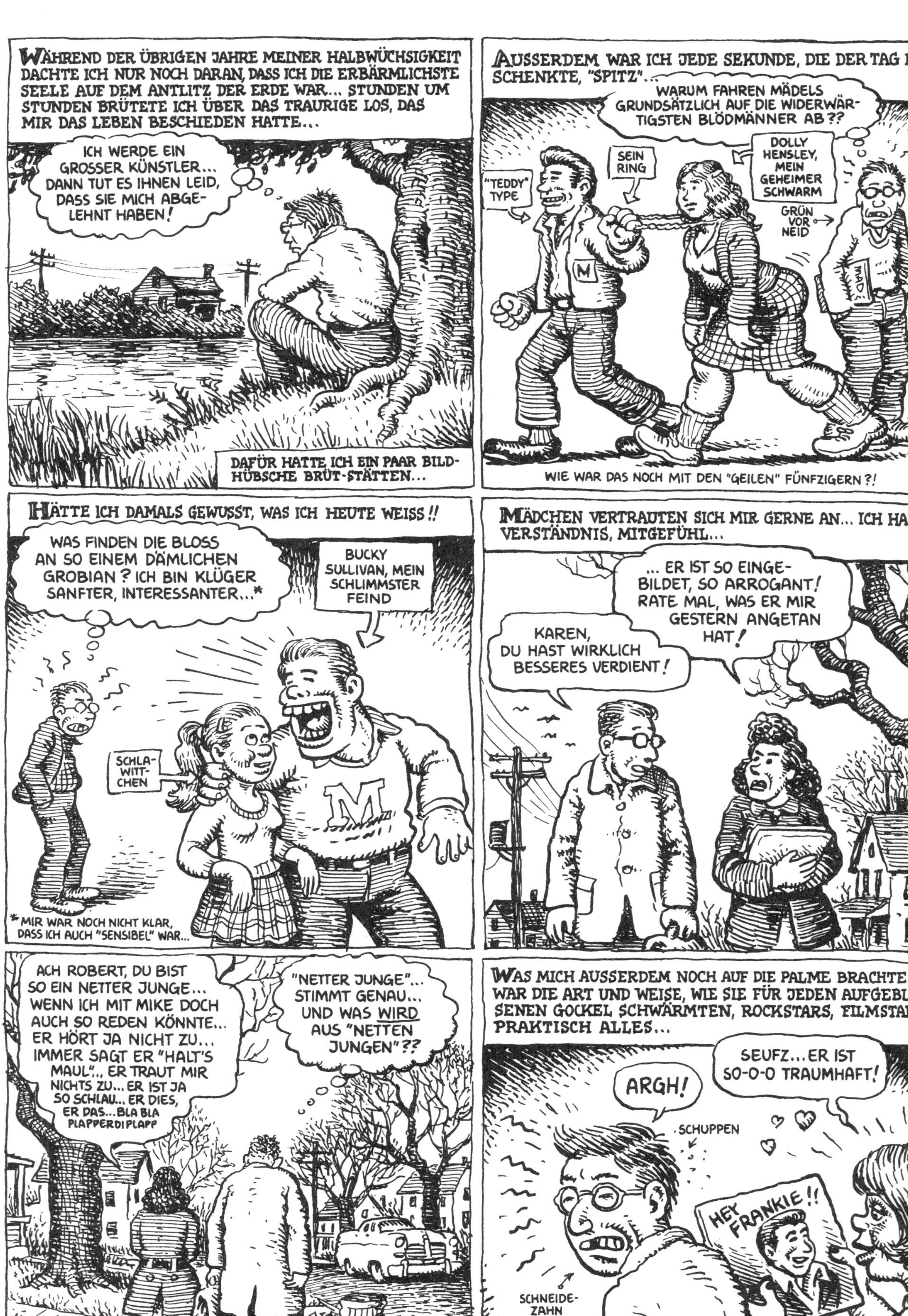
WÄHREND DER ÜBRIGEN JAHRE MEINER HALBWÜCHSIGKEIT DACHTE ICH NUR NOCH DARAN, DASS ICH DIE ERBÄRMLICHSTE SEELE AUF DEM ANTLITZ DER ERDE WAR... STUNDEN UM STUNDEN BRÜTETE ICH ÜBER DAS TRAURIGE LOS, DAS MIR DAS LEBEN BESCHIEDEN HATTE...
ICH WERDE EIN GROSSER KÜNSTLER... DANN TUT ES IHNEN LEID, DASS SIE MICH ABGELEHNT HABEN!
DAFÜR HATTE ICH EIN PAAR BILDHÜBSCHE BRÜT-STÄTTEN...
AUSSERDEM WAR ICH JEDE SEKUNDE, DIE DER TAG MIR SCHENKTE, "SPITZ"...
WARUM FAHREN MÄDELS GRUNDSÄTZLICH AUF DIE WIDERWÄRTIGSTEN BLÖDMÄNNER AB??
"TEDDY" TYPE
SEIN RING
DOLLY HENSLEY, MEIN GEHEIMER SCHWARM
GRÜN VOR NEID
MAD
WIE WAR DAS NOCH MIT DEN "GEILEN" FÜNFZIGERN?!
HÄTTE ICH DAMALS GEWUSST, WAS ICH HEUTE WEISS!!
WAS FINDEN DIE BLOSS AN SO EINEM DÄMLICHEN GROBIAN? ICH BIN KLÜGER SANFTER, INTERESSANTER...*
BUCKY SULLIVAN, MEIN SCHLIMMSTER FEIND
SCHLAWITTCHEN
* MIR WAR NOCH NICHT KLAR, DASS ICH AUCH "SENSIBEL" WAR...
MÄDCHEN VERTRAUTEN SICH MIR GERNE AN... ICH HATTE VERSTÄNDNIS, MITGEFÜHL...
... ER IST SO EINGEBILDET, SO ARROGANT! RATE MAL, WAS ER MIR GESTERN ANGETAN HAT!
KAREN, DU HAST WIRKLICH BESSERES VERDIENT!
ACH ROBERT, DU BIST SO EIN NETTER JUNGE... WENN ICH MIT MIKE DOCH AUCH SO REDEN KÖNNTE... ER HÖRT JA NICHT ZU... IMMER SAGT ER "HALT'S MAUL"... ER TRAUT MIR NICHTS ZU... ER IST JA SO SCHLAU... ER DIES, ER DAS... BLA BLA PLAPPERDIPLAPP
"NETTER JUNGE"... STIMMT GENAU... UND WAS WIRD AUS "NETTEN JUNGEN"??
WAS MICH AUSSERDEM NOCH AUF DIE PALME BRACHTE, WAR DIE ART UND WEISE, WIE SIE FÜR JEDEN AUFGEBLASENEN GOCKEL SCHWÄRMTEN, ROCKSTARS, FILMSTARS, PRAKTISCH ALLES...
ARGH!
SEUFZ... ER IST SO-O-O TRAUMHAFT!
SCHUPPEN
HEY FRANKIE!!
SCHNEIDEZAHN FEHLT
ICH KANN EUCH SAGEN: EINE GANZ SCHLECHTE MEINUNG ÜBER FRAUEN BILDETE SICH BEI MIR!

MIT ZWANZIG WAR ICH EINE PERVERSE SAU, BRODELND IN KRANKHAFTE SEXFANTASIEN VERSTRICKT, DIE NICHTS MIT DER WIRKLICHKEIT ZU TUN HATTEN.* IN WIRKLICHKEIT HATTE ICH NOCH NICHT MAL EIN MÄDCHEN GEKÜSST! ICH WAR EIN VERZWEIFELTER FALL...

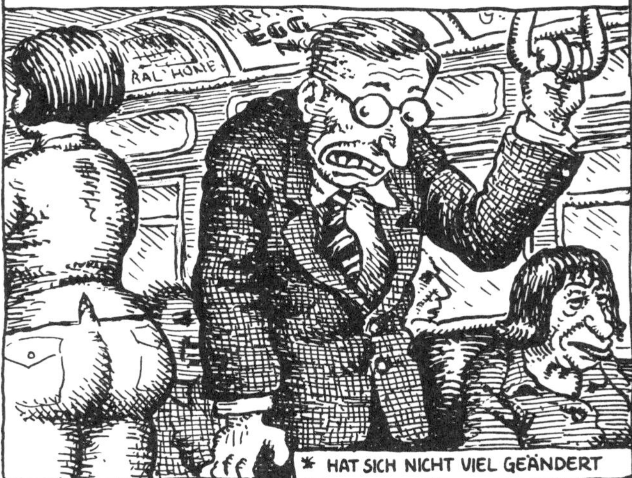

UND DANN WAR ICH MIT EINEM MAL VERHEIRATET...

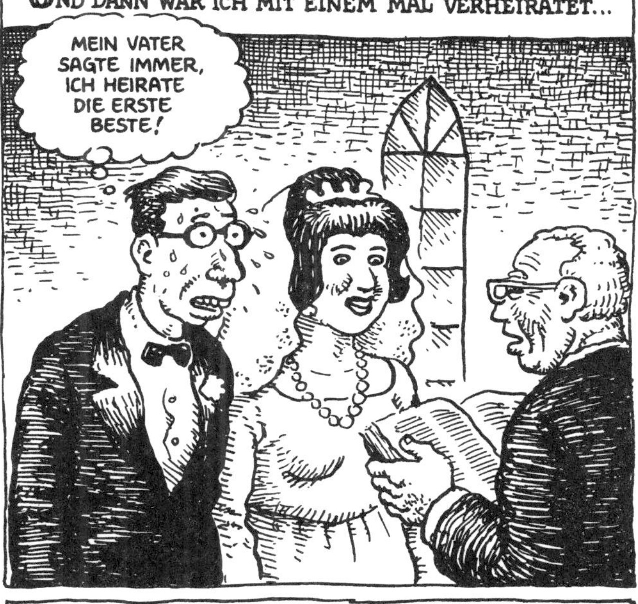

SCHWER ZU SAGEN, WER NEUROTISCHER WAR, SIE ODER ICH...

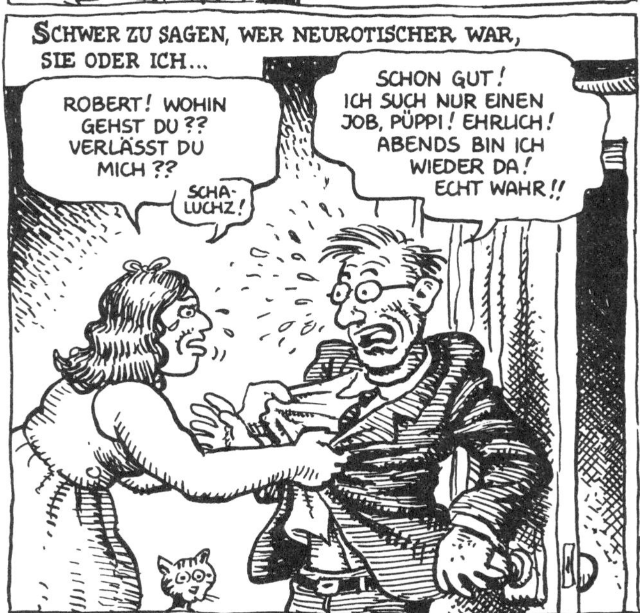

DAS TRAURIGE DARAN WAR, DASS ICH TATSÄCHLICH NUR EINEN JOB SUCHTE!

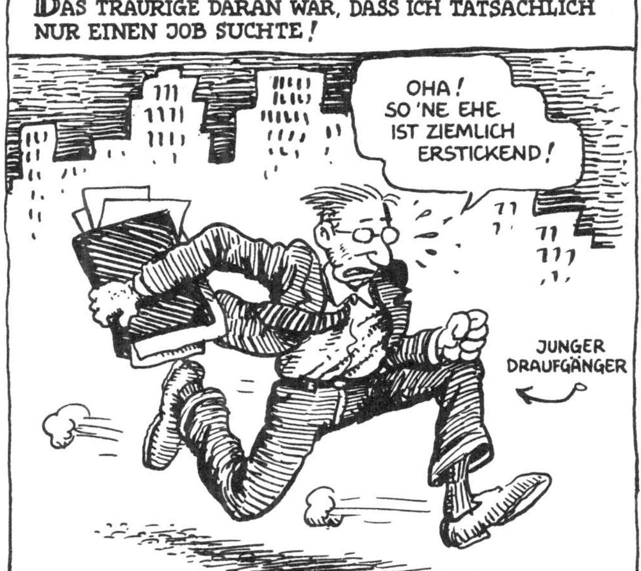

DANN GESCHAH ETWAS ERSTAUNLICHES IN MEINEM TRÜBEN LEBEN... IN DEN SPÄTEN '60ern MACHTE ICH EIN PAAR LSD-INSPIRIERTE "COMIX", DURCH DIE ICH ZUM "UNDERGROUND"-KULTHELDEN WURDE... BILDHÜBSCHE JUNGE "HIPPIE-MIEZEN" MACHTEN SICH VERFÜGBAR...

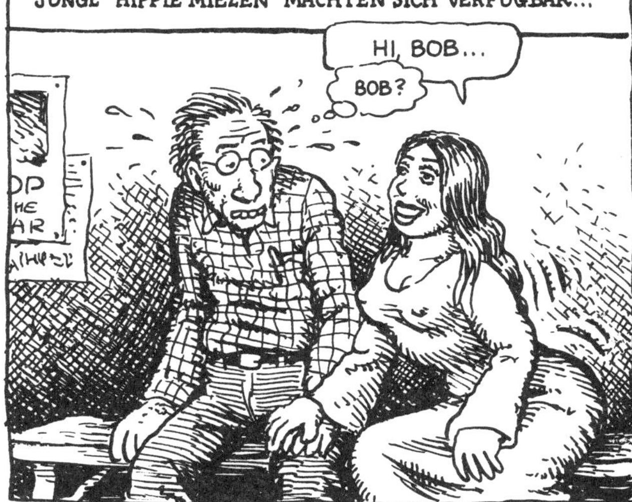

ICH KONNTE NICHT GLAUBEN, DASS DIES **MIR** PASSIERTE! ICH WAR VOLL SCHEU! SPRACHLOS! VERBLÜFFT! WAS KONNTEN SOLCHE MÄDCHEN AN EINEM LINKISCHEN TROPF WIE MIR MÖGEN? ES SCHIEN WIDERSINNIG!

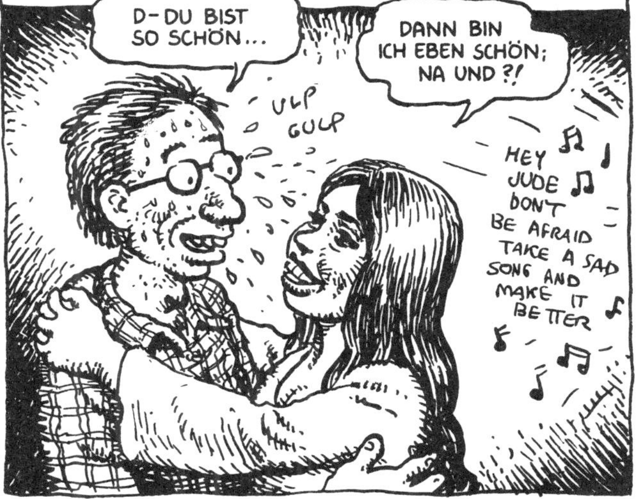

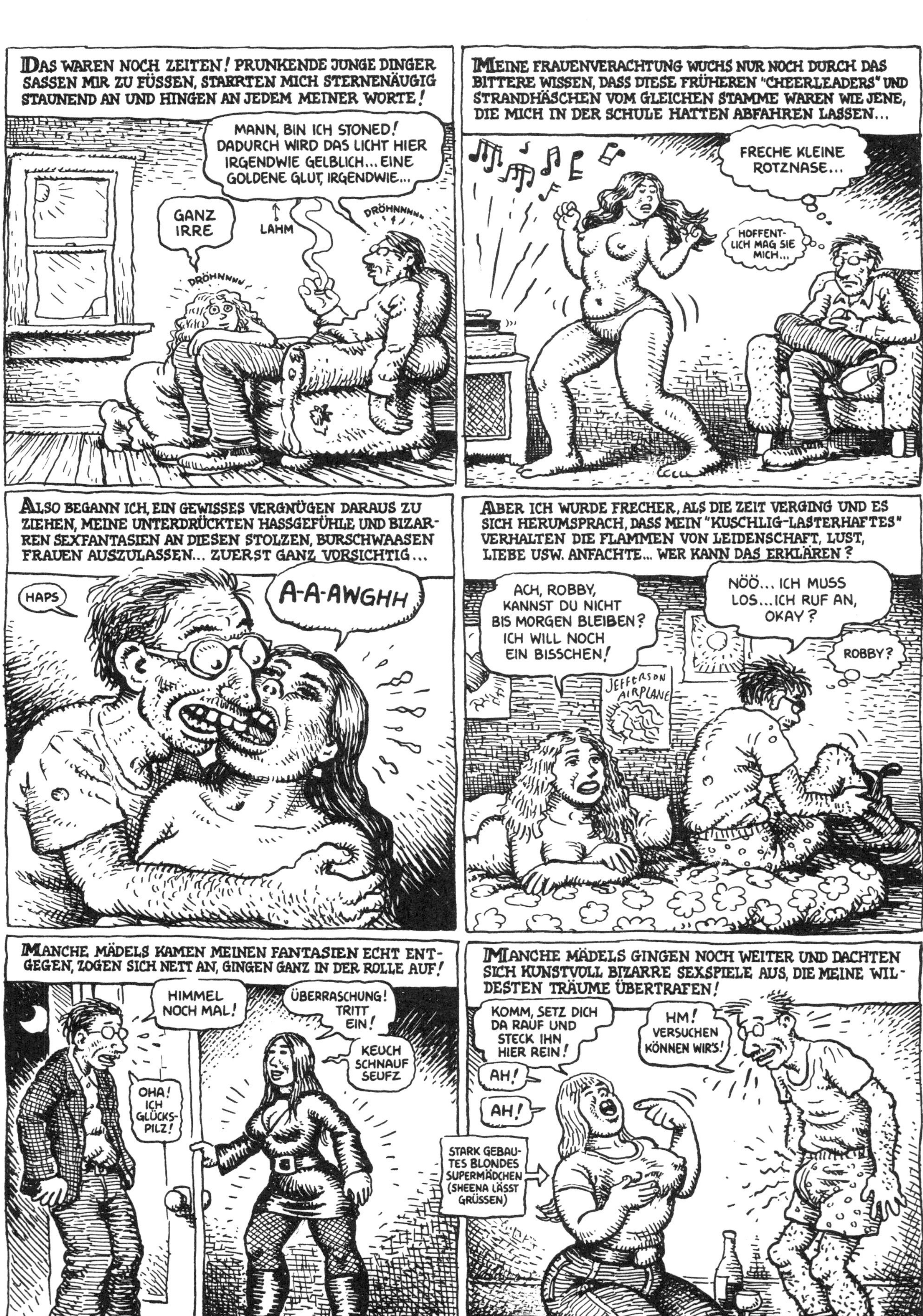
DAS WAREN NOCH ZEITEN! PRUNKENDE JUNGE DINGER SASSEN MIR ZU FÜSSEN, STARRTEN MICH STERNENÄUGIG STAUNEND AN UND HINGEN AN JEDEM MEINER WORTE!
MANN, BIN ICH STONED! DADURCH WIRD DAS LICHT HIER IRGENDWIE GELBLICH... EINE GOLDENE GLUT, IRGENDWIE...
GANZ IRRE
LAHM
DRÖHNNNNN
DRÖHNNNNN
MEINE FRAUENVERACHTUNG WUCHS NUR NOCH DURCH DAS BITTERE WISSEN, DASS DIESE FRÜHEREN "CHEERLEADERS" UND STRANDHÄSCHEN VOM GLEICHEN STAMME WAREN WIE JENE, DIE MICH IN DER SCHULE HATTEN ABFAHREN LASSEN...
FRECHE KLEINE ROTZNASE...
HOFFENTLICH MAG SIE MICH...
ALSO BEGANN ICH, EIN GEWISSES VERGNÜGEN DARAUS ZU ZIEHEN, MEINE UNTERDRÜCKTEN HASSGEFÜHLE UND BIZARREN SEXFANTASIEN AN DIESEN STOLZEN, BURSCHWAASEN FRAUEN AUSZULASSEN... ZUERST GANZ VORSICHTIG...
HAPS
A-A-AWGHH
ABER ICH WURDE FRECHER, ALS DIE ZEIT VERGING UND ES SICH HERUMSPRACH, DASS MEIN "KUSCHLIG-LASTERHAFTES" VERHALTEN DIE FLAMMEN VON LEIDENSCHAFT, LUST, LIEBE USW. ANFACHTE... WER KANN DAS ERKLÄREN?
ACH, ROBBY, KANNST DU NICHT BIS MORGEN BLEIBEN? ICH WILL NOCH EIN BISSCHEN!
NÖÖ... ICH MUSS LOS... ICH RUF AN, OKAY?
ROBBY?
JEFFERSON AIRPLANE
MANCHE MÄDELS KAMEN MEINEN FANTASIEN ECHT ENTGEGEN, ZOGEN SICH NETT AN, GINGEN GANZ IN DER ROLLE AUF!
HIMMEL NOCH MAL!
ÜBERRASCHUNG! TRITT EIN!
KEUCH SCHNAUF SEUFZ
OHA! ICH GLÜCKSPILZ!
MANCHE MÄDELS GINGEN NOCH WEITER UND DACHTEN SICH KUNSTVOLL BIZARRE SEXSPIELE AUS, DIE MEINE WILDESTEN TRÄUME ÜBERTRAFEN!
KOMM, SETZ DICH DA RAUF UND STECK IHN HIER REIN!
HM! VERSUCHEN KÖNNEN WIR'S!
AH!
AH!
STARK GEBAUTES BLONDES SUPERMÄDCHEN (SHEENA LÄSST GRÜSSEN)

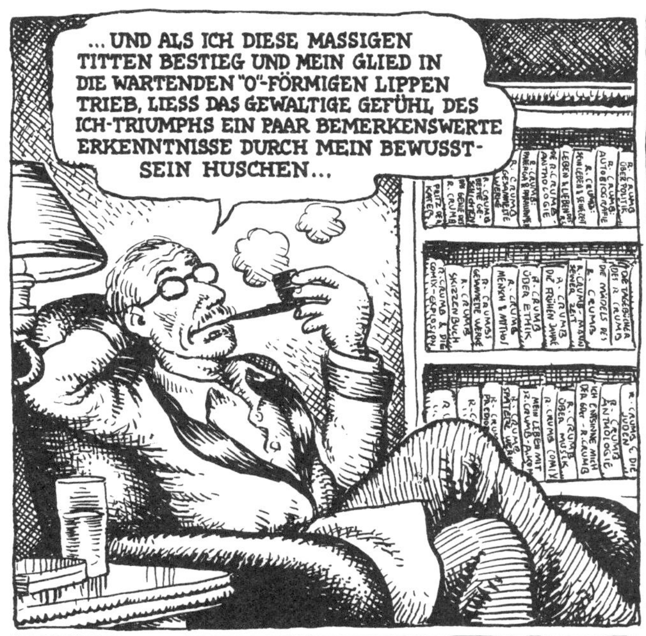
... UND ALS ICH DIESE MASSIGEN TITTEN BESTIEG UND MEIN GLIED IN DIE WARTENDEN "O"-FÖRMIGEN LIPPEN TRIEB, LIESS DAS GEWALTIGE GEFÜHL DES ICH-TRIUMPHS EIN PAAR BEMERKENSWERTE ERKENNTNISSE DURCH MEIN BEWUSSTSEIN HUSCHEN...

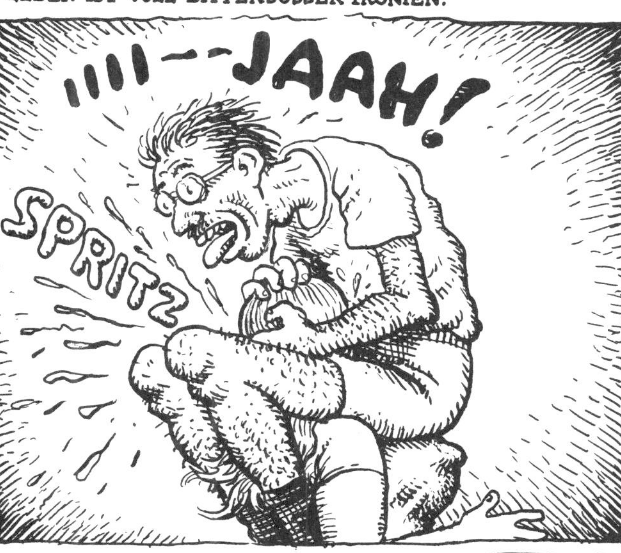
ERSTENS: DAS MENSCHLICHE VERHALTEN IST UND BLEIBT ERSTAUNLICH UND UNERGRÜNDLICH... ZWEITENS: DAS LEBEN IST VOLL BITTERSÜSSER IRONIEN.
IIII--JAAH!
SPRITZ

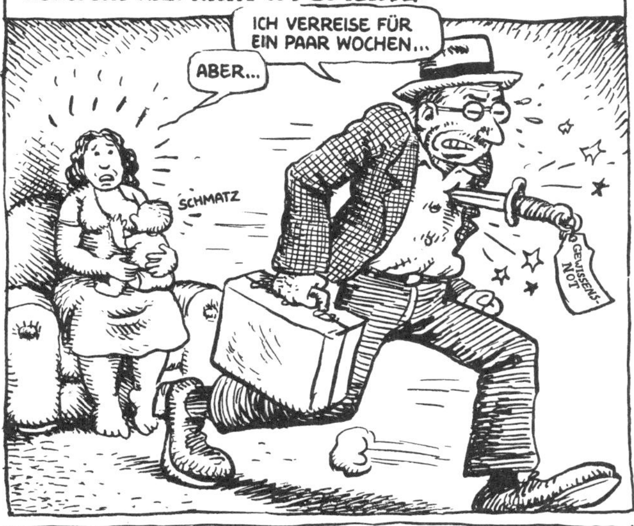
AN DIESEM PUNKT MEINER LAUFBAHN WURDE ICH EIN ECHT FRECHES ARSCHLOCH... ICH LEBTE IMMER NOCH BEI MEINER ERSTEN FRAU, WIR HATTEN SOGAR EIN KIND, ABER ICH WAR NICHT OFT ZU HAUSE.
ICH VERREISE FÜR EIN PAAR WOCHEN...
ABER...
SCHMATZ
GEWISSENSNOT

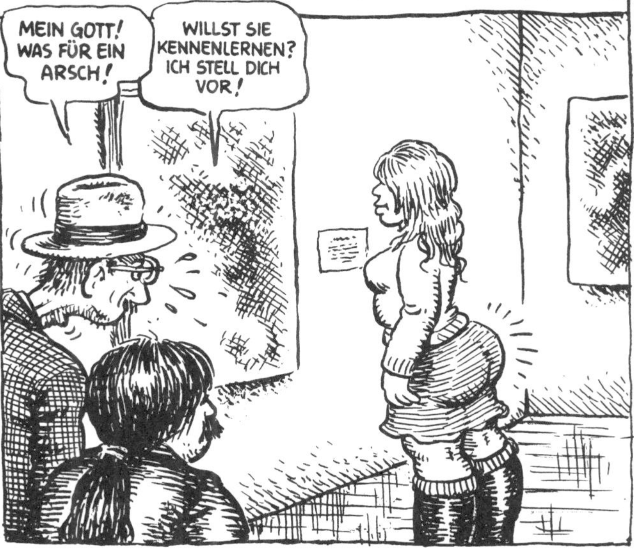
ICH BENUTZTE JEDE GELEGENHEIT, MÄDCHEN ZU TREFFEN... AUSSTELLUNGEN WAREN DAFÜR DIE RICHTIGE SZENE...
MEIN GOTT! WAS FÜR EIN ARSCH!
WILLST SIE KENNENLERNEN? ICH STELL DICH VOR!

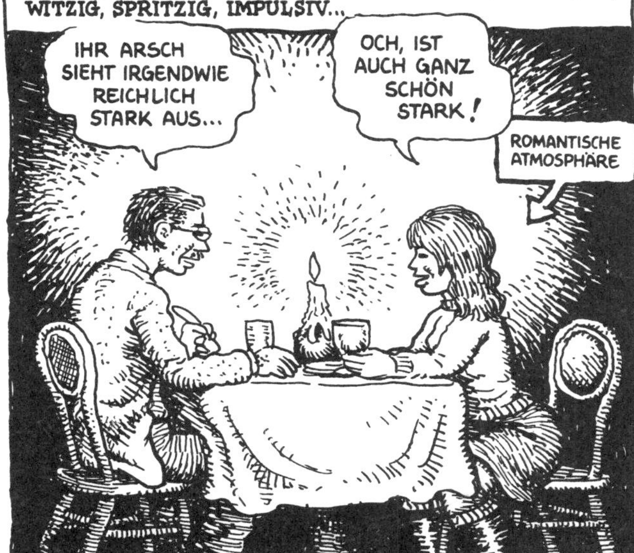
NATURGEMÄSS ZOG ES MICH ZU FRAUEN, DIE EBENFALLS EXZENTRISCHE, BOHEMEHAFTE KÜNSTLERTYPEN WAREN, WITZIG, SPRITZIG, IMPULSIV...
IHR ARSCH SIEHT IRGENDWIE REICHLICH STARK AUS...
OCH, IST AUCH GANZ SCHÖN STARK!
ROMANTISCHE ATMOSPHÄRE

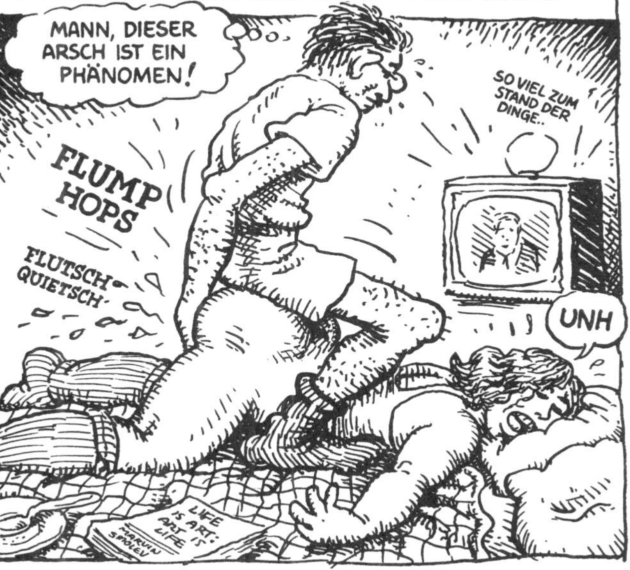
...FRAUEN, DIE SICH GERN STUNDENLANG WÄLZTEN UND SPIELTEN UND HERUMBALGTEN WIE JUNGE HUNDE.
MANN, DIESER ARSCH IST EIN PHÄNOMEN!
SO VIEL ZUM STAND DER DINGE..
FLUMP HOPS
FLUTSCH-QUIETSCH
UNH
LIFE IS ART ART IS LIFE

DER EINZIGE NACHTEIL BEI DIESEN "KÜNSTLERISCHEN" FRAUEN: SIE SIND IRGENDWIE ÜBERDREHT UND VERURSACHEN PEINLICHE SZENEN IN DER ÖFFENTLICHKEIT...

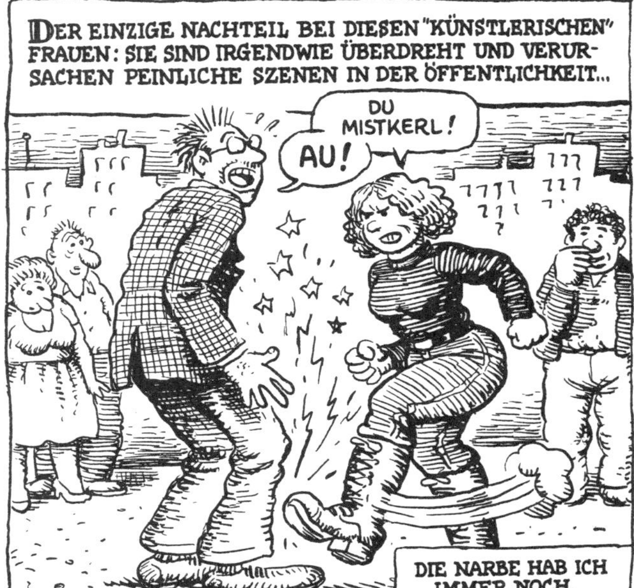

ES GAB WUTANFÄLLE, AUSBRÜCHE, KRÄCHE... EIN STÄNDIGES AUF UND AB...

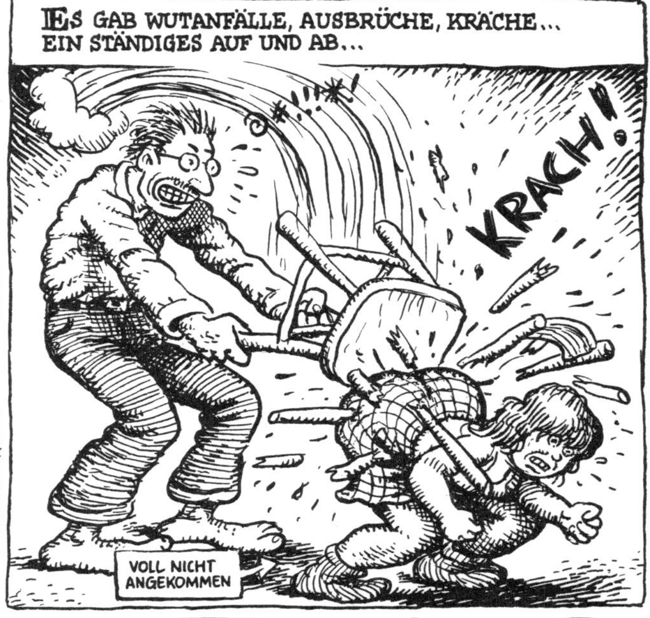

ENTSETZLICHES GEFLENNE UND ÜBLE SZENEN...

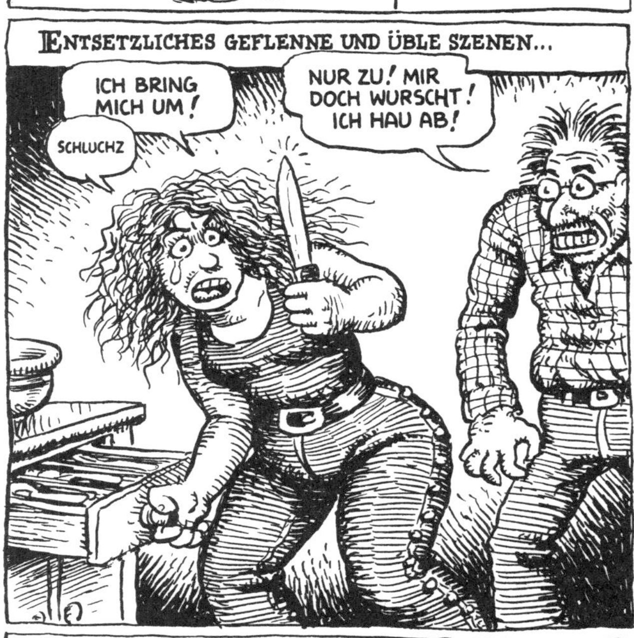

ICH WAR IMMER AUF DER FLUCHT, FLOH VON EINER DIESER RASENDEN ZUR NÄCHSTEN...

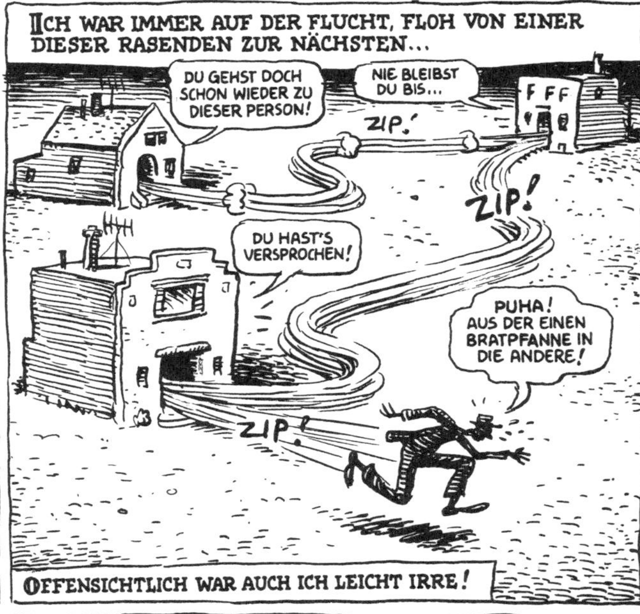

OFFENSICHTLICH WAR AUCH ICH LEICHT IRRE!

ETWA ZU DIESER ZEIT KAM DER FEMINISMUS HEFTIG AUF... "FRAUENSOLIDARITÄT" BEREICHERTE DAS SPIEL UM EINE NEUE PERSPEKTIVE...

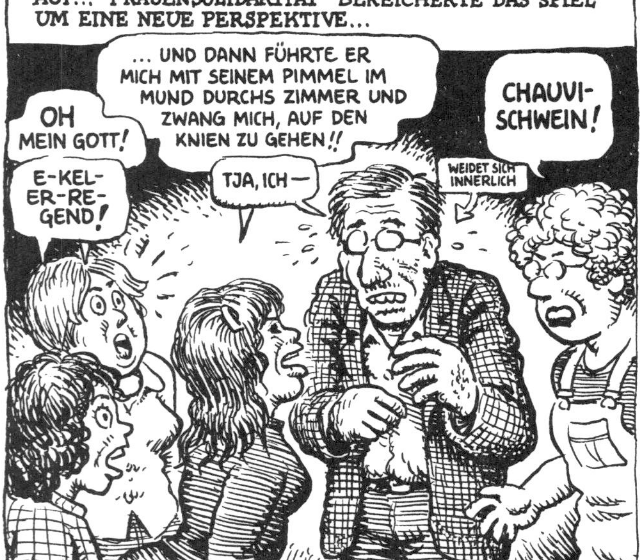

ICH GEB'S ZU: ICH WAR VERANTWORTUNGSLOS... ICH BEHANDELTE FRAUEN WIE SPIELSACHEN... ICH SPIELTE MIT IHREN GEFÜHLEN WIE MIT IHREN KÖRPERN!

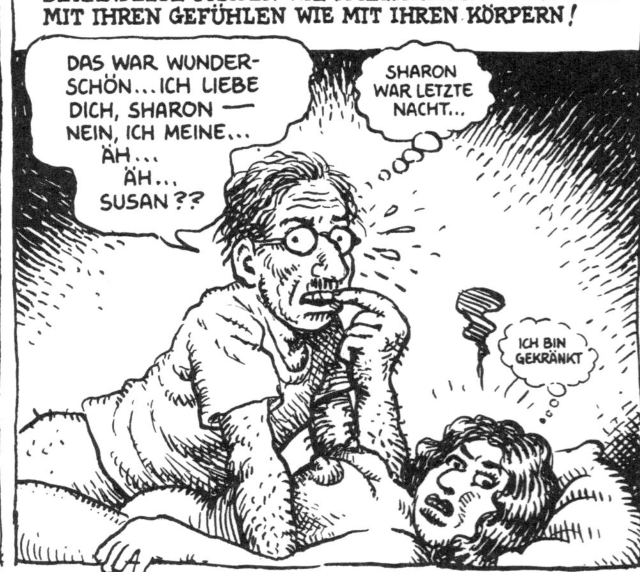

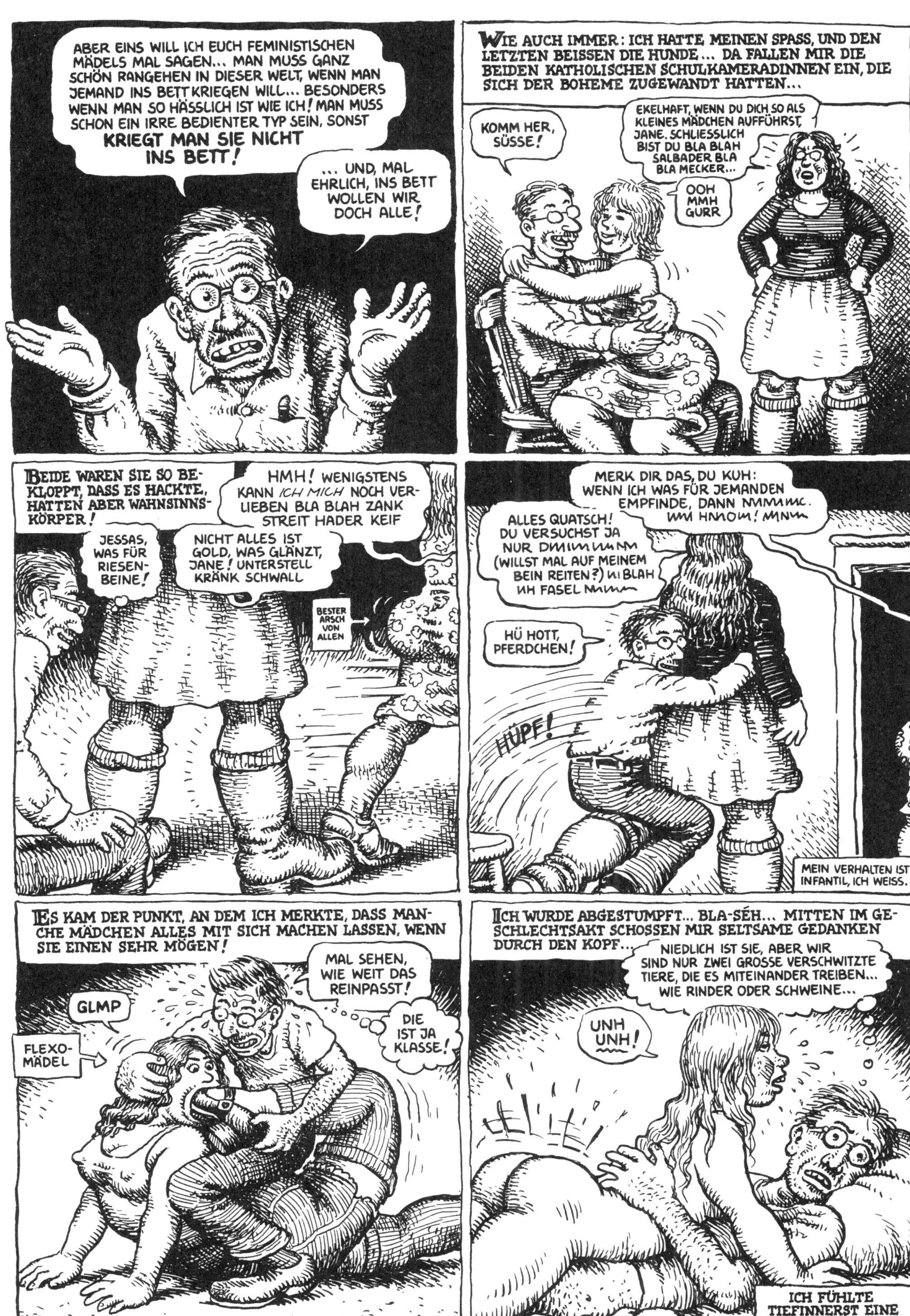
ABER EINS WILL ICH EUCH FEMINISTISCHEN MÄDELS MAL SAGEN... MAN MUSS GANZ SCHÖN RANGEHEN IN DIESER WELT, WENN MAN JEMAND INS BETT KRIEGEN WILL... BESONDERS WENN MAN SO HÄSSLICH IST WIE ICH! MAN MUSS SCHON EIN IRRE BEDIENTER TYP SEIN, SONST KRIEGT MAN SIE NICHT INS BETT!
... UND, MAL EHRLICH, INS BETT WOLLEN WIR DOCH ALLE!
WIE AUCH IMMER: ICH HATTE MEINEN SPASS, UND DEN LETZTEN BEISSEN DIE HUNDE... DA FALLEN MIR DIE BEIDEN KATHOLISCHEN SCHULKAMERADINNEN EIN, DIE SICH DER BOHEME ZUGEWANDT HATTEN...
KOMM HER, SÜSSE!
EKELHAFT, WENN DU DICH SO ALS KLEINES MÄDCHEN AUFFÜHRST, JANE. SCHLIESSLICH BIST DU BLA BLAH SALBADER BLA BLA MECKER...
OOH MMH GURR
BEIDE WAREN SIE SO BEKLOPPT, DASS ES HACKTE, HATTEN ABER WAHNSINNSKÖRPER!
HMH! WENIGSTENS KANN ICH MICH NOCH VERLIEBEN BLA BLAH ZANK STREIT HADER KEIF
JESSAS, WAS FÜR RIESENBEINE!
NICHT ALLES IST GOLD, WAS GLÄNZT, JANE! UNTERSTELL KRÄNK SCHWALL
BESTER ARSCH VON ALLEN
MERK DIR DAS, DU KUH: WENN ICH WAS FÜR JEMANDEN EMPFINDE, DANN
ALLES QUATSCH! DU VERSUCHST JA NUR (WILLST MAL AUF MEINEM BEIN REITEN?) BLAH FASEL
HÜ HOTT, PFERDCHEN!
HÜPF!
MEIN VERHALTEN IST INFANTIL, ICH WEISS.
ES KAM DER PUNKT, AN DEM ICH MERKTE, DASS MANCHE MÄDCHEN ALLES MIT SICH MACHEN LASSEN, WENN SIE EINEN SEHR MÖGEN!
MAL SEHEN, WIE WEIT DAS REINPASST!
GLMP
DIE IST JA KLASSE!
FLEXO-MÄDEL
ICH WURDE ABGESTUMPFT... BLA-SÉH... MITTEN IM GESCHLECHTSAKT SCHOSSEN MIR SELTSAME GEDANKEN DURCH DEN KOPF...
NIEDLICH IST SIE, ABER WIR SIND NUR ZWEI GROSSE VERSCHWITZTE TIERE, DIE ES MITEINANDER TREIBEN... WIE RINDER ODER SCHWEINE...
UNH UNH!
ICH FÜHLTE TIEFINNERST EINE GRAUE HOHLHEIT...

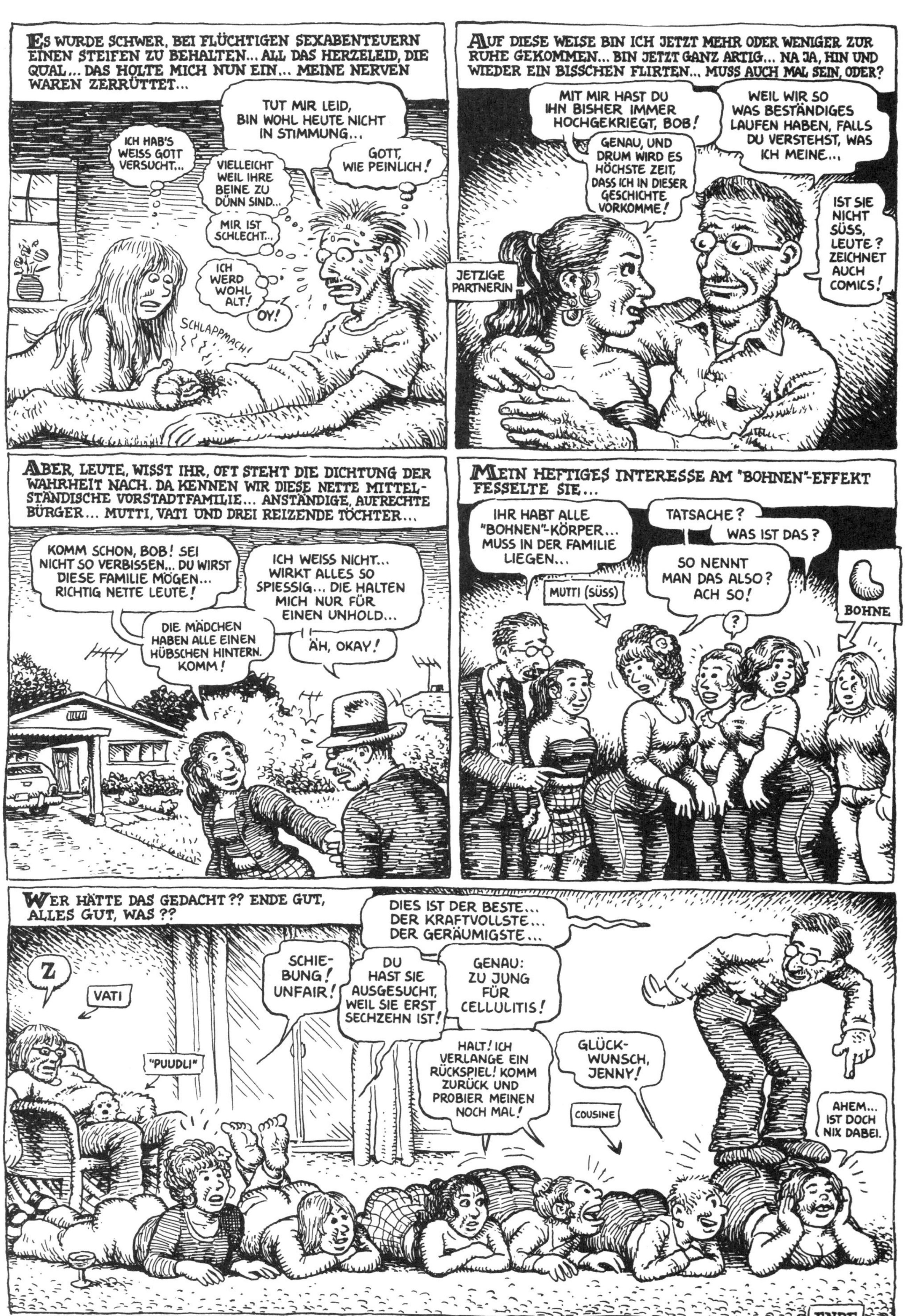
ES WURDE SCHWER, BEI FLÜCHTIGEN SEXABENTEUERN EINEN STEIFEN ZU BEHALTEN... ALL DAS HERZELEID, DIE QUAL... DAS HOLTE MICH NUN EIN... MEINE NERVEN WAREN ZERRÜTTET...
ICH HAB'S WEISS GOTT VERSUCHT...
TUT MIR LEID, BIN WOHL HEUTE NICHT IN STIMMUNG...
VIELLEICHT WEIL IHRE BEINE ZU DÜNN SIND...
GOTT, WIE PEINLICH!
MIR IST SCHLECHT...
ICH WERD WOHL ALT!
OY!
SCHLAPPMACH!
AUF DIESE WEISE BIN ICH JETZT MEHR ODER WENIGER ZUR RUHE GEKOMMEN... BIN JETZT GANZ ARTIG... NA JA, HIN UND WIEDER EIN BISSCHEN FLIRTEN... MUSS AUCH MAL SEIN, ODER?
MIT MIR HAST DU IHN BISHER IMMER HOCHGEKRIEGT, BOB!
WEIL WIR SO WAS BESTÄNDIGES LAUFEN HABEN, FALLS DU VERSTEHST, WAS ICH MEINE...
GENAU, UND DRUM WIRD ES HÖCHSTE ZEIT, DASS ICH IN DIESER GESCHICHTE VORKOMME!
IST SIE NICHT SÜSS, LEUTE? ZEICHNET AUCH COMICS!
JETZIGE PARTNERIN
ABER, LEUTE, WISST IHR, OFT STEHT DIE DICHTUNG DER WAHRHEIT NACH. DA KENNEN WIR DIESE NETTE MITTELSTÄNDISCHE VORSTADTFAMILIE... ANSTÄNDIGE, AUFRECHTE BÜRGER... MUTTI, VATI UND DREI REIZENDE TÖCHTER...
KOMM SCHON, BOB! SEI NICHT SO VERBISSEN... DU WIRST DIESE FAMILIE MÖGEN... RICHTIG NETTE LEUTE!
ICH WEISS NICHT... WIRKT ALLES SO SPIESSIG... DIE HALTEN MICH NUR FÜR EINEN UNHOLD...
DIE MÄDCHEN HABEN ALLE EINEN HÜBSCHEN HINTERN. KOMM!
ÄH, OKAY!
MEIN HEFTIGES INTERESSE AM "BOHNEN"-EFFEKT FESSELTE SIE...
IHR HABT ALLE "BOHNEN"-KÖRPER... MUSS IN DER FAMILIE LIEGEN...
TATSACHE?
WAS IST DAS?
SO NENNT MAN DAS ALSO? ACH SO!
MUTTI (SÜSS)
?
BOHNE
WER HÄTTE DAS GEDACHT?? ENDE GUT, ALLES GUT, WAS??
DIES IST DER BESTE... DER KRAFTVOLLSTE... DER GERÄUMIGSTE...
Z
VATI
SCHIEBUNG! UNFAIR!
DU HAST SIE AUSGESUCHT, WEIL SIE ERST SECHZEHN IST!
GENAU: ZU JUNG FÜR CELLULITIS!
"PUUDLI"
HALT! ICH VERLANGE EIN RÜCKSPIEL! KOMM ZURÜCK UND PROBIER MEINEN NOCH MAL!
GLÜCKWUNSCH, JENNY!
COUSINE
AHEM... IST DOCH NIX DABEI.
ENDE

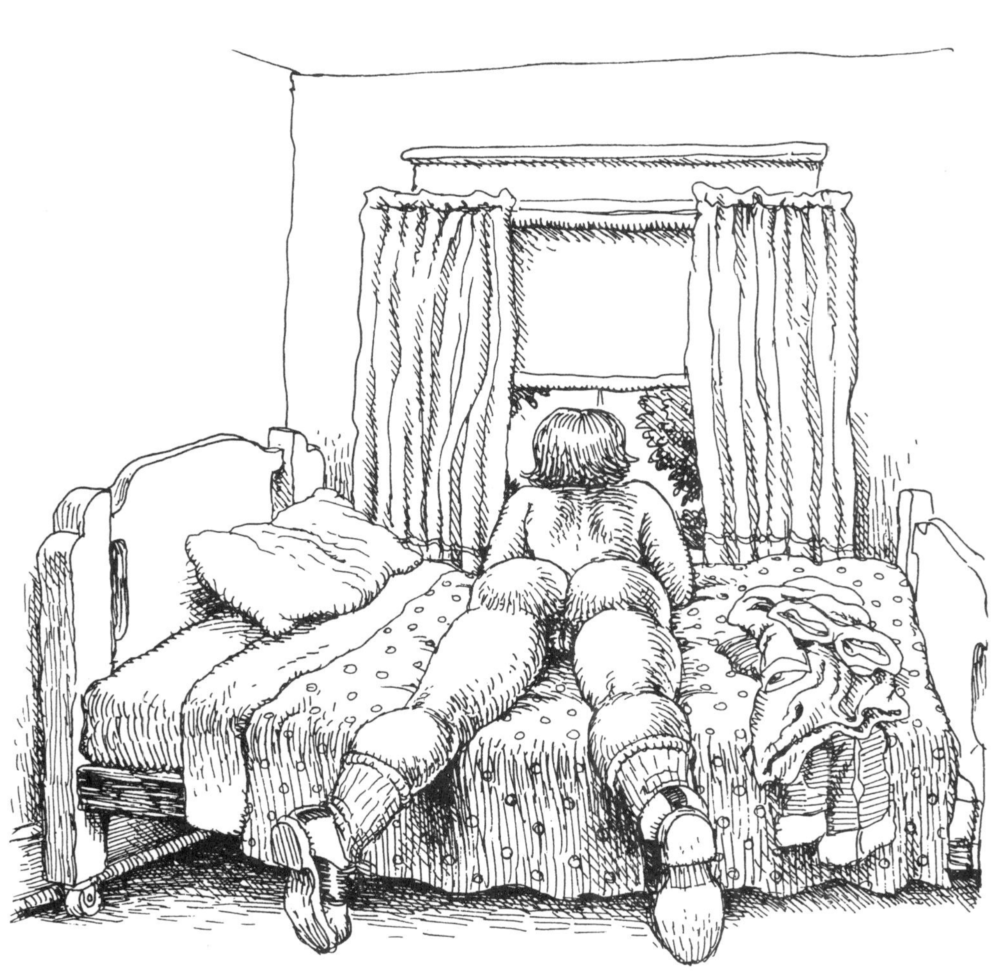

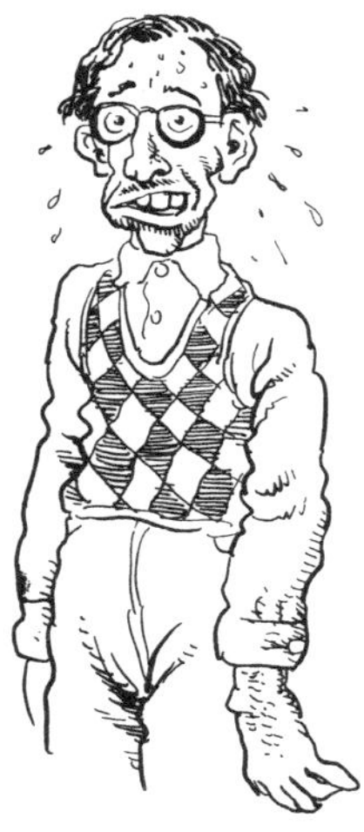

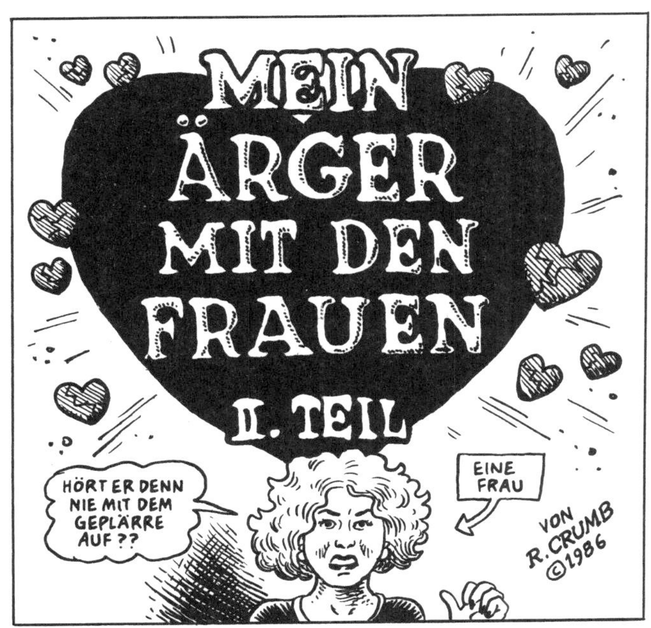
MEIN ÄRGER MIT DEN FRAUEN
II. TEIL
HÖRT ER DENN NIE MIT DEM GEPLÄRRE AUF??
EINE FRAU
VON R. CRUMB ©1986

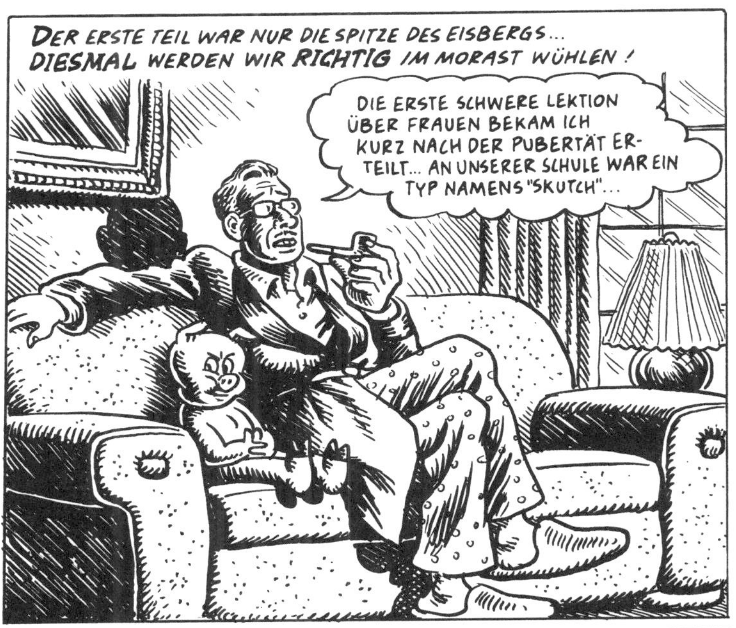
DER ERSTE TEIL WAR NUR DIE SPITZE DES EISBERGS... DIESMAL WERDEN WIR RICHTIG IM MORAST WÜHLEN!
DIE ERSTE SCHWERE LEKTION ÜBER FRAUEN BEKAM ICH KURZ NACH DER PUBERTÄT ERTEILT... AN UNSERER SCHULE WAR EIN TYP NAMENS "SKUTCH"...

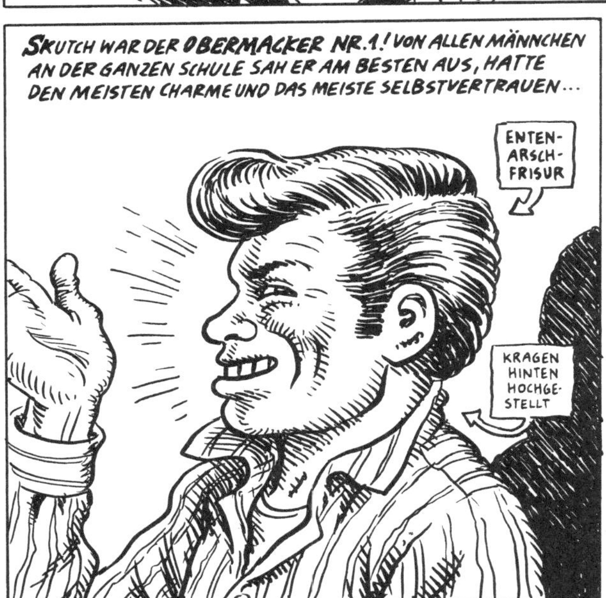
SKUTCH WAR DER OBERMACKER NR.1! VON ALLEN MÄNNCHEN AN DER GANZEN SCHULE SAH ER AM BESTEN AUS, HATTE DEN MEISTEN CHARME UND DAS MEISTE SELBSTVERTRAUEN...
ENTEN-ARSCH-FRISUR
KRAGEN HINTEN HOCHGE-STELLT

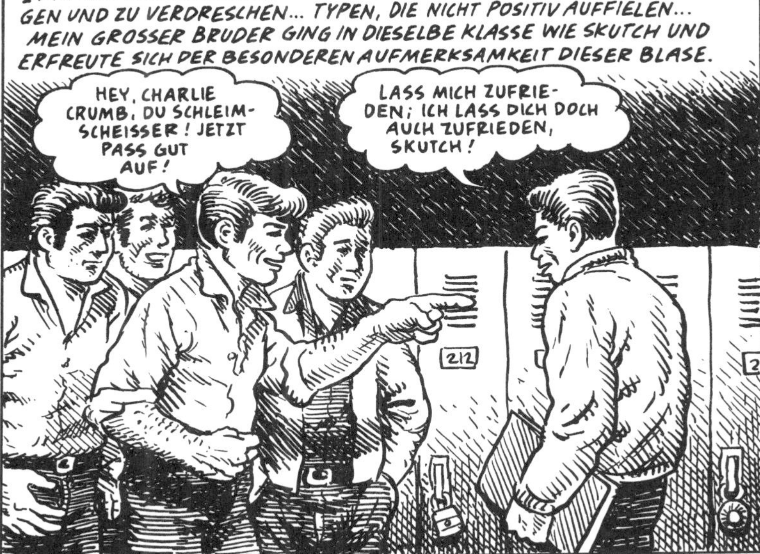
IHM UND SEINER BANDE MACHTE ES SPASS, "LAUMÄNNER" ZU ERNIEDRIGEN UND ZU VERDRESCHEN... TYPEN, DIE NICHT POSITIV AUFFIELEN... MEIN GROSSER BRUDER GING IN DIESELBE KLASSE WIE SKUTCH UND ERFREUTE SICH DER BESONDEREN AUFMERKSAMKEIT DIESER BLASE.
HEY, CHARLIE CRUMB, DU SCHLEIMSCHEISSER! JETZT PASS GUT AUF!
LASS MICH ZUFRIEDEN; ICH LASS DICH DOCH AUCH ZUFRIEDEN, SKUTCH!
212

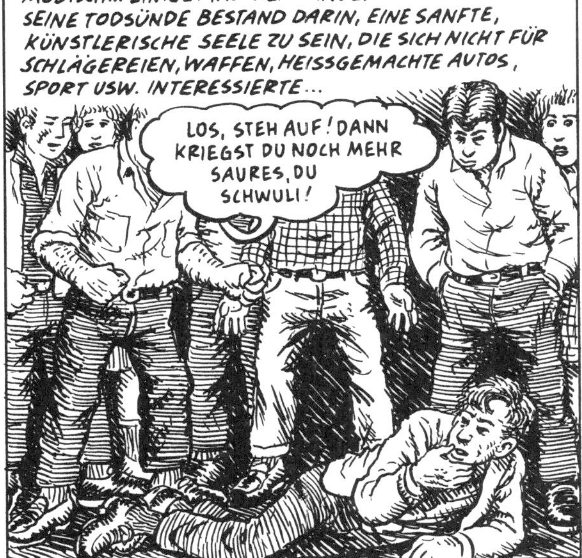
MEIN BRUDER SAH GUT AUS UND KLEIDETE SICH MODISCH... EINIGE MÄDCHEN FANDEN IHN ATTRAKTIV. SEINE TODSÜNDE BESTAND DARIN, EINE SANFTE, KÜNSTLERISCHE SEELE ZU SEIN, DIE SICH NICHT FÜR SCHLÄGEREIEN, WAFFEN, HEISSGEMACHTE AUTOS, SPORT USW. INTERESSIERTE...
LOS, STEH AUF! DANN KRIEGST DU NOCH MEHR SAURES, DU SCHWULI!

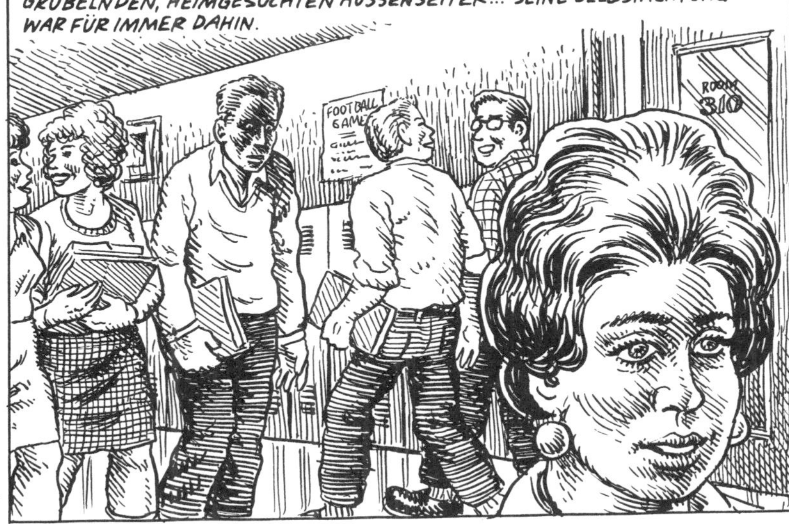
SKUTCH ZEIGTE ALLEN, DASS MEIN BRUDER KEIN RICHTIGER MANN WAR... SEINE SCHUL-"KARRIERE" WAR VORBEI... ER VERSUCHTE NICHT MEHR, "COOL" ZU SEIN, UND VERSCHWAND IM HINTERGRUND. ER WURDE ZUM GRÜBELNDEN, HEIMGESUCHTEN AUSSENSEITER... SEINE SELBSTACHTUNG WAR FÜR IMMER DAHIN.
ROOM 310

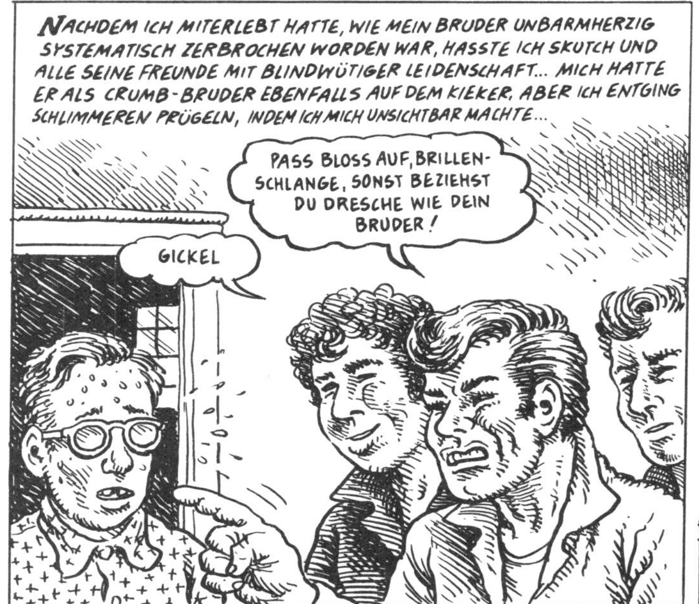
NACHDEM ICH MITERLEBT HATTE, WIE MEIN BRUDER UNBARMHERZIG SYSTEMATISCH ZERBROCHEN WORDEN WAR, HASSTE ICH SKUTCH UND ALLE SEINE FREUNDE MIT BLINDWÜTIGER LEIDENSCHAFT... MICH HATTE ER ALS CRUMB-BRUDER EBENFALLS AUF DEM KIEKER, ABER ICH ENTGING SCHLIMMEREN PRÜGELN, INDEM ICH MICH UNSICHTBAR MACHTE...
PASS BLOSS AUF, BRILLENSCHLANGE, SONST BEZIEHST DU DRESCHE WIE DEIN BRUDER!
GICKEL

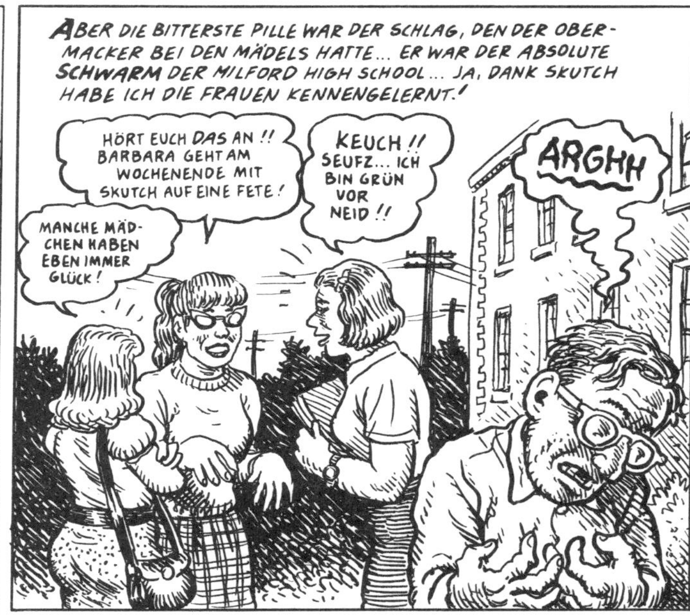
ABER DIE BITTERSTE PILLE WAR DER SCHLAG, DEN DER OBERMACKER BEI DEN MÄDELS HATTE... ER WAR DER ABSOLUTE SCHWARM DER MILFORD HIGH SCHOOL... JA, DANK SKUTCH HABE ICH DIE FRAUEN KENNENGELERNT!
HÖRT EUCH DAS AN!! BARBARA GEHT AM WOCHENENDE MIT SKUTCH AUF EINE FETE!
MANCHE MÄDCHEN HABEN EBEN IMMER GLÜCK!
KEUCH!! SEUFZ... ICH BIN GRÜN VOR NEID!!
ARGHH

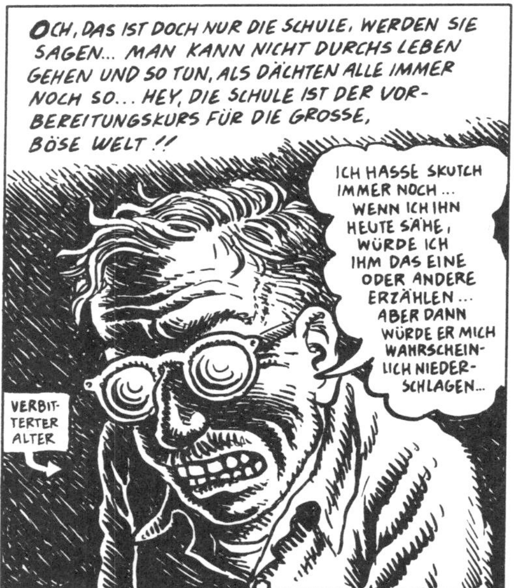
OCH, DAS IST DOCH NUR DIE SCHULE, WERDEN SIE SAGEN... MAN KANN NICHT DURCHS LEBEN GEHEN UND SO TUN, ALS DÄCHTEN ALLE IMMER NOCH SO... HEY, DIE SCHULE IST DER VORBEREITUNGSKURS FÜR DIE GROSSE, BÖSE WELT!!
ICH HASSE SKUTCH IMMER NOCH... WENN ICH IHN HEUTE SÄHE, WÜRDE ICH IHM DAS EINE ODER ANDERE ERZÄHLEN... ABER DANN WÜRDE ER MICH WAHRSCHEINLICH NIEDERSCHLAGEN...
VERBITTERTER ALTER

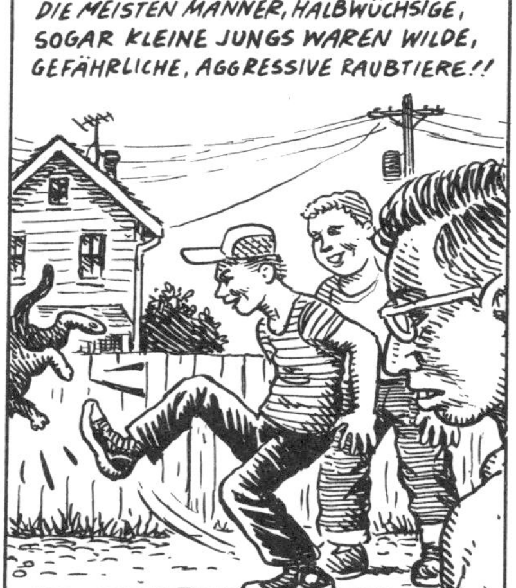
ICH KONNTE ES NICHT VERSTEHEN... FRAUEN SCHIENEN FREUNDLICHER, VERSTÄNDNISVOLLER ZU SEIN ALS MÄNNER... DIE MEISTEN MÄNNER, HALBWÜCHSIGE, SOGAR KLEINE JUNGS WAREN WILDE, GEFÄHRLICHE, AGGRESSIVE RAUBTIERE!!

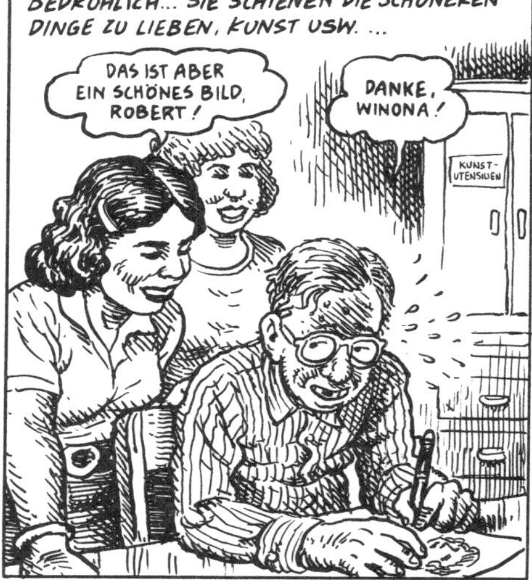
VERGLICHEN DAMIT, WAREN MÄDCHEN HEILIGE... KLAR, SIE WAREN OBERFLÄCHLICH UND PAMPIG, ABER IMMERHIN NICHT BEDROHLICH... SIE SCHIENEN DIE SCHÖNEREN DINGE ZU LIEBEN, KUNST USW. ...
DAS IST ABER EIN SCHÖNES BILD, ROBERT!
DANKE, WINONA!
KUNSTUTENSILIEN

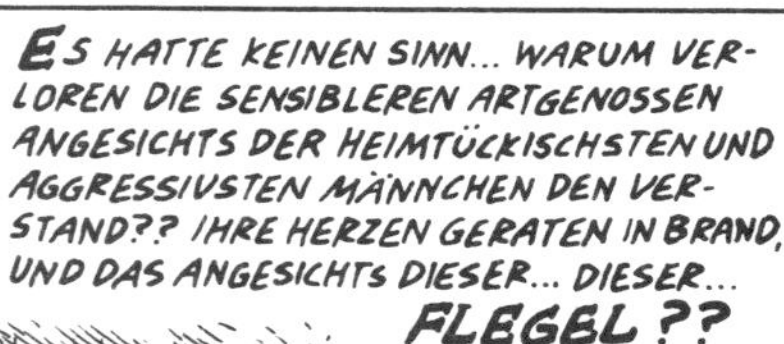
ES HATTE KEINEN SINN... WARUM VERLOREN DIE SENSIBLEREN ARTGENOSSEN ANGESICHTS DER HEIMTÜCKISCHSTEN UND AGGRESSIVSTEN MÄNNCHEN DEN VERSTAND?? IHRE HERZEN GERATEN IN BRAND, UND DAS ANGESICHTS DIESER... DIESER...

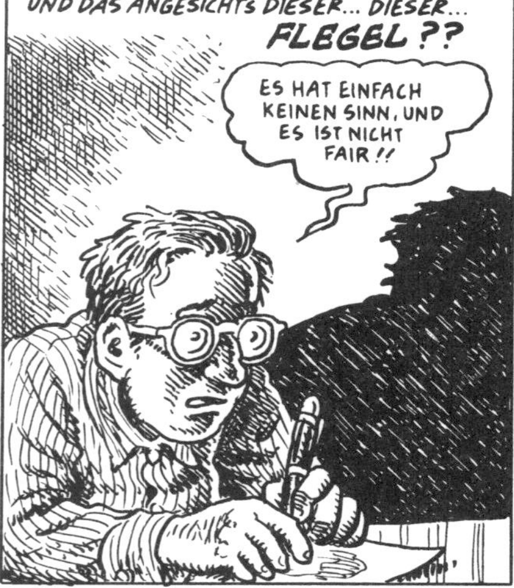
FLEGEL??
ES HAT EINFACH KEINEN SINN, UND ES IST NICHT FAIR!!

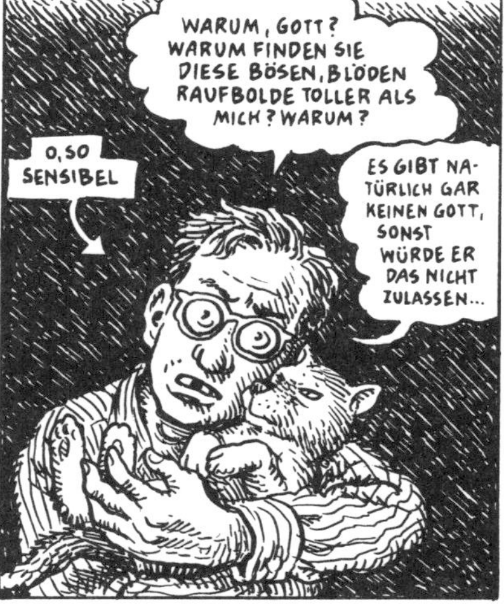
IN MEINEM UNREIFEN SINN KAM ES MIR SO VOR, ALS MÜSSTEN DIE MÄDCHEN MICH TOLLER FINDEN, WEIL ICH EHER WAR WIE SIE... AUCH ICH MOCHTE SCHÖNE DINGE UND MIEZEKATZEN.
WARUM, GOTT? WARUM FINDEN SIE DIESE BÖSEN, BLÖDEN RAUFBOLDE TOLLER ALS MICH? WARUM?
O, SO SENSIBEL
ES GIBT NATÜRLICH GAR KEINEN GOTT, SONST WÜRDE ER DAS NICHT ZULASSEN...

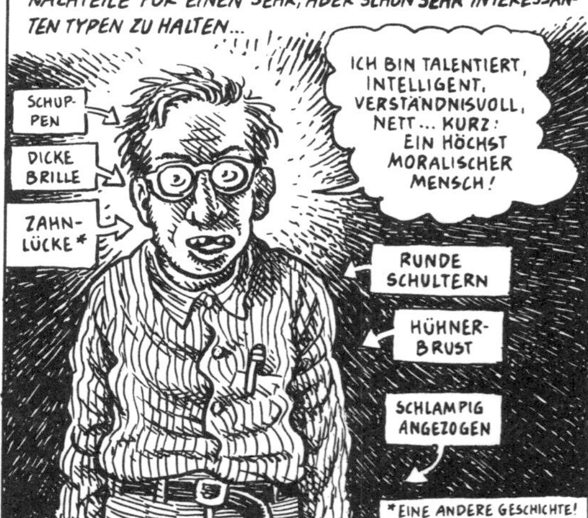
NA JA, OKAY, VIEL WAR MIT MIR NICHT LOS... ICH HATTE KEINE "PERSÖNLICHKEIT", ICH WAR IN KEINER MANNSCHAFT, ICH BENAHM MICH "KOMISCH", HATTE KEIN GELD, SAH AUS WIE ARNOLD STANG... IMMERHIN WAR ICH ANMASSEND GENUG, MICH TROTZ ALLER NACHTEILE FÜR EINEN SEHR, ABER SCHON SEHR INTERESSANTEN TYPEN ZU HALTEN...
ICH BIN TALENTIERT, INTELLIGENT, VERSTÄNDNISVOLL, NETT... KURZ: EIN HÖCHST MORALISCHER MENSCH!
SCHUPPEN
DICKE BRILLE
ZAHNLÜCKE*
RUNDE SCHULTERN
HÜHNERBRUST
SCHLAMPIG ANGEZOGEN
*EINE ANDERE GESCHICHTE!

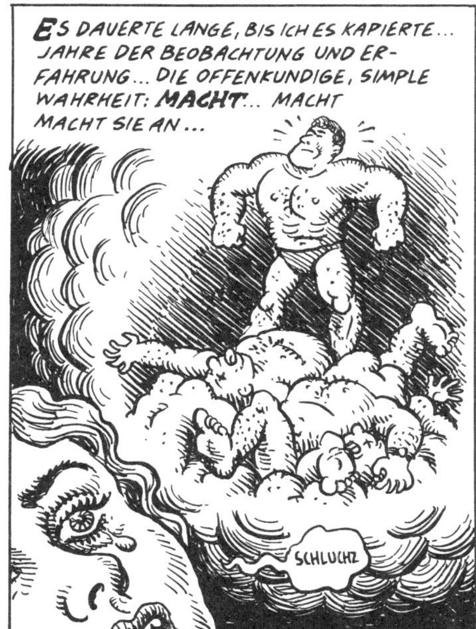

NETT UND SENSIBEL SEIN UND SCHÖNE DINGE LIEBEN... ALLES GUT UND SCHÖN, ABER **MACHT** BRINGT IHREN SÄFTEHAUSHALT AUF TOUREN... MENSCHEN SIND DA HÜHNERN SEHR ÄHNLICH... **VERDAMMT** ÄHNLICH!!

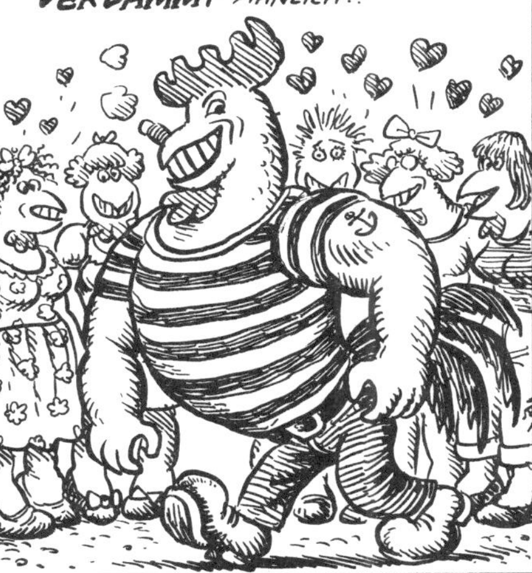

FRAUEN GEFÄLLT DIESES UNANGEFOCHTENE SELBSTVERTRAUEN... DIESE GOCKELHAFTE SELBSTSICHERHEIT... DIES STOLZE MÄNNLICHE VERHALTEN... SO WAS FINDEN SIE "SÜSS"... DOCH, DAS LIEBEN SIE; LASSEN SIE SICH DA NICHTS VORMACHEN!!

KIKERI-KIIIIII

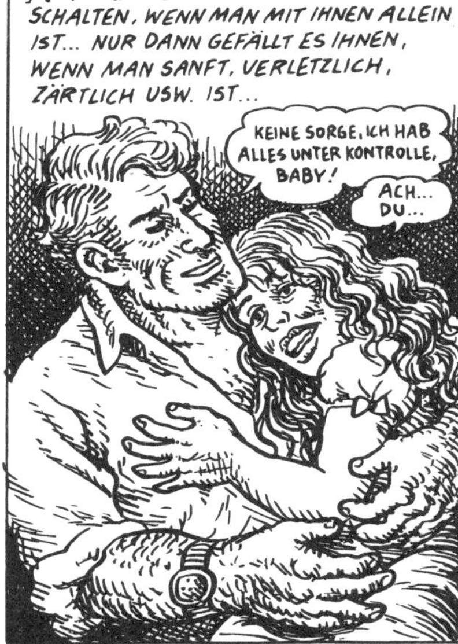

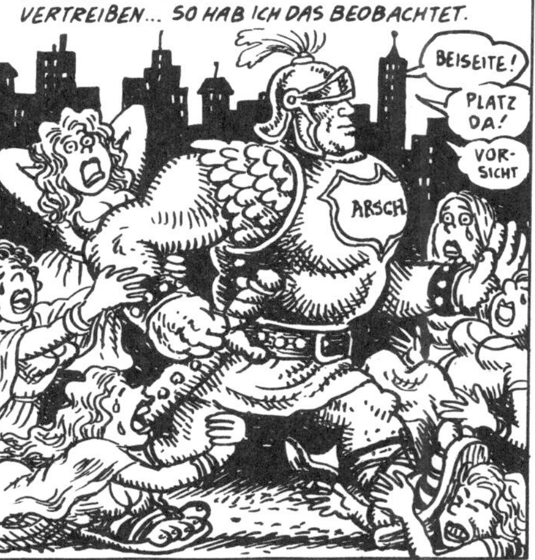

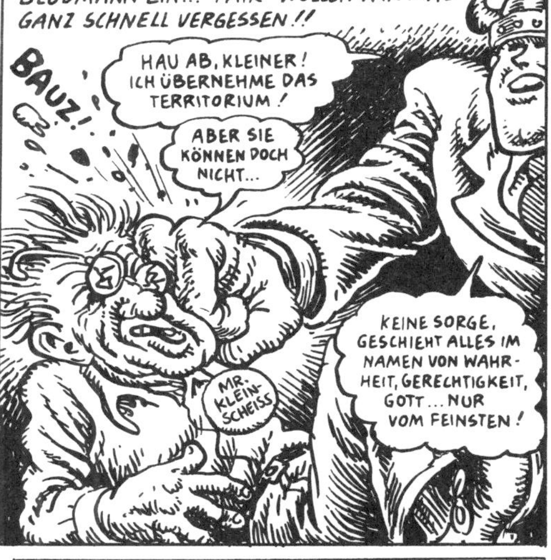

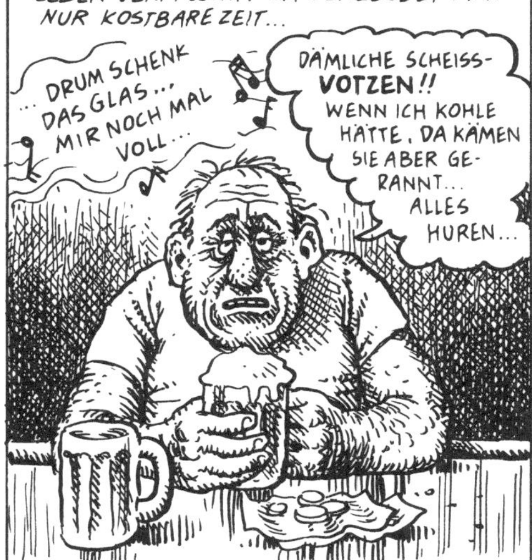

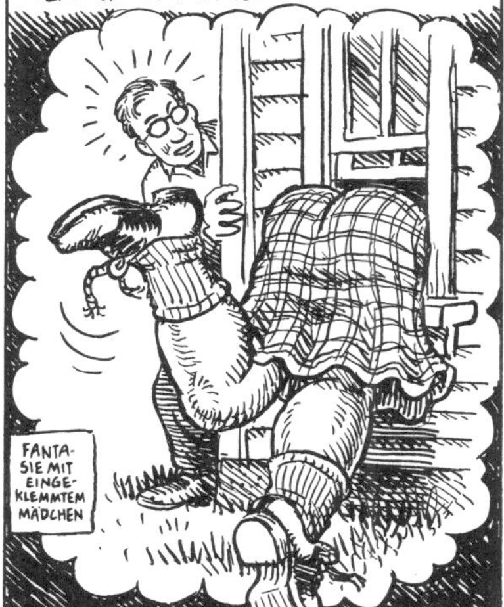

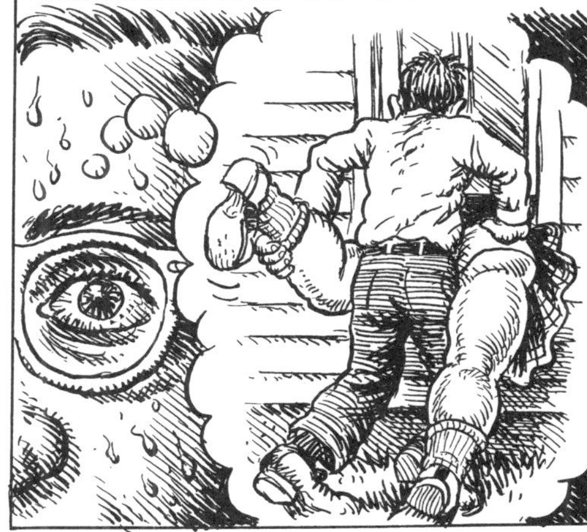

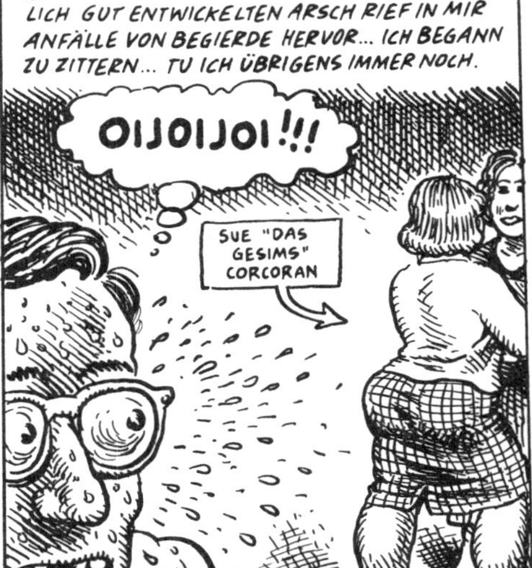

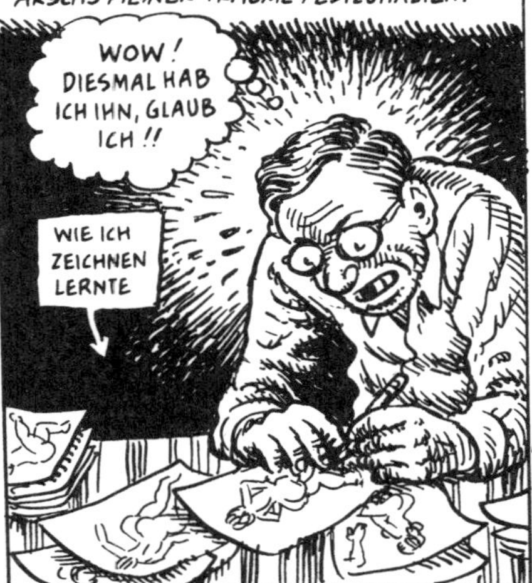

ICH BENUTZTE DIESE ZEICHNUNGEN ZUM MASTURBIEREN; DANACH ZERRISS ICH SIE IN KLEINE STÜCKE UND SPÜLTE SIE DAS KLO RUNTER... EINMAL SAH ICH AM NÄCHSTEN MORGEN DAS STÜCK EINER ZEICHNUNG. ES SCHWAMM NOCH IMMER IN DER KLOSCHÜSSEL...

ACH JE!! MAN SIEHT JA IMMER NOCH EIN STÜCK ARSCH UND EIN STÜCK BEIN! HOFFENTLICH HAT DAS NIEMAND BEMERKT!!

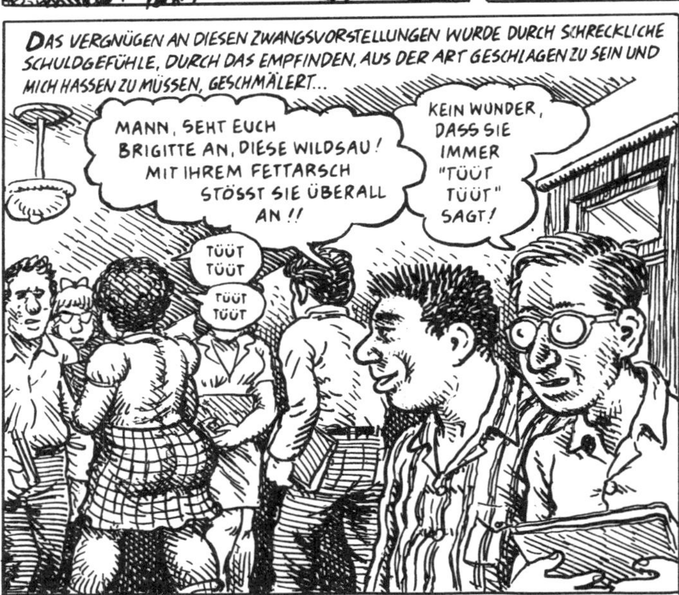

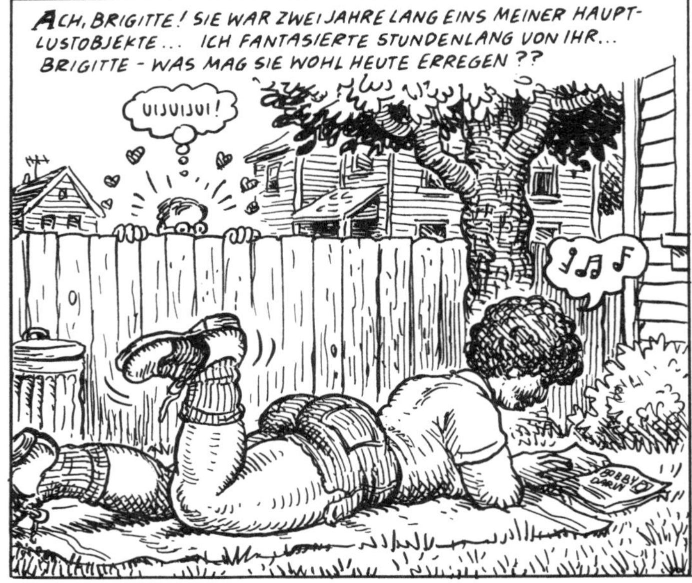

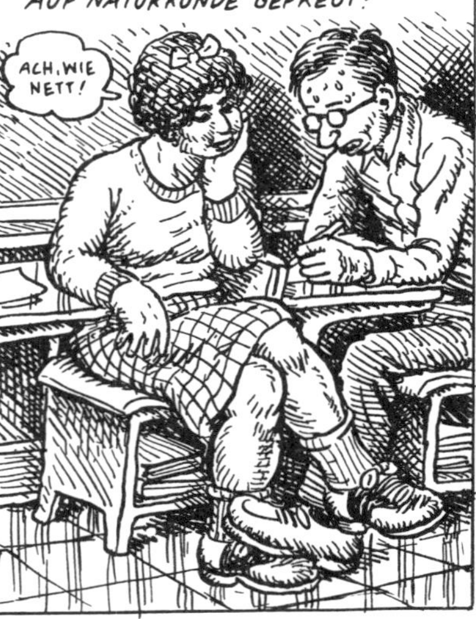

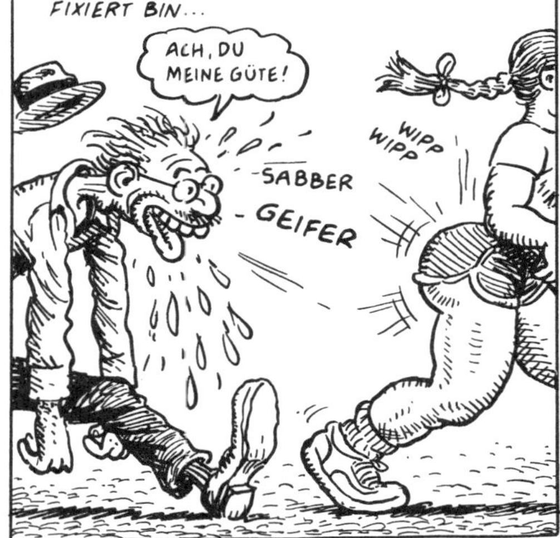

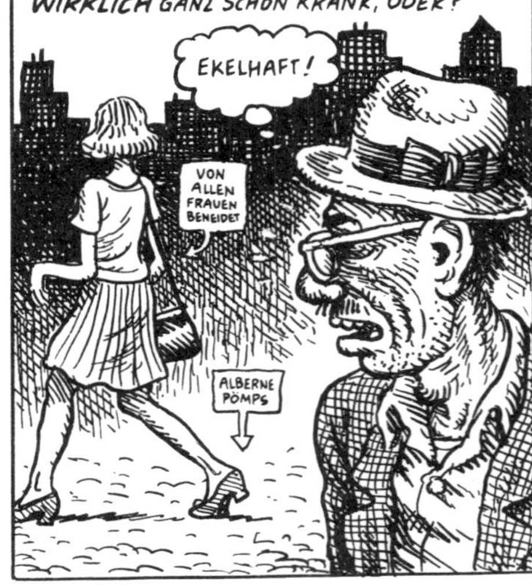

Nachdem ich mein Elternhaus verlassen hatte, versuchte ich, verschiedenen Frauen den Hof zu machen, aber ich war zu schüchtern... Ich konnte nicht reden... Frauen sind nicht dazu angelegt, sich mit einem schüchternen Mann abzugeben... Der Mann soll zu jeder Zeit die Lage "unter Kontrolle" haben...

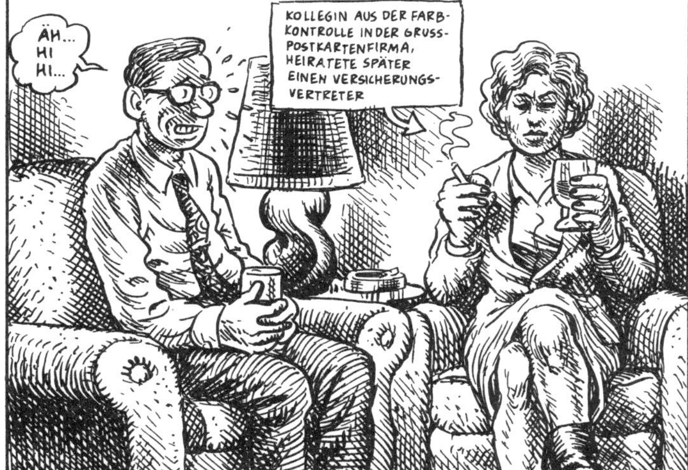

Je stärker ich mich zu einer Frau hingezogen fühlte, desto schlimmer war ich mit Stummheit geschlagen... Ein paar Minuten unbehaglichen Schweigens, und es war vorbei... Mehr brauchten sie nicht, um rauszukriegen, dass ich "unreif" war oder so... Das war's... aus... kaputt...

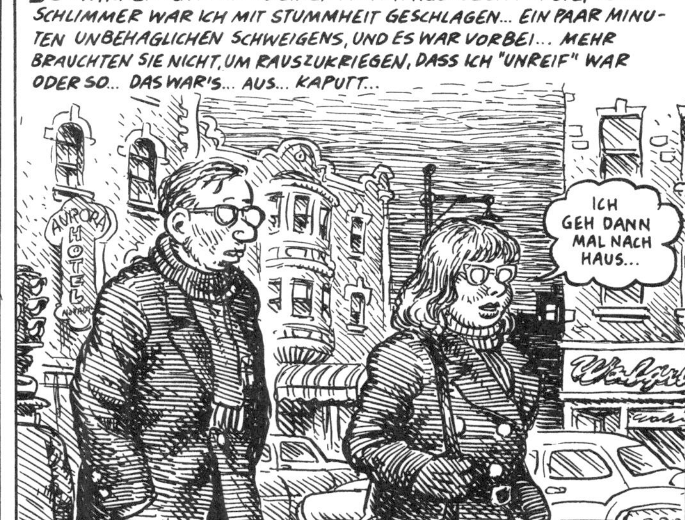

Marty, mit dem ich zusammenlebte, hatte die Gabe des Laberns... Er konnte Mädchen in Kunstmuseen, Buchhandlungen und an der Bushaltestelle aufreissen... Der Typ konnte wirklich jede vollquasseln...

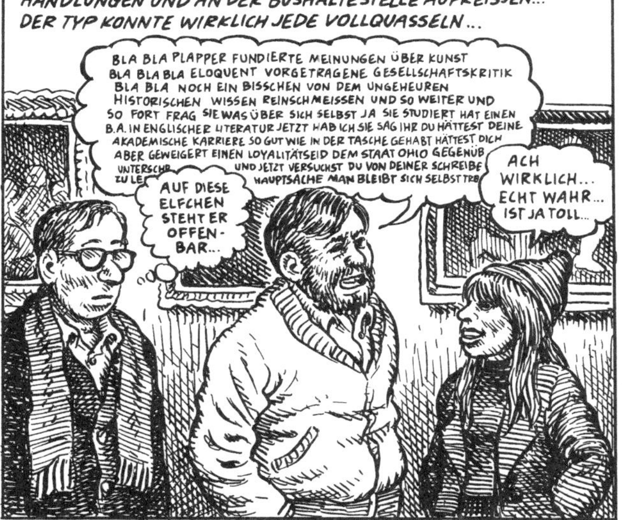

Eine Zeit lang habe ich's mit Objekten versucht... Wochenlang habe ich an einem "Kunstwerk" gearbeitet und es dann unbeholfen meiner neuesten Angebeteten präsentiert.

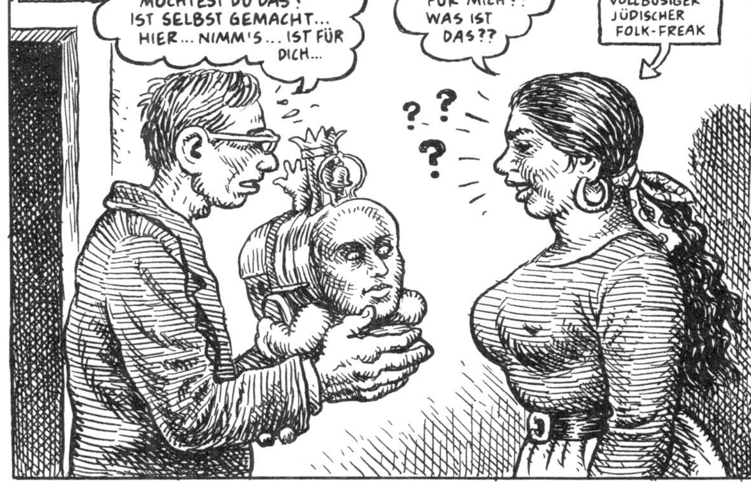

Später habe ich sie zu Hause besucht und fand dann die Frucht meiner Liebesmüh in eine Ecke geschmissen, manchmal zerbrochen. Ich glaube, die Damen versuchten, mir etwas begreiflich zu machen.

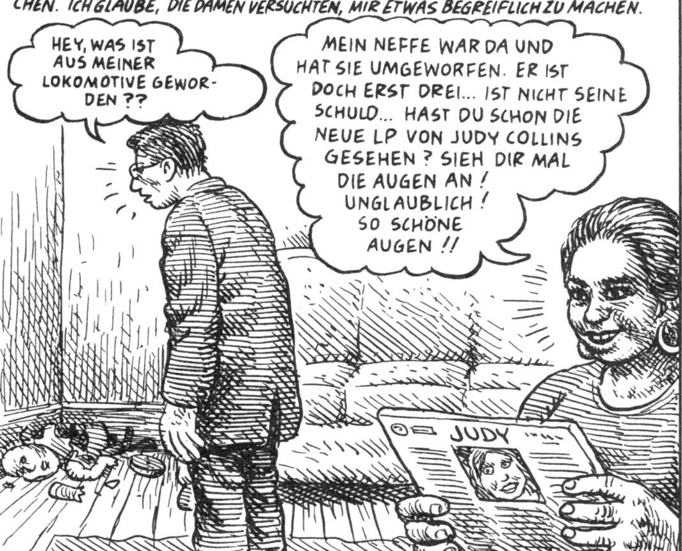

Unterdessen wartete eine wunderschöne Sekretärin in unserer Wohnung darauf, Martys grossen Roman zu tippen, von dem er immer sprach... Meistens tranken sie Bier und fummelten, und ich musste einen Spaziergang machen, wenn ihr Geist verkleistert genug und sie bereit war, sich von ihm missbrauchen zu lassen...

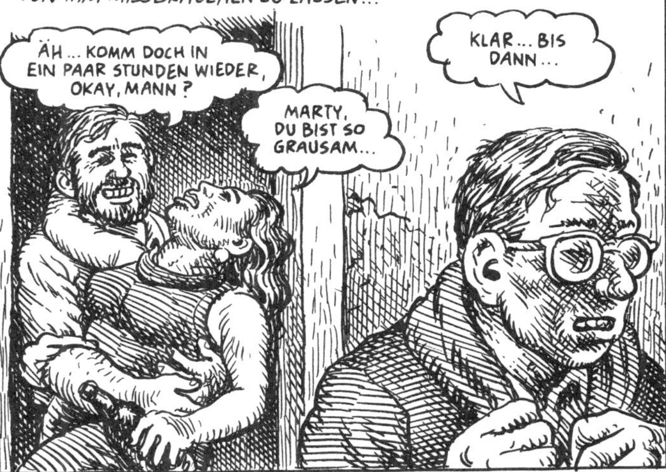

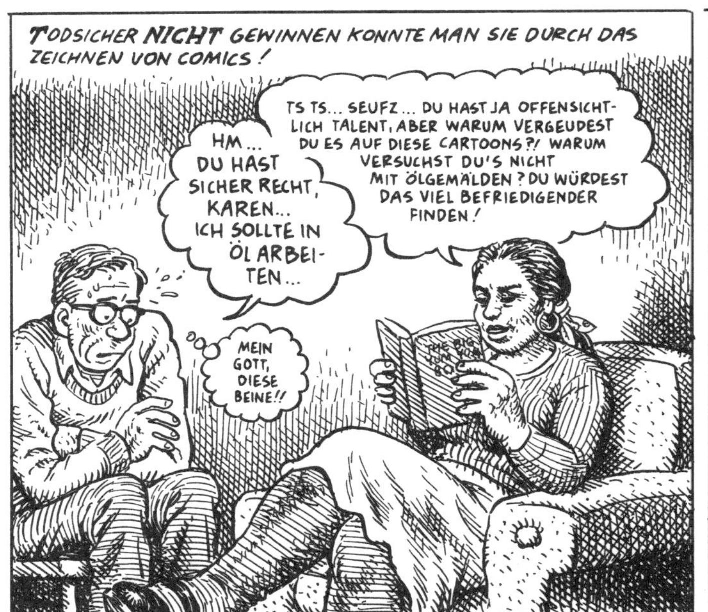
TODSICHER NICHT GEWINNEN KONNTE MAN SIE DURCH DAS ZEICHNEN VON COMICS!
HM... DU HAST SICHER RECHT, KAREN... ICH SOLLTE IN ÖL ARBEITEN...
TS TS... SEUFZ... DU HAST JA OFFENSICHTLICH TALENT, ABER WARUM VERGEUDEST DU ES AUF DIESE CARTOONS?! WARUM VERSUCHST DU'S NICHT MIT ÖLGEMÄLDEN? DU WÜRDEST DAS VIEL BEFRIEDIGENDER FINDEN!
MEIN GOTT, DIESE BEINE!!

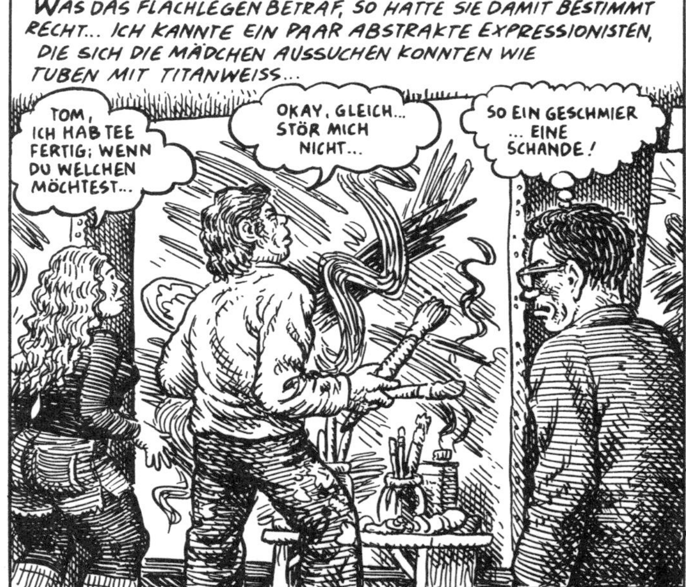
WAS DAS FLACHLEGEN BETRAF, SO HATTE SIE DAMIT BESTIMMT RECHT... ICH KANNTE EIN PAAR ABSTRAKTE EXPRESSIONISTEN, DIE SICH DIE MÄDCHEN AUSSUCHEN KONNTEN WIE TUBEN MIT TITANWEISS...
TOM, ICH HAB TEE FERTIG; WENN DU WELCHEN MÖCHTEST...
OKAY, GLEICH... STÖR MICH NICHT...
SO EIN GESCHMIER ... EINE SCHANDE!

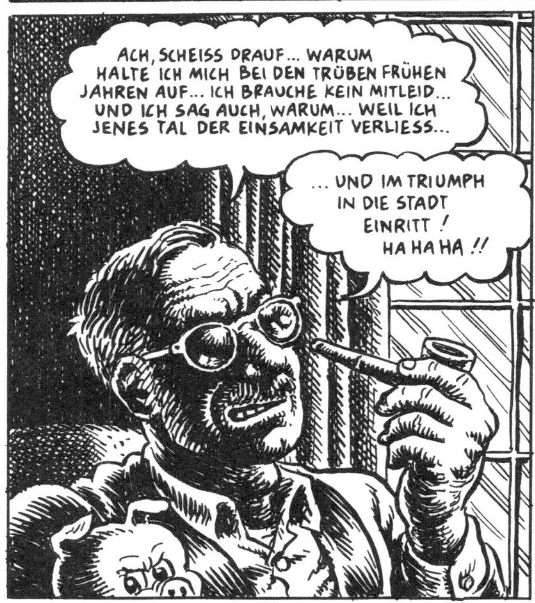
ACH, SCHEISS DRAUF... WARUM HALTE ICH MICH BEI DEN TRÜBEN FRÜHEN JAHREN AUF... ICH BRAUCHE KEIN MITLEID... UND ICH SAG AUCH, WARUM... WEIL ICH JENES TAL DER EINSAMKEIT VERLIESS...
... UND IM TRIUMPH IN DIE STADT EINRITT! HA HA HA!!

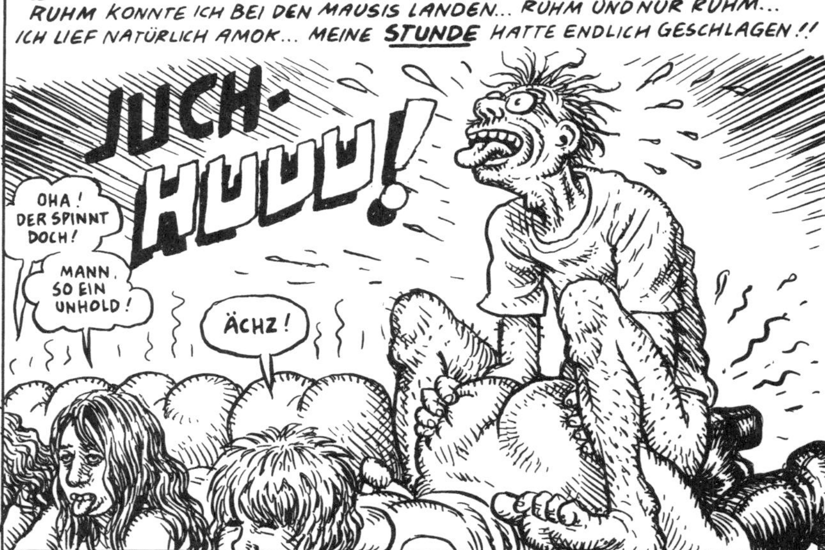
ES IST SO, WIE ICH IM ERSTEN TEIL DIESER POLEMIK SAGTE... DURCH DEN RUHM KONNTE ICH BEI DEN MAUSIS LANDEN... RUHM UND NUR RUHM... ICH LIEF NATÜRLICH AMOK... MEINE STUNDE HATTE ENDLICH GESCHLAGEN!!
JUCH-HUUU!
OHA! DER SPINNT DOCH!
MANN, SO EIN UNHOLD!
ÄCHZ!

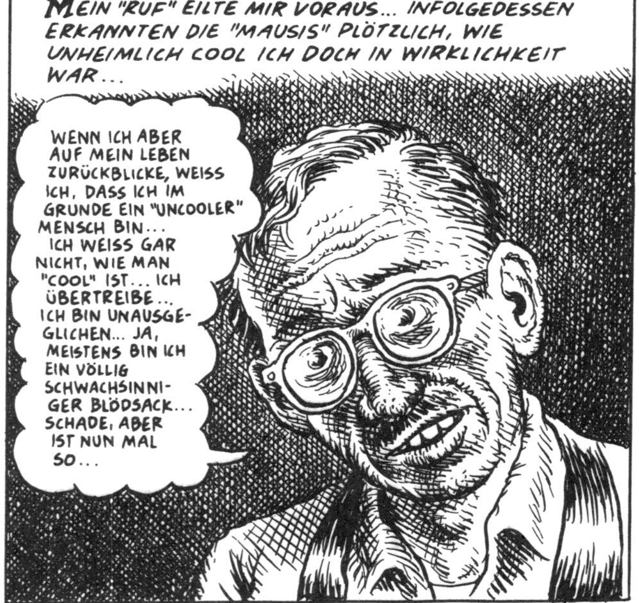
MEIN "RUF" EILTE MIR VORAUS... INFOLGEDESSEN ERKANNTEN DIE "MAUSIS" PLÖTZLICH, WIE UNHEIMLICH COOL ICH DOCH IN WIRKLICHKEIT WAR...
WENN ICH ABER AUF MEIN LEBEN ZURÜCKBLICKE, WEISS ICH, DASS ICH IM GRUNDE EIN "UNCOOLER" MENSCH BIN... ICH WEISS GAR NICHT, WIE MAN "COOL" IST... ICH ÜBERTREIBE... ICH BIN UNAUSGEGLICHEN... JA, MEISTENS BIN ICH EIN VÖLLIG SCHWACHSINNIGER BLÖDSACK... SCHADE, ABER IST NUN MAL SO...

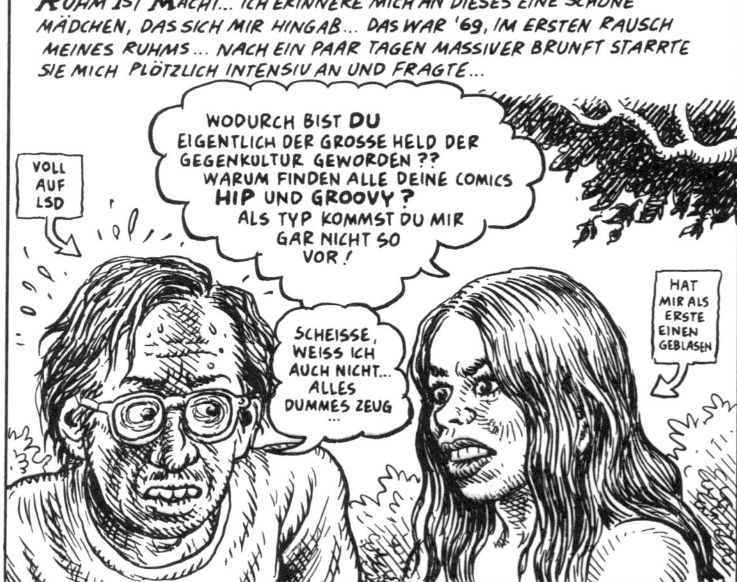
RUHM IST MACHT... ICH ERINNERE MICH AN DIESES EINE SCHÖNE MÄDCHEN, DAS SICH MIR HINGAB... DAS WAR '69, IM ERSTEN RAUSCH MEINES RUHMS... NACH EIN PAAR TAGEN MASSIVER BRUNFT STARRTE SIE MICH PLÖTZLICH INTENSIV AN UND FRAGTE...
VOLL AUF LSD
WODURCH BIST DU EIGENTLICH DER GROSSE HELD DER GEGENKULTUR GEWORDEN?? WARUM FINDEN ALLE DEINE COMICS HIP UND GROOVY? ALS TYP KOMMST DU MIR GAR NICHT SO VOR!
SCHEISSE, WEISS ICH AUCH NICHT... ALLES DUMMES ZEUG ...
HAT MIR ALS ERSTE EINEN GEBLASEN

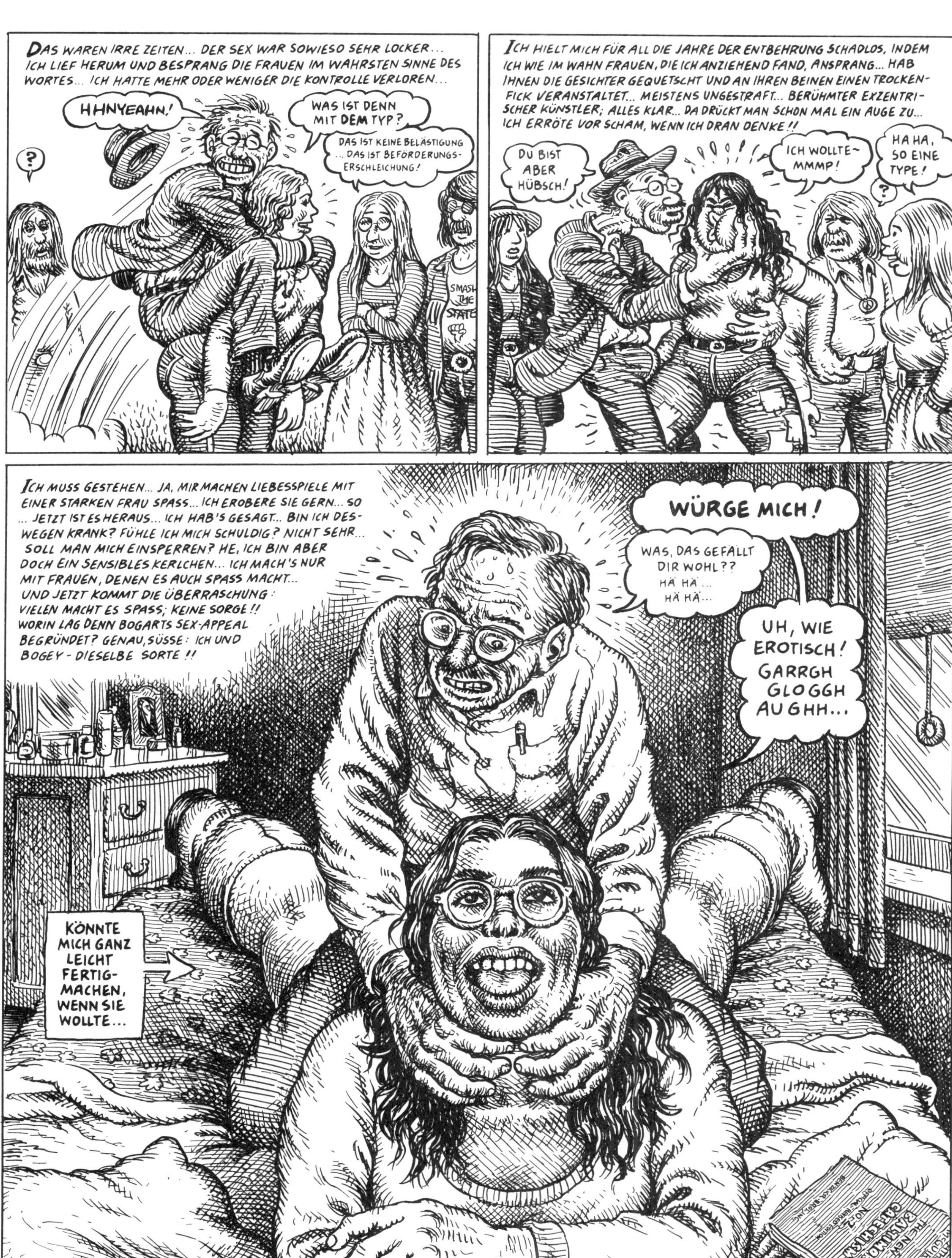
DAS WAREN IRRE ZEITEN... DER SEX WAR SOWIESO SEHR LOCKER... ICH LIEF HERUM UND BESPRANG DIE FRAUEN IM WAHRSTEN SINNE DES WORTES... ICH HATTE MEHR ODER WENIGER DIE KONTROLLE VERLOREN...
HHNYEAHN!
WAS IST DENN MIT DEM TYP?
DAS IST KEINE BELÄSTIGUNG ... DAS IST BEFÖRDERUNGS-ERSCHLEICHUNG!
?
SMASH THE STATE
ICH HIELT MICH FÜR ALL DIE JAHRE DER ENTBEHRUNG SCHADLOS, INDEM ICH WIE IM WAHN FRAUEN, DIE ICH ANZIEHEND FAND, ANSPRANG... HAB IHNEN DIE GESICHTER GEQUETSCHT UND AN IHREN BEINEN EINEN TROCKEN-FICK VERANSTALTET... MEISTENS UNGESTRAFT... BERÜHMTER EXZENTRI-SCHER KÜNSTLER; ALLES KLAR... DA DRÜCKT MAN SCHON MAL EIN AUGE ZU... ICH ERRÖTE VOR SCHAM, WENN ICH DRAN DENKE!!
DU BIST ABER HÜBSCH!
ICH WOLLTE-MMMP!
HA HA, SO EINE TYPE!
?
ICH MUSS GESTEHEN... JA, MIR MACHEN LIEBESSPIELE MIT EINER STARKEN FRAU SPASS... ICH EROBERE SIE GERN... SO ... JETZT IST ES HERAUS... ICH HAB'S GESAGT... BIN ICH DES-WEGEN KRANK? FÜHLE ICH MICH SCHULDIG? NICHT SEHR... SOLL MAN MICH EINSPERREN? HE, ICH BIN ABER DOCH EIN SENSIBLES KERLCHEN... ICH MACH'S NUR MIT FRAUEN, DENEN ES AUCH SPASS MACHT... UND JETZT KOMMT DIE ÜBERRASCHUNG: VIELEN MACHT ES SPASS; KEINE SORGE!! WORIN LAG DENN BOGARTS SEX-APPEAL BEGRÜNDET? GENAU, SÜSSE: ICH UND BOGEY - DIESELBE SORTE!!
WÜRGE MICH!
WAS, DAS GEFÄLLT DIR WOHL?? HÄ HÄ... HÄ HÄ...
UH, WIE EROTISCH! GARRGH GLOGGH AUGHH...
KÖNNTE MICH GANZ LEICHT FERTIG-MACHEN, WENN SIE WOLLTE...

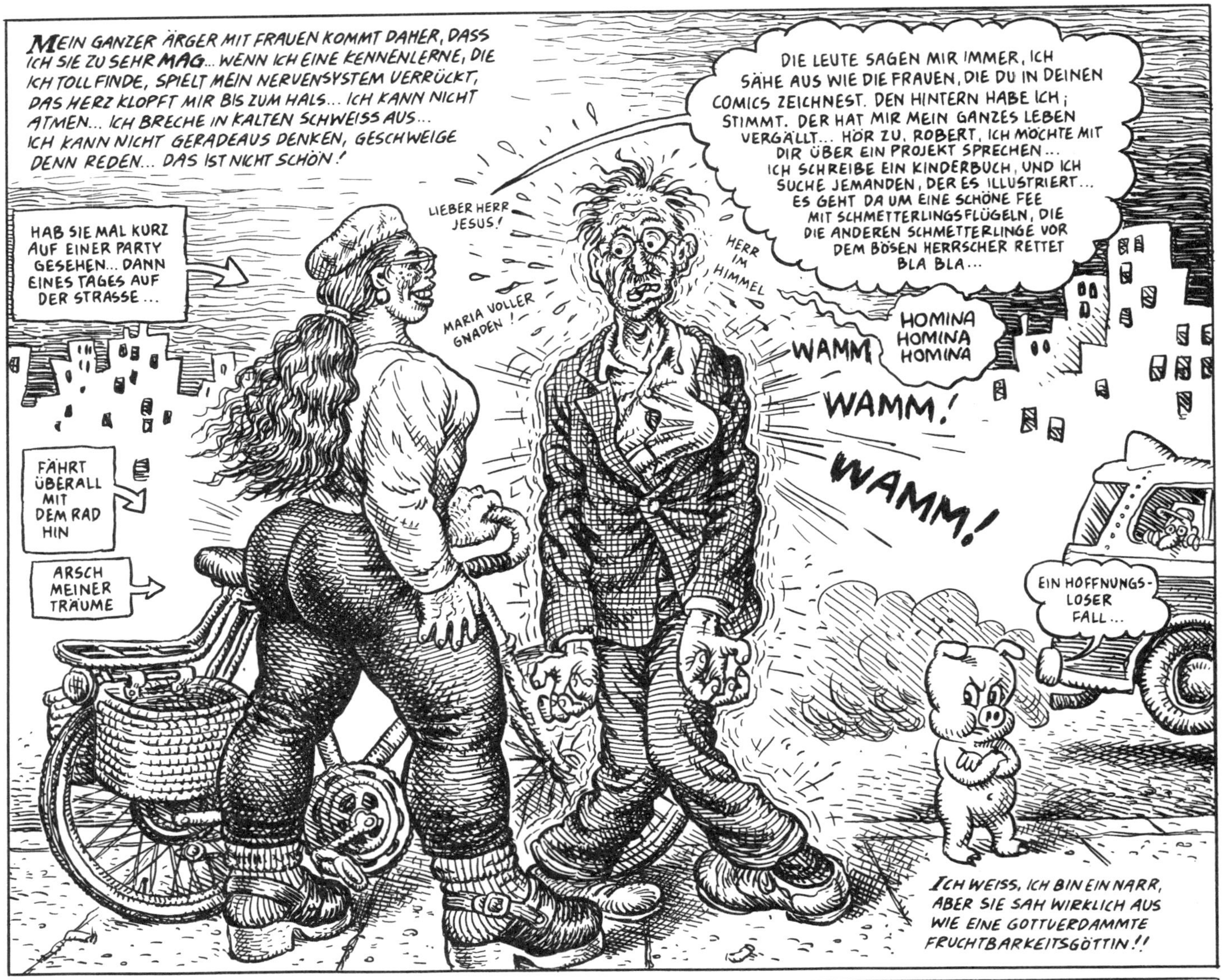

MEIN GANZER ÄRGER MIT FRAUEN KOMMT DAHER, DASS ICH SIE ZU SEHR **MAG**... WENN ICH EINE KENNENLERNE, DIE ICH TOLL FINDE, SPIELT MEIN NERVENSYSTEM VERRÜCKT, DAS HERZ KLOPFT MIR BIS ZUM HALS... ICH KANN NICHT ATMEN... ICH BRECHE IN KALTEN SCHWEISS AUS... ICH KANN NICHT GERADEAUS DENKEN, GESCHWEIGE DENN REDEN... DAS IST NICHT SCHÖN!

DIE LEUTE SAGEN MIR IMMER, ICH SÄHE AUS WIE DIE FRAUEN, DIE DU IN DEINEN COMICS ZEICHNEST. DEN HINTERN HABE ICH; STIMMT. DER HAT MIR MEIN GANZES LEBEN VERGÄLLT... HÖR ZU, ROBERT, ICH MÖCHTE MIT DIR ÜBER EIN PROJEKT SPRECHEN... ICH SCHREIBE EIN KINDERBUCH, UND ICH SUCHE JEMANDEN, DER ES ILLUSTRIERT... ES GEHT DA UM EINE SCHÖNE FEE MIT SCHMETTERLINGSFLÜGELN, DIE DIE ANDEREN SCHMETTERLINGE VOR DEM BÖSEN HERRSCHER RETTET BLA BLA...

HAB SIE MAL KURZ AUF EINER PARTY GESEHEN... DANN EINES TAGES AUF DER STRASSE...

LIEBER HERR JESUS!

HERR IM HIMMEL

MARIA VOLLER GNADEN!

HOMINA HOMINA HOMINA

WAMM

WAMM!

WAMM!

FÄHRT ÜBERALL MIT DEM RAD HIN

ARSCH MEINER TRÄUME

EIN HOFFNUNGS-LOSER FALL...

ICH WEISS, ICH BIN EIN NARR, ABER SIE SAH WIRKLICH AUS WIE EINE GOTTVERDAMMTE FRUCHTBARKEITSGÖTTIN!!

SIE MERKEN ES NATÜRLICH IMMER... DAS GIBT IHNEN VIEL MACHT, UND DAS MÖGEN SIE NICHT... SIE WOLLEN DIESE MACHT NICHT. EIN MANN WIRKT SEHR UNATTRAKTIV, WENN ER KEINE KONTROLLE HAT... DA WERDEN DIE FRAUEN KALT UND ZICKIG!

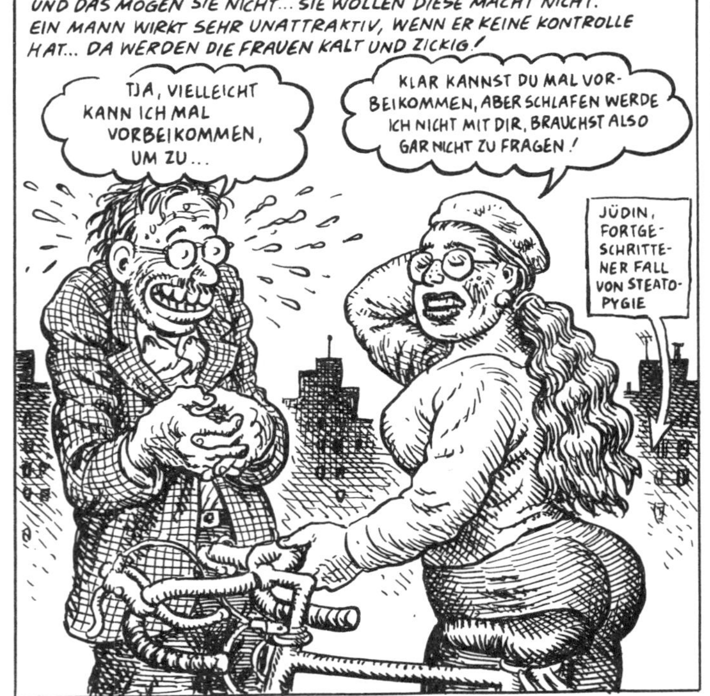

DIE WENIGEN MALE, DA ES MIR GELANG, COOL UND GELANGWEILT ZU SCHEINEN... DAS WIRKTE WIE EIN ZAUBER... ALS HÄTTE MAN AUF EINEN MAGISCHEN KNOPF GEDRÜCKT... MAN SAH, WIE SIE AUFLEUCHTETEN... ES WAR BEÄNGSTIGEND...

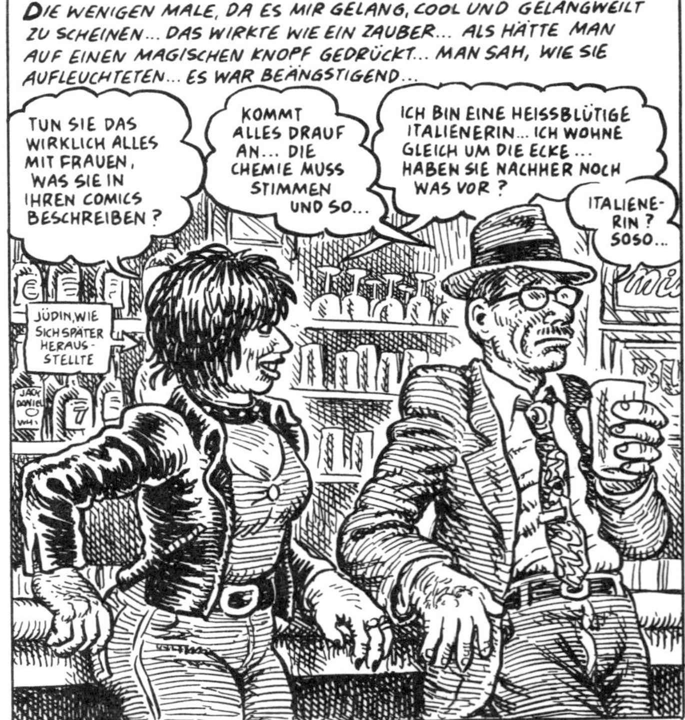

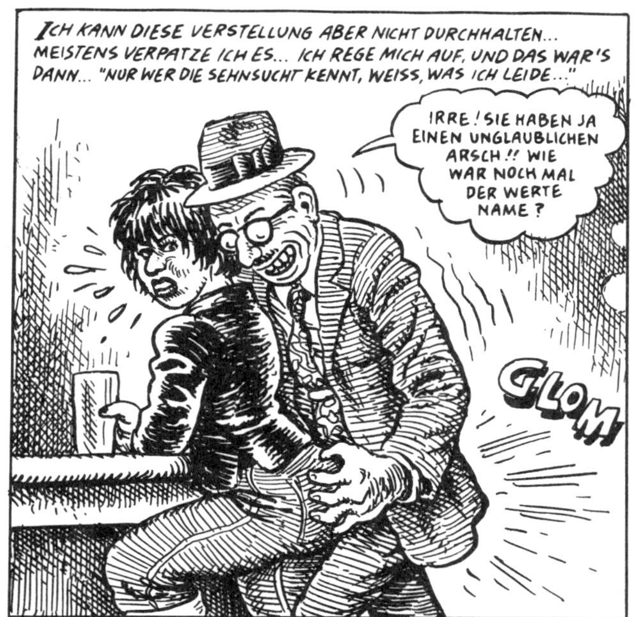
ICH KANN DIESE VERSTELLUNG ABER NICHT DURCHHALTEN... MEISTENS VERPATZE ICH ES... ICH REGE MICH AUF, UND DAS WAR'S DANN... "NUR WER DIE SEHNSUCHT KENNT, WEISS, WAS ICH LEIDE..."
IRRE! SIE HABEN JA EINEN UNGLAUBLICHEN ARSCH!! WIE WAR NOCH MAL DER WERTE NAME?
GLOM

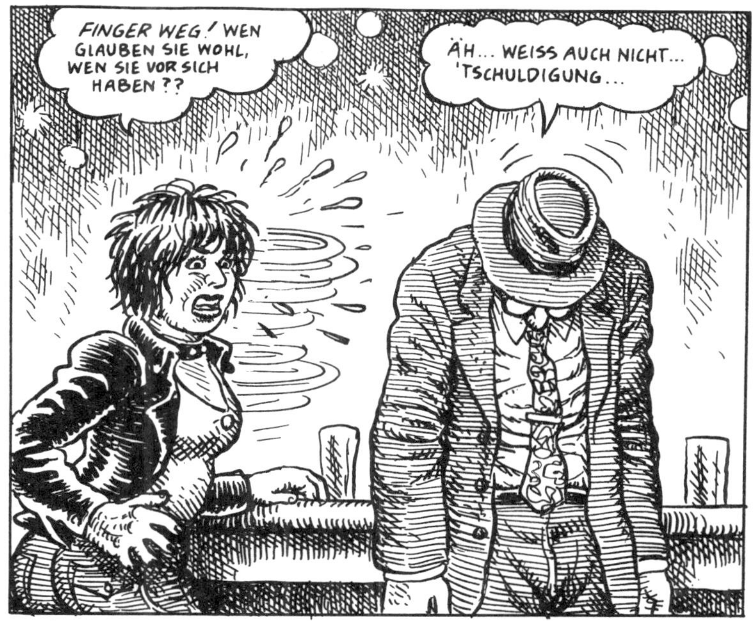
FINGER WEG! WEN GLAUBEN SIE WOHL, WEN SIE VOR SICH HABEN??
ÄH... WEISS AUCH NICHT... 'TSCHULDIGUNG...

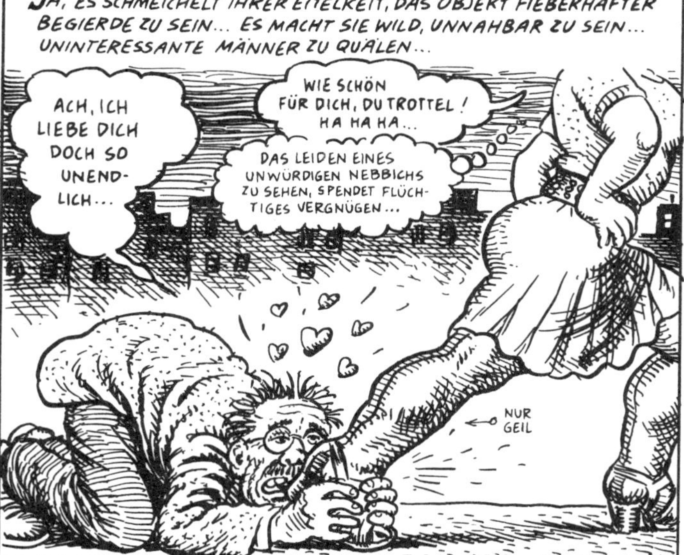
JA, ES SCHMEICHELT IHRER EITELKEIT, DAS OBJEKT FIEBERHAFTER BEGIERDE ZU SEIN... ES MACHT SIE WILD, UNNAHBAR ZU SEIN... UNINTERESSANTE MÄNNER ZU QUÄLEN...
ACH, ICH LIEBE DICH DOCH SO UNENDLICH...
WIE SCHÖN FÜR DICH, DU TROTTEL! HA HA HA...
DAS LEIDEN EINES UNWÜRDIGEN NEBBICHS ZU SEHEN, SPENDET FLÜCHTIGES VERGNÜGEN...
NUR GEIL

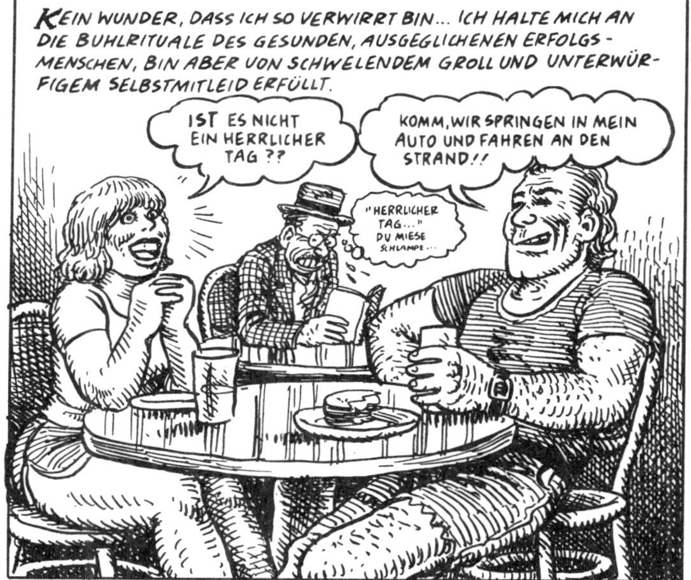
KEIN WUNDER, DASS ICH SO VERWIRRT BIN... ICH HALTE MICH AN DIE BUHLRITUALE DES GESUNDEN, AUSGEGLICHENEN ERFOLGSMENSCHEN, BIN ABER VON SCHWELENDEM GROLL UND UNTERWÜRFIGEM SELBSTMITLEID ERFÜLLT.
IST ES NICHT EIN HERRLICHER TAG??
KOMM, WIR SPRINGEN IN MEIN AUTO UND FAHREN AN DEN STRAND!!
"HERRLICHER TAG..." DU MIESE SCHLAMPE...

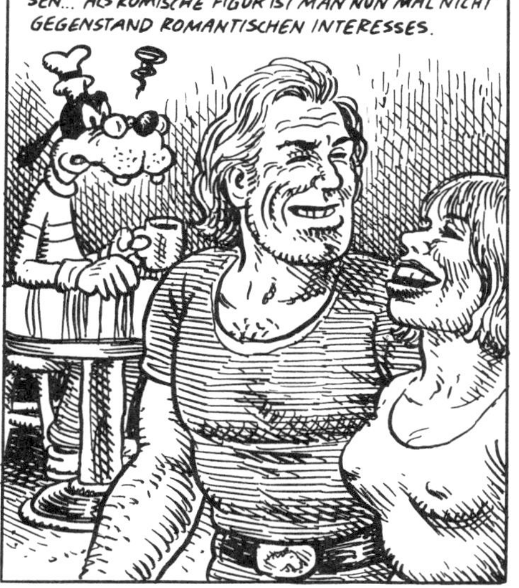
DAS SCHLIMME AN MIR IST, DASS ICH NICHT WEISS, WO ICH HINGEHÖRE... ICH SIEDE VOR WUT, WEIL SIE MICH KEINE HAUPTROLLE SPIELEN LASSEN... ALS KOMISCHE FIGUR IST MAN NUN MAL NICHT GEGENSTAND ROMANTISCHEN INTERESSES.

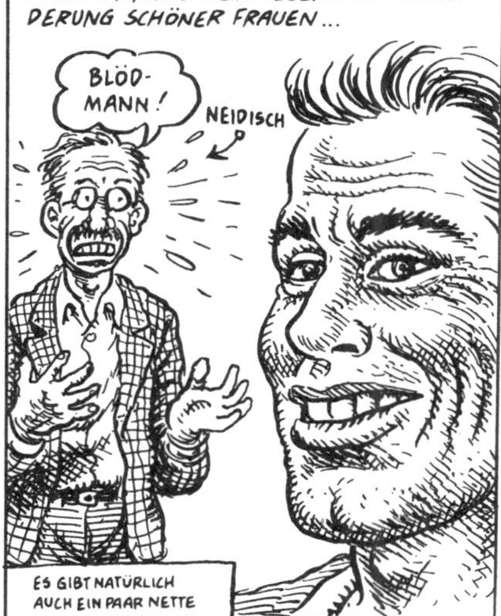
ANDERERSEITS STOSSEN MICH AUSSEHEN UND BENEHMEN BEGEHRENSWERTER MÄNNER AB... ICH MÖCHTE NIE SO SEIN WIE SIE... ICH WILL NUR, WAS SIE KRIEGEN... DIE BEWUNDERUNG SCHÖNER FRAUEN...
BLÖDMANN!
NEIDISCH
ES GIBT NATÜRLICH AUCH EIN PAAR NETTE

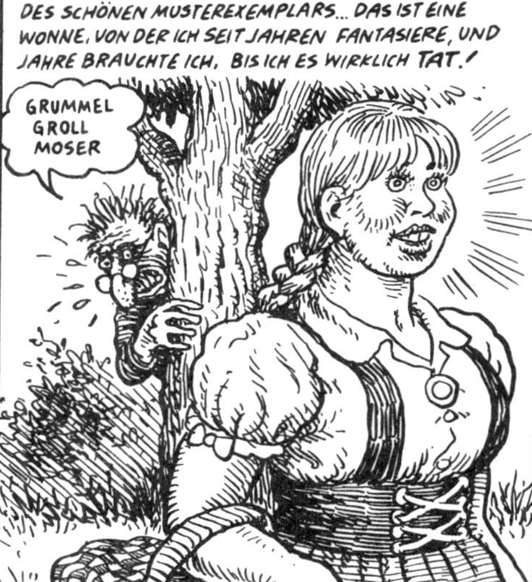
ICH GLAUBE, DESHALB ZIEHT DER KNORRIGE, UNREDLICHE TROLL SEINE FREUDEN AUS DEM SCHÄNDEN DES VOLLKOMMENEN, DEM BESUDELN DES SCHÖNEN MUSTEREXEMPLARS... DAS IST EINE WONNE, VON DER ICH SEIT JAHREN FANTASIERE, UND JAHRE BRAUCHTE ICH, BIS ICH ES WIRKLICH TAT!
GRUMMEL GROLL MOSER

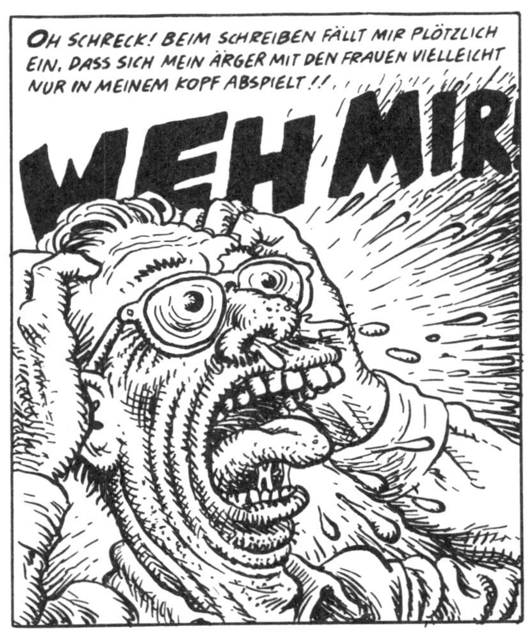
OH SCHRECK! BEIM SCHREIBEN FÄLLT MIR PLÖTZLICH EIN, DASS SICH MEIN ÄRGER MIT DEN FRAUEN VIELLEICHT NUR IN MEINEM KOPF ABSPIELT!!
WEH MIR

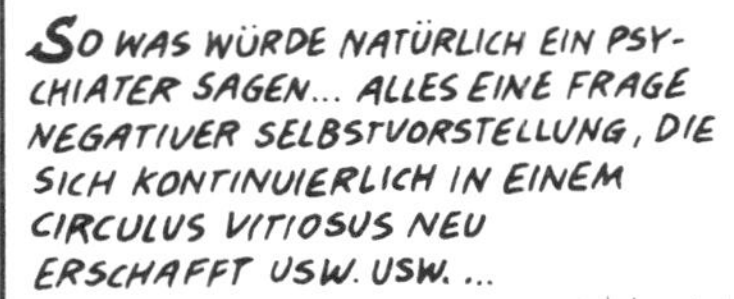
SO WAS WÜRDE NATÜRLICH EIN PSYCHIATER SAGEN... ALLES EINE FRAGE NEGATIVER SELBSTVORSTELLUNG, DIE SICH KONTINUIERLICH IN EINEM CIRCULUS VITIOSUS NEU ERSCHAFFT USW. USW. ...

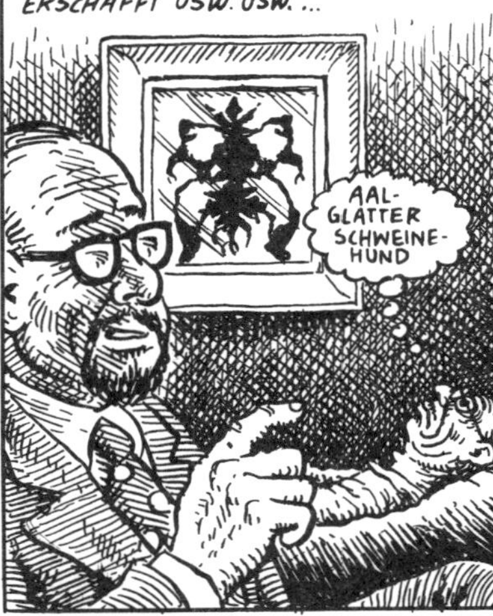
AAL-GLATTER SCHWEINE-HUND

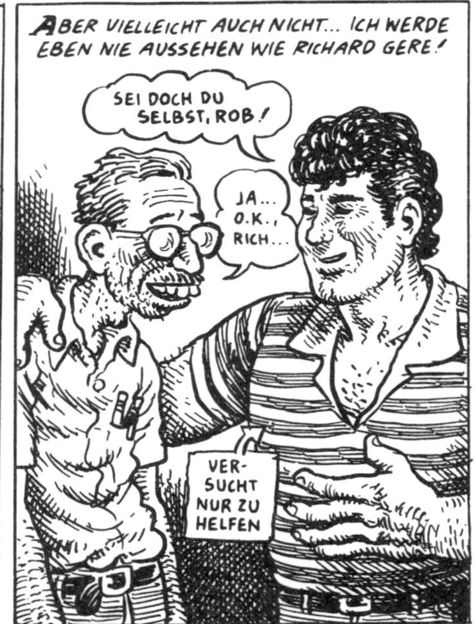
ABER VIELLEICHT AUCH NICHT... ICH WERDE EBEN NIE AUSSEHEN WIE RICHARD GERE!
SEI DOCH DU SELBST, ROB!
JA... O.K., RICH...
VERSUCHT NUR ZU HELFEN

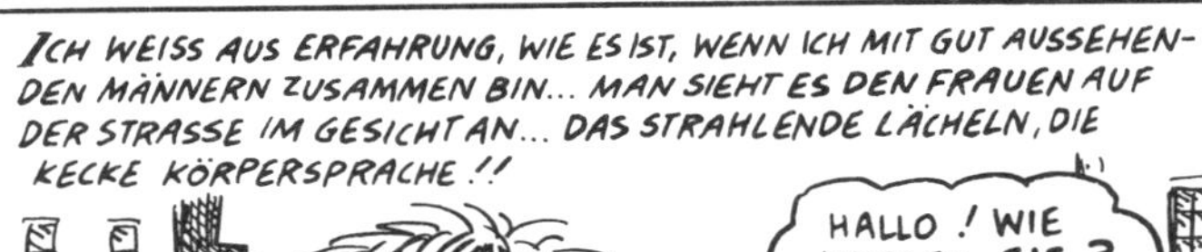
ICH WEISS AUS ERFAHRUNG, WIE ES IST, WENN ICH MIT GUT AUSSEHENDEN MÄNNERN ZUSAMMEN BIN... MAN SIEHT ES DEN FRAUEN AUF DER STRASSE IM GESICHT AN... DAS STRAHLENDE LÄCHELN, DIE KECKE KÖRPERSPRACHE!!

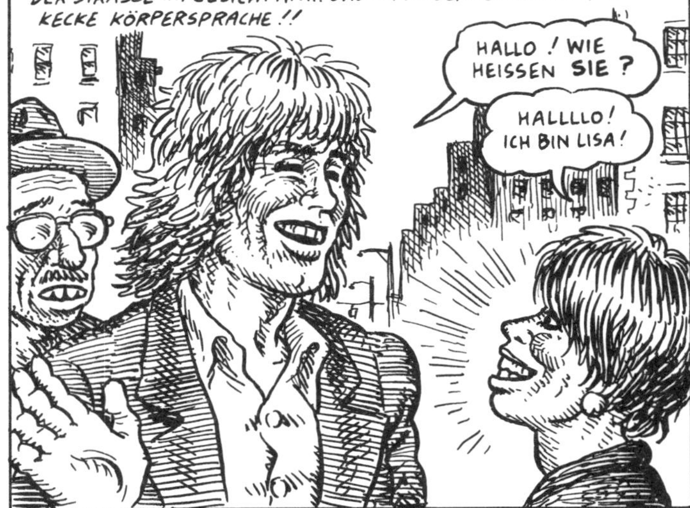
HALLO! WIE HEISSEN SIE?
HALLLLO! ICH BIN LISA!

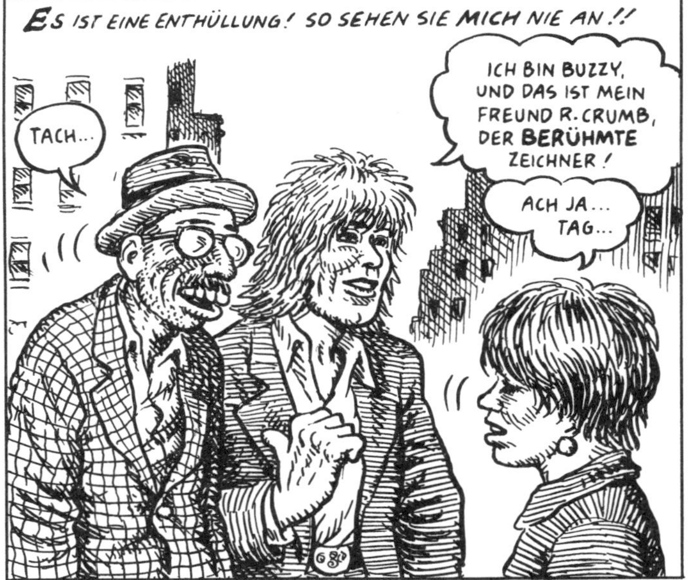
ES IST EINE ENTHÜLLUNG! SO SEHEN SIE MICH NIE AN!!
TACH...
ICH BIN BUZZY, UND DAS IST MEIN FREUND R. CRUMB, DER BERÜHMTE ZEICHNER!
ACH JA... TAG...

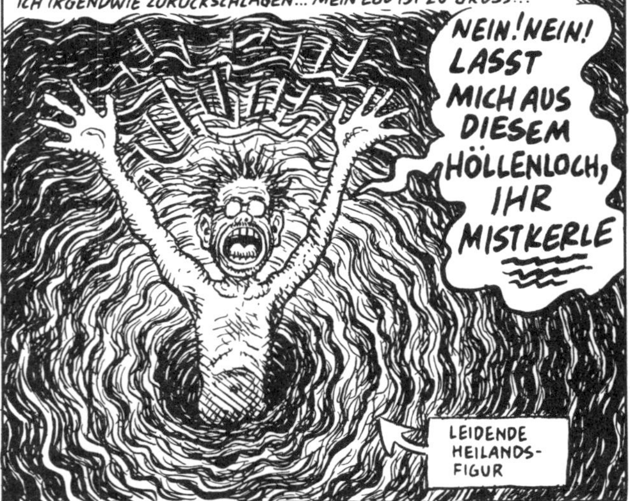
IM GRUNDE WILL DIE WELT, DASS MAN, WENN MAN EIN MINDERWERTIGER TYP IST, EIN ECKCHEN AUFSUCHT UND STIRBT UND KEIN WESENS DARUM MACHT... DAS IST DIE KALTE WAHRHEIT... DA ICH EIN BRENNENDES BÜNDEL FREILIEGENDER NERVENENDEN BIN, MUSSTE ICH IRGENDWIE ZURÜCKSCHLAGEN... MEIN EGO IST ZU GROSS...
NEIN! NEIN! LASST MICH AUS DIESEM HÖLLENLOCH, IHR MISTKERLE
LEIDENDE HEILANDS-FIGUR

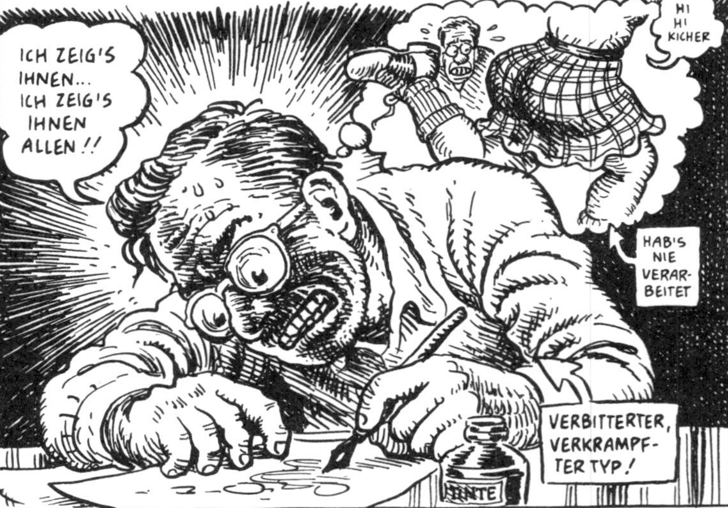
GLÜCKLICHERWEISE IST ES MIR, INDEM ICH STANDHAFT AN MEINER KUNST ARBEITETE UND ZU RUHM ALS "IRRER" ZEICHNER GELANGTE, GELUNGEN, DANN UND WANN EIN PAAR EGO-TRIUMPHE EINZUFAHREN... MEHR, ALS ICH IN MEINEN KÜHNSTEN TRÄUMEN ERWARTET HÄTTE!!
ICH ZEIG'S IHNEN... ICH ZEIG'S IHNEN ALLEN!!
HI HI KICHER
HAB'S NIE VERARBEITET
VERBITTERTER, VERKRAMPFTER TYP!
TINTE

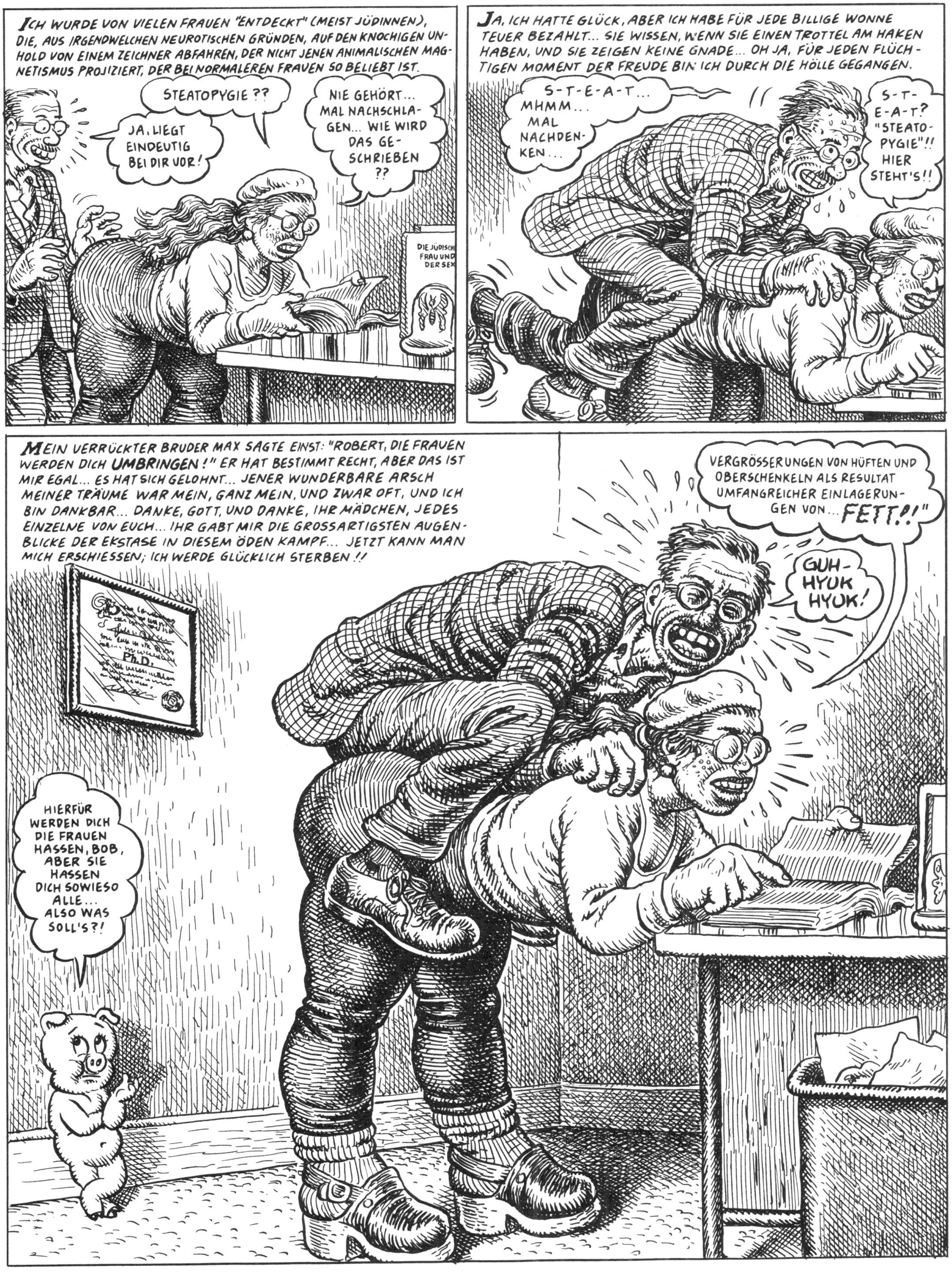

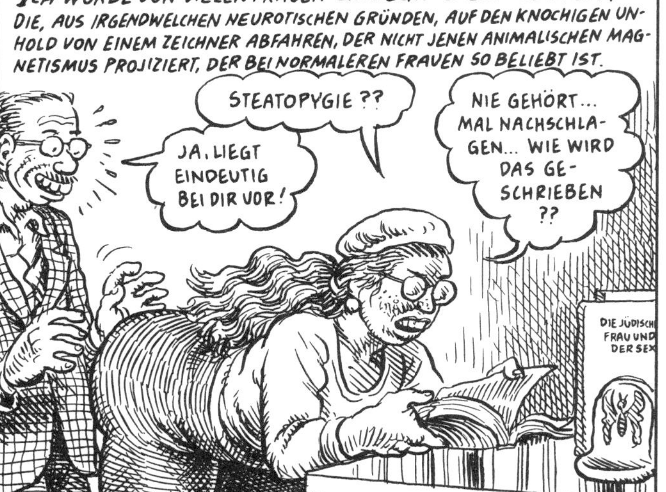

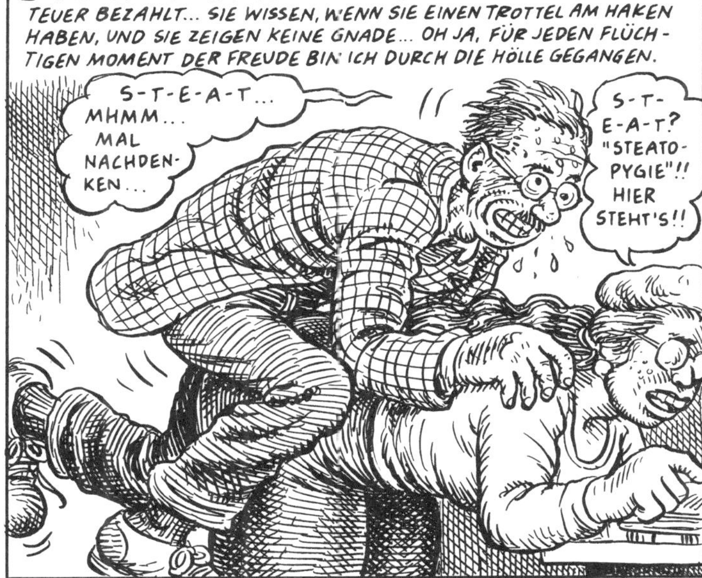

MEIN VERRÜCKTER BRUDER MAX SAGTE EINST: "ROBERT, DIE FRAUEN WERDEN DICH **UMBRINGEN**!" ER HAT BESTIMMT RECHT, ABER DAS IST MIR EGAL... ES HAT SICH GELOHNT... JENER WUNDERBARE ARSCH MEINER TRÄUME WAR MEIN, GANZ MEIN, UND ZWAR OFT, UND ICH BIN DANKBAR... DANKE, GOTT, UND DANKE, IHR MÄDCHEN, JEDES EINZELNE VON EUCH... IHR GABT MIR DIE GROSSARTIGSTEN AUGENBLICKE DER EKSTASE IN DIESEM ÖDEN KAMPF... JETZT KANN MAN MICH ERSCHIESSEN; ICH WERDE GLÜCKLICH STERBEN!!

VERGRÖSSERUNGEN VON HÜFTEN UND OBERSCHENKELN ALS RESULTAT UMFANGREICHER EINLAGERUNGEN VON... FETT!!"

GUH-HYUK HYUK!

Ph.D.

HIERFÜR WERDEN DICH DIE FRAUEN HASSEN, BOB, ABER SIE HASSEN DICH SOWIESO ALLE... ALSO WAS SOLL'S?!

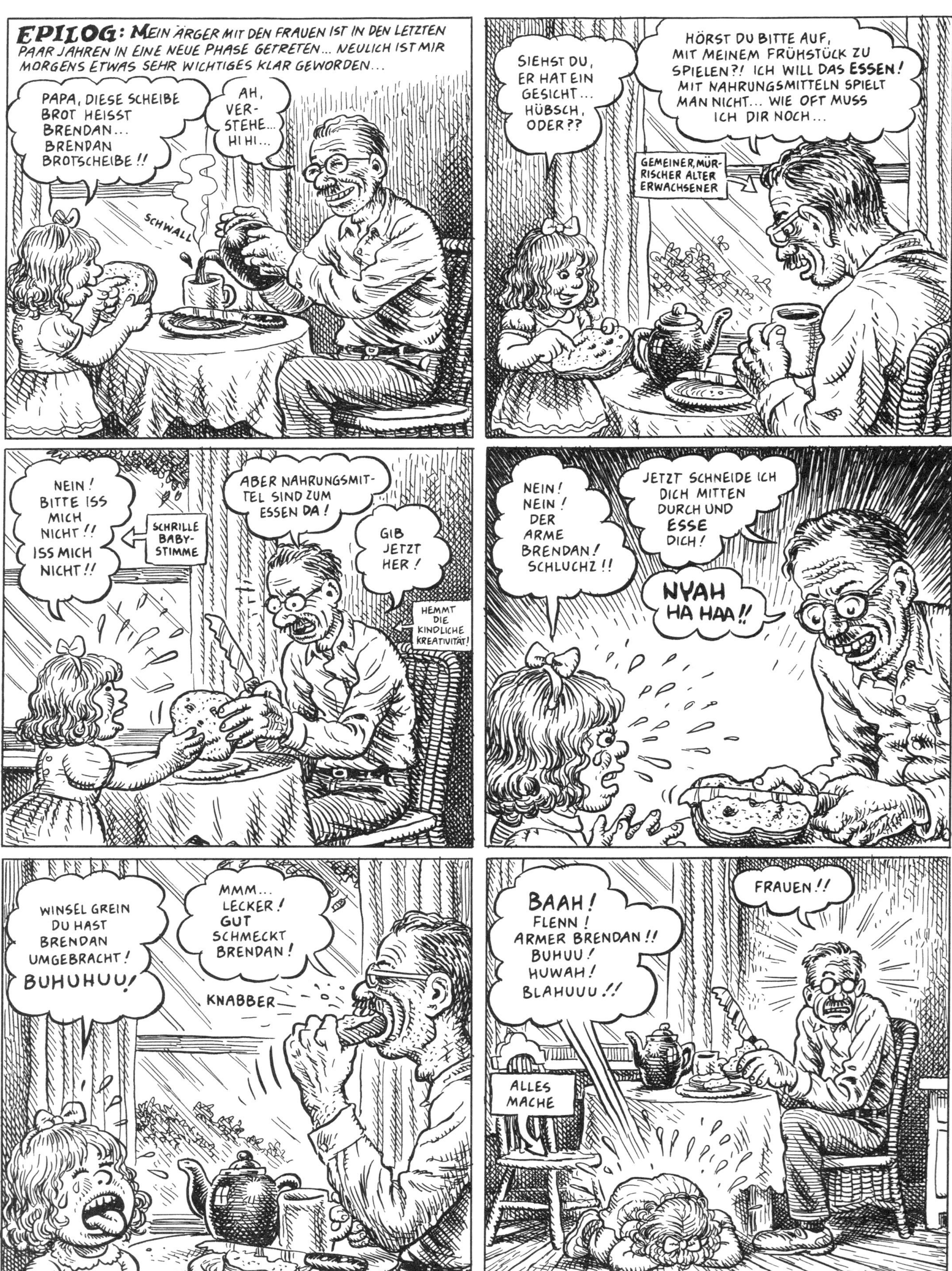
EPILOG: MEIN ÄRGER MIT DEN FRAUEN IST IN DEN LETZTEN PAAR JAHREN IN EINE NEUE PHASE GETRETEN... NEULICH IST MIR MORGENS ETWAS SEHR WICHTIGES KLAR GEWORDEN...
PAPA, DIESE SCHEIBE BROT HEISST BRENDAN... BRENDAN BROTSCHEIBE!!
AH, VERSTEHE... HI HI...
SCHWALL
SIEHST DU, ER HAT EIN GESICHT... HÜBSCH, ODER??
HÖRST DU BITTE AUF, MIT MEINEM FRÜHSTÜCK ZU SPIELEN?! ICH WILL DAS ESSEN! MIT NAHRUNGSMITTELN SPIELT MAN NICHT... WIE OFT MUSS ICH DIR NOCH...
GEMEINER, MÜRRISCHER ALTER ERWACHSENER
NEIN! BITTE ISS MICH NICHT!! ISS MICH NICHT!!
SCHRILLE BABYSTIMME
ABER NAHRUNGSMITTEL SIND ZUM ESSEN DA!
GIB JETZT HER!
HEMMT DIE KINDLICHE KREATIVITÄT!
NEIN! NEIN! DER ARME BRENDAN! SCHLUCHZ!!
JETZT SCHNEIDE ICH DICH MITTEN DURCH UND ESSE DICH!
NYAH HA HAA!!
WINSEL GREIN DU HAST BRENDAN UMGEBRACHT! BUHUHUU!
MMM... LECKER! GUT SCHMECKT BRENDAN!
KNABBER
BAAH! FLENN! ARMER BRENDAN!! BUHUU! HUWAH! BLAHUUU!!
FRAUEN!!
ALLES MACHE

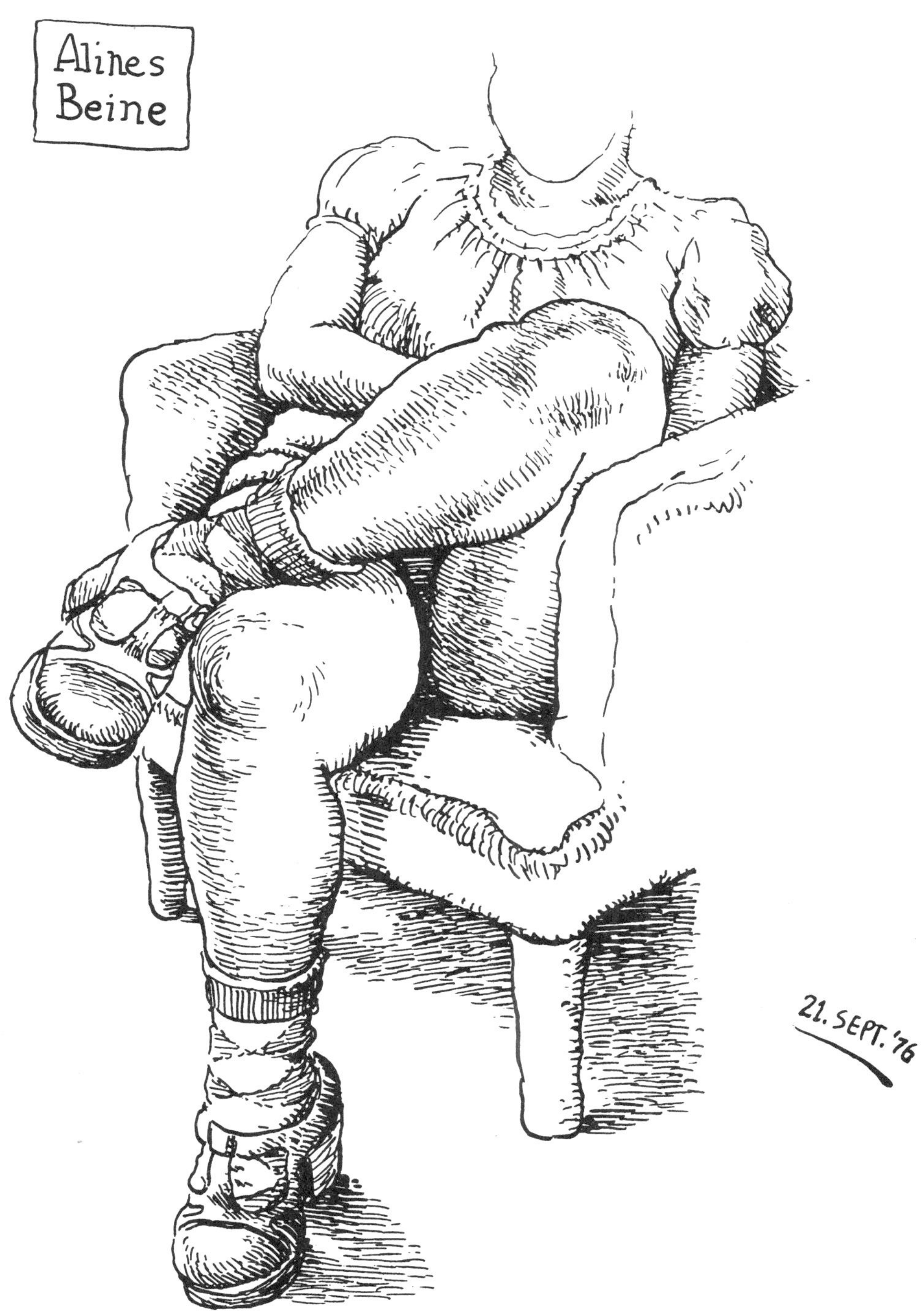
Alines
Beine
21. SEPT. '76

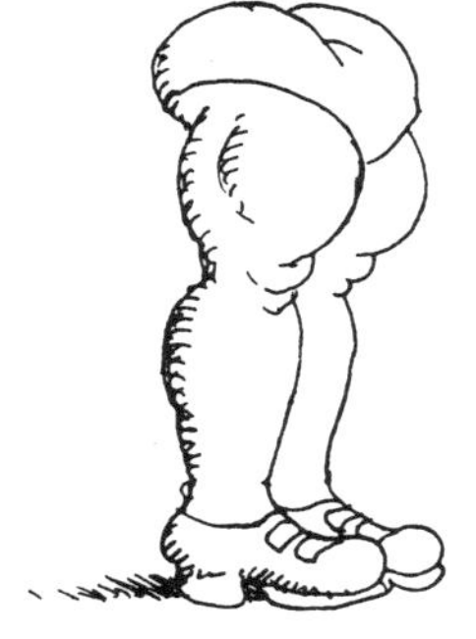

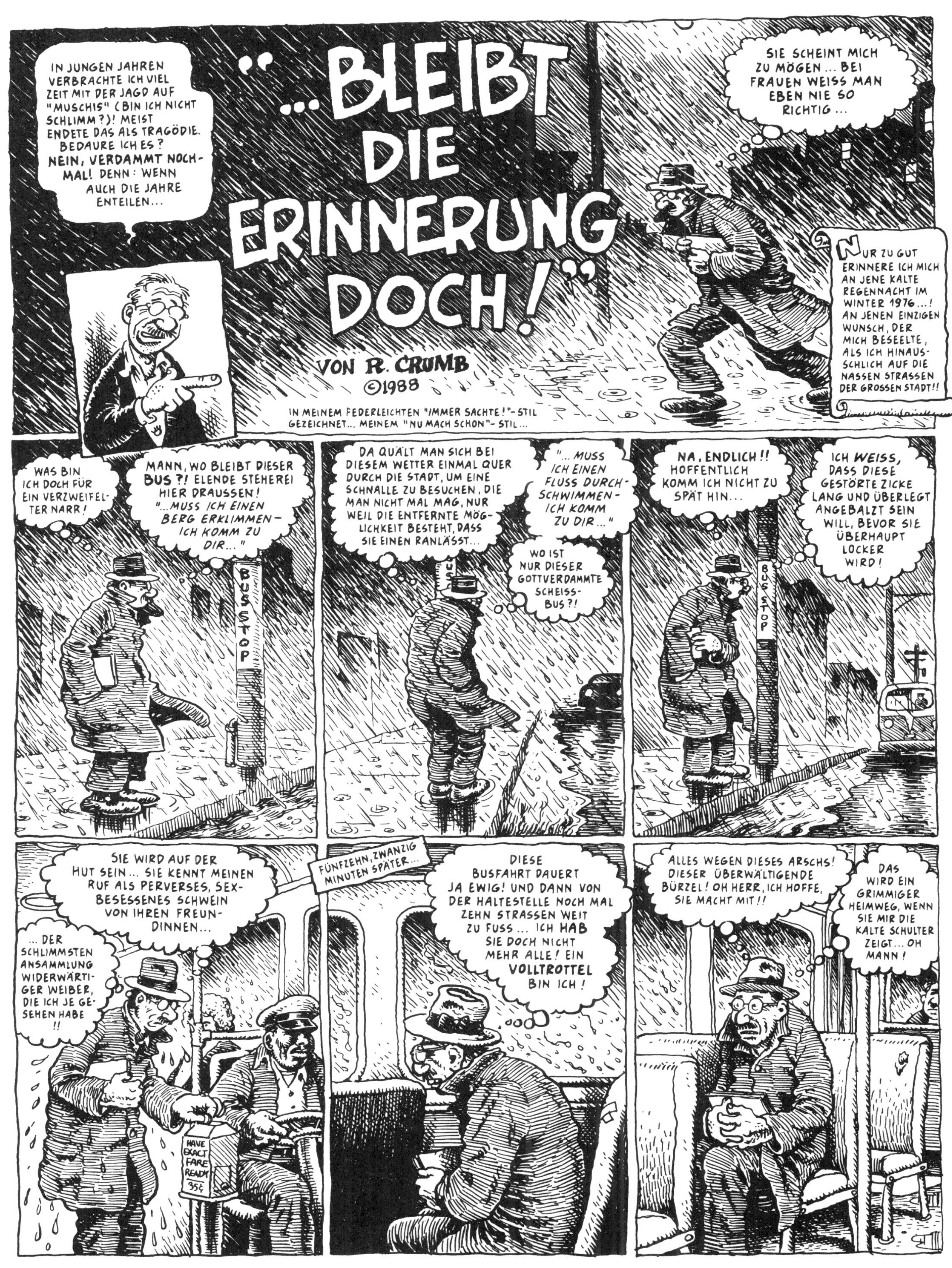
IN JUNGEN JAHREN VERBRACHTE ICH VIEL ZEIT MIT DER JAGD AUF "MUSCHIS" (BIN ICH NICHT SCHLIMM?)! MEIST ENDETE DAS ALS TRAGÖDIE. BEDAURE ICH ES? NEIN, VERDAMMT NOCHMAL! DENN: WENN AUCH DIE JAHRE ENTEILEN…
"…BLEIBT DIE ERINNERUNG DOCH!"
VON R. CRUMB ©1988
IN MEINEM FEDERLEICHTEN "IMMER SACHTE!"-STIL GEZEICHNET… MEINEM "NU MACH SCHON"-STIL…
SIE SCHEINT MICH ZU MÖGEN… BEI FRAUEN WEISS MAN EBEN NIE SO RICHTIG…
NUR ZU GUT ERINNERE ICH MICH AN JENE KALTE REGENNACHT IM WINTER 1976…! AN JENEN EINZIGEN WUNSCH, DER MICH BESEELTE, ALS ICH HINAUSSCHLICH AUF DIE NASSEN STRASSEN DER GROSSEN STADT!!
WAS BIN ICH DOCH FÜR EIN VERZWEIFELTER NARR!
MANN, WO BLEIBT DIESER BUS?! ELENDE STEHEREI HIER DRAUSSEN! "…MUSS ICH EINEN BERG ERKLIMMEN - ICH KOMM ZU DIR…"
BUS STOP
DA QUÄLT MAN SICH BEI DIESEM WETTER EINMAL QUER DURCH DIE STADT, UM EINE SCHNALLE ZU BESUCHEN, DIE MAN NICHT MAL MAG, NUR WEIL DIE ENTFERNTE MÖGLICHKEIT BESTEHT, DASS SIE EINEN RANLÄSST…
"…MUSS ICH EINEN FLUSS DURCHSCHWIMMEN - ICH KOMM ZU DIR…"
WO IST NUR DIESER GOTTVERDAMMTE SCHEISS-BUS?!
NA, ENDLICH!! HOFFENTLICH KOMM ICH NICHT ZU SPÄT HIN…
ICH WEISS, DASS DIESE GESTÖRTE ZICKE LANG UND ÜBERLEGT ANGEBALZT SEIN WILL, BEVOR SIE ÜBERHAUPT LOCKER WIRD!
BUS STOP
SIE WIRD AUF DER HUT SEIN… SIE KENNT MEINEN RUF ALS PERVERSES, SEXBESESSENES SCHWEIN VON IHREN FREUNDINNEN…
…DER SCHLIMMSTEN ANSAMMLUNG WIDERWÄRTIGER WEIBER, DIE ICH JE GESEHEN HABE!!
HAVE EXACT FARE READY 35¢
FÜNFZEHN, ZWANZIG MINUTEN SPÄTER…
DIESE BUSFAHRT DAUERT JA EWIG! UND DANN VON DER HALTESTELLE NOCH MAL ZEHN STRASSEN WEIT ZU FUSS… ICH HAB SIE DOCH NICHT MEHR ALLE! EIN VOLLTROTTEL BIN ICH!
ALLES WEGEN DIESES ARSCHS! DIESER ÜBERWÄLTIGENDE BÜRZEL! OH HERR, ICH HOFFE, SIE MACHT MIT!!
DAS WIRD EIN GRIMMIGER HEIMWEG, WENN SIE MIR DIE KALTE SCHULTER ZEIGT… OH MANN!

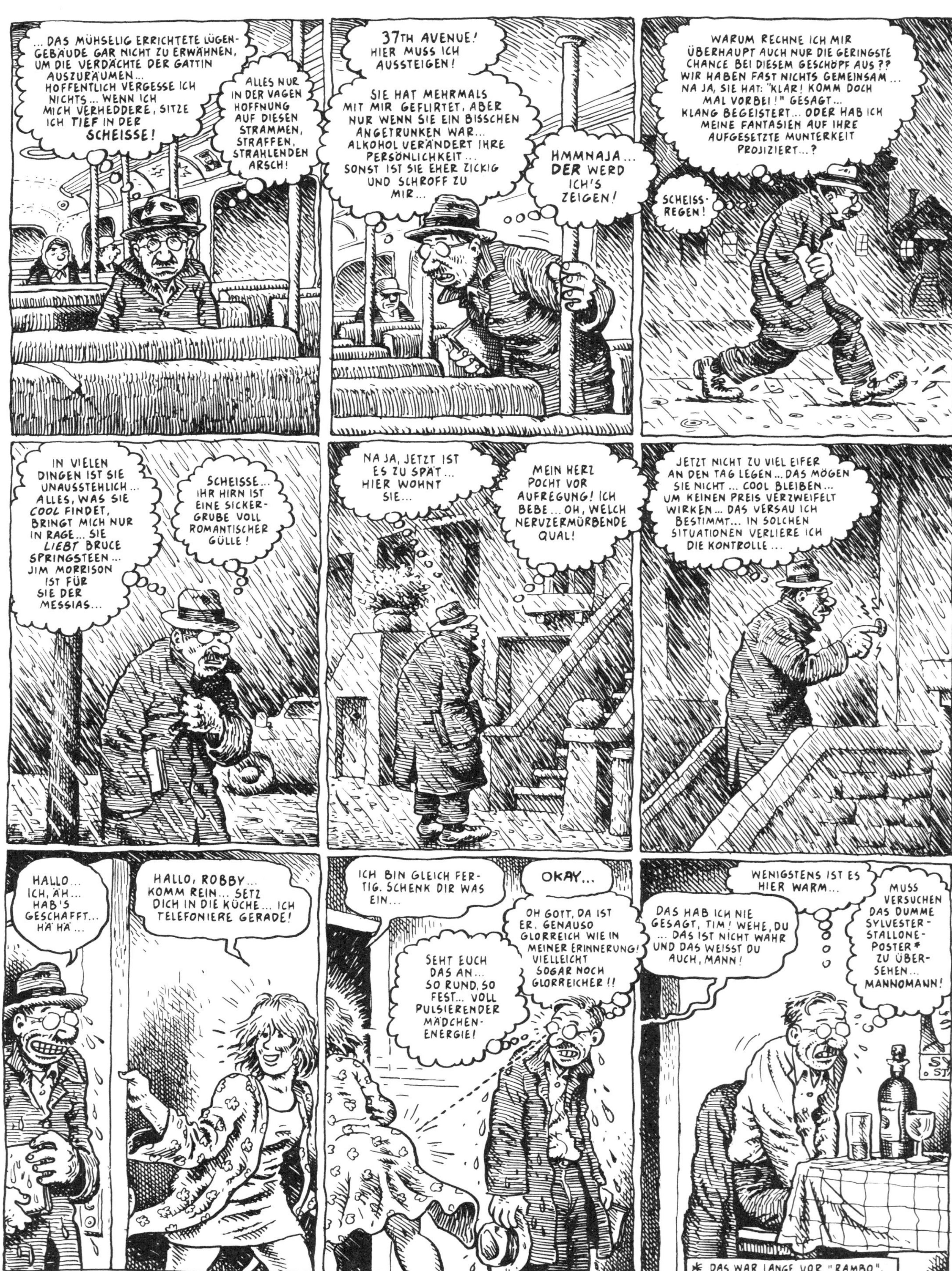
... DAS MÜHSELIG ERRICHTETE LÜGENGEBÄUDE GAR NICHT ZU ERWÄHNEN, UM DIE VERDÄCHTE DER GATTIN AUSZURÄUMEN... HOFFENTLICH VERGESSE ICH NICHTS... WENN ICH MICH VERHEDDERE, SITZE ICH TIEF IN DER SCHEISSE!
ALLES NUR IN DER VAGEN HOFFNUNG AUF DIESEN STRAMMEN, STRAFFEN, STRAHLENDEN ARSCH!
37TH AVENUE! HIER MUSS ICH AUSSTEIGEN!
SIE HAT MEHRMALS MIT MIR GEFLIRTET, ABER NUR WENN SIE EIN BISSCHEN ANGETRUNKEN WAR... ALKOHOL VERÄNDERT IHRE PERSÖNLICHKEIT... SONST IST SIE EHER ZICKIG UND SCHROFF ZU MIR...
HMMNAJA... DER WERD ICH'S ZEIGEN!
WARUM RECHNE ICH MIR ÜBERHAUPT AUCH NUR DIE GERINGSTE CHANCE BEI DIESEM GESCHÖPF AUS?? WIR HABEN FAST NICHTS GEMEINSAM... NA JA, SIE HAT: "KLAR! KOMM DOCH MAL VORBEI!" GESAGT... KLANG BEGEISTERT... ODER HAB ICH MEINE FANTASIEN AUF IHRE AUFGESETZTE MUNTERKEIT PROJIZIERT...?
SCHEISSREGEN!
IN VIELEN DINGEN IST SIE UNAUSSTEHLICH... ALLES, WAS SIE COOL FINDET, BRINGT MICH NUR IN RAGE... SIE LIEBT BRUCE SPRINGSTEEN... JIM MORRISON IST FÜR SIE DER MESSIAS...
SCHEISSE... IHR HIRN IST EINE SICKERGRUBE VOLL ROMANTISCHER GÜLLE!
NA JA, JETZT IST ES ZU SPÄT... HIER WOHNT SIE...
MEIN HERZ POCHT VOR AUFREGUNG! ICH BEBE... OH, WELCH NERVZERMÜRBENDE QUAL!
JETZT NICHT ZU VIEL EIFER AN DEN TAG LEGEN... DAS MÖGEN SIE NICHT... COOL BLEIBEN... UM KEINEN PREIS VERZWEIFELT WIRKEN... DAS VERSAU ICH BESTIMMT... IN SOLCHEN SITUATIONEN VERLIERE ICH DIE KONTROLLE...
HALLO... ICH, ÄH... HAB'S GESCHAFFT... HÄ HÄ...
HALLO, ROBBY... KOMM REIN... SETZ DICH IN DIE KÜCHE... ICH TELEFONIERE GERADE!
ICH BIN GLEICH FERTIG. SCHENK DIR WAS EIN...
OKAY...
OH GOTT, DA IST ER. GENAUSO GLORREICH WIE IN MEINER ERINNERUNG! VIELLEICHT SOGAR NOCH GLORREICHER!!
SEHT EUCH DAS AN... SO RUND, SO FEST... VOLL PULSIERENDER MÄDCHENENERGIE!
WENIGSTENS IST ES HIER WARM...
DAS HAB ICH NIE GESAGT, TIM! WEHE, DU ... DAS IST NICHT WAHR UND DAS WEISST DU AUCH, MANN!
MUSS VERSUCHEN DAS DUMME SYLVESTER-STALLONE-POSTER* ZU ÜBERSEHEN... MANNOMANN!
* DAS WAR LANGE VOR "RAMBO".

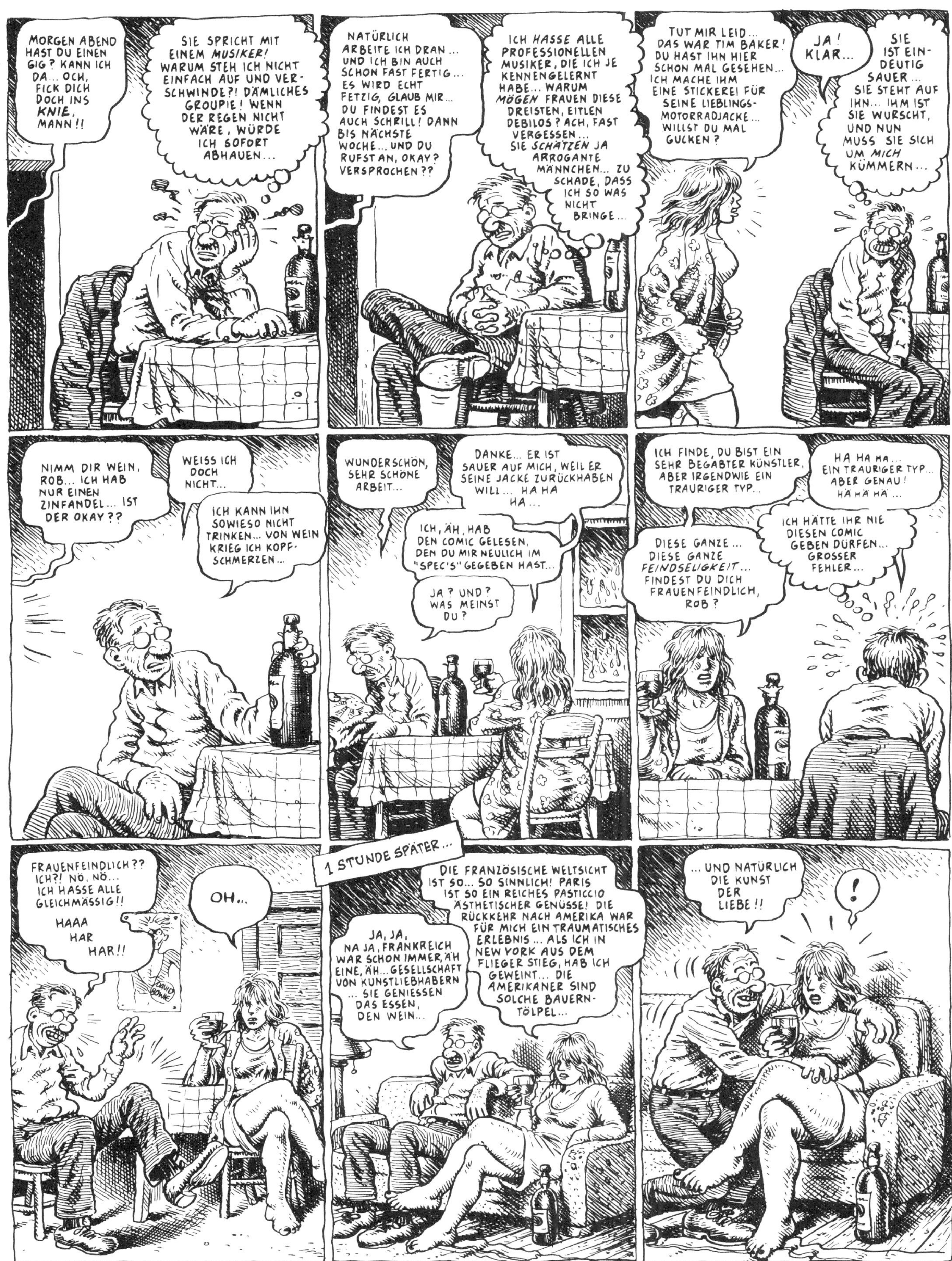
MORGEN ABEND HAST DU EINEN GIG? KANN ICH DA... OCH, FICK DICH DOCH INS KNIE, MANN!!
SIE SPRICHT MIT EINEM MUSIKER! WARUM STEH ICH NICHT EINFACH AUF UND VERSCHWINDE?! DÄMLICHES GROUPIE! WENN DER REGEN NICHT WÄRE, WÜRDE ICH SOFORT ABHAUEN...
NATÜRLICH ARBEITE ICH DRAN... UND ICH BIN AUCH SCHON FAST FERTIG... ES WIRD ECHT FETZIG, GLAUB MIR... DU FINDEST ES AUCH SCHRILL! DANN BIS NÄCHSTE WOCHE... UND DU RUFST AN, OKAY? VERSPROCHEN??
ICH HASSE ALLE PROFESSIONELLEN MUSIKER, DIE ICH JE KENNENGELERNT HABE... WARUM MÖGEN FRAUEN DIESE DREISTEN, EITLEN DEBILOS? ACH, FAST VERGESSEN... SIE SCHÄTZEN JA ARROGANTE MÄNNCHEN... ZU SCHADE, DASS ICH SO WAS NICHT BRINGE...
TUT MIR LEID... DAS WAR TIM BAKER! DU HAST IHN HIER SCHON MAL GESEHEN... ICH MACHE IHM EINE STICKEREI FÜR SEINE LIEBLINGS-MOTORRADJACKE... WILLST DU MAL GUCKEN?
JA! KLAR...
SIE IST EINDEUTIG SAUER... SIE STEHT AUF IHN... IHM IST SIE WURSCHT, UND NUN MUSS SIE SICH UM MICH KÜMMERN...
NIMM DIR WEIN, ROB... ICH HAB NUR EINEN ZINFANDEL... IST DER OKAY??
WEISS ICH DOCH NICHT...
ICH KANN IHN SOWIESO NICHT TRINKEN... VON WEIN KRIEG ICH KOPFSCHMERZEN...
WUNDERSCHÖN, SEHR SCHÖNE ARBEIT...
DANKE... ER IST SAUER AUF MICH, WEIL ER SEINE JACKE ZURÜCKHABEN WILL... HA HA HA...
ICH, ÄH, HAB DEN COMIC GELESEN, DEN DU MIR NEULICH IM "SPEC'S" GEGEBEN HAST...
JA? UND? WAS MEINST DU?
ICH FINDE, DU BIST EIN SEHR BEGABTER KÜNSTLER, ABER IRGENDWIE EIN TRAURIGER TYP...
HA HA HA... EIN TRAURIGER TYP... ABER GENAU! HÄ HÄ HÄ...
DIESE GANZE... DIESE GANZE FEINDSELIGKEIT... FINDEST DU DICH FRAUENFEINDLICH, ROB?
ICH HÄTTE IHR NIE DIESEN COMIC GEBEN DÜRFEN... GROSSER FEHLER...
FRAUENFEINDLICH?? ICH?! NÖ, NÖ... ICH HASSE ALLE GLEICHMÄSSIG!! HAAA HAR HAR!!
OH...
DAVID BOWIE
1 STUNDE SPÄTER...
JA, JA, NA JA, FRANKREICH WAR SCHON IMMER, ÄH EINE, ÄH, GESELLSCHAFT VON KUNSTLIEBHABERN... SIE GENIESSEN DAS ESSEN, DEN WEIN...
DIE FRANZÖSISCHE WELTSICHT IST SO... SO SINNLICH! PARIS IST SO EIN REICHES PASTICCIO ÄSTHETISCHER GENÜSSE! DIE RÜCKKEHR NACH AMERIKA WAR FÜR MICH EIN TRAUMATISCHES ERLEBNIS... ALS ICH IN NEW YORK AUS DEM FLIEGER STIEG, HAB ICH GEWEINT... DIE AMERIKANER SIND SOLCHE BAUERNTÖLPEL...
... UND NATÜRLICH DIE KUNST DER LIEBE!!
!

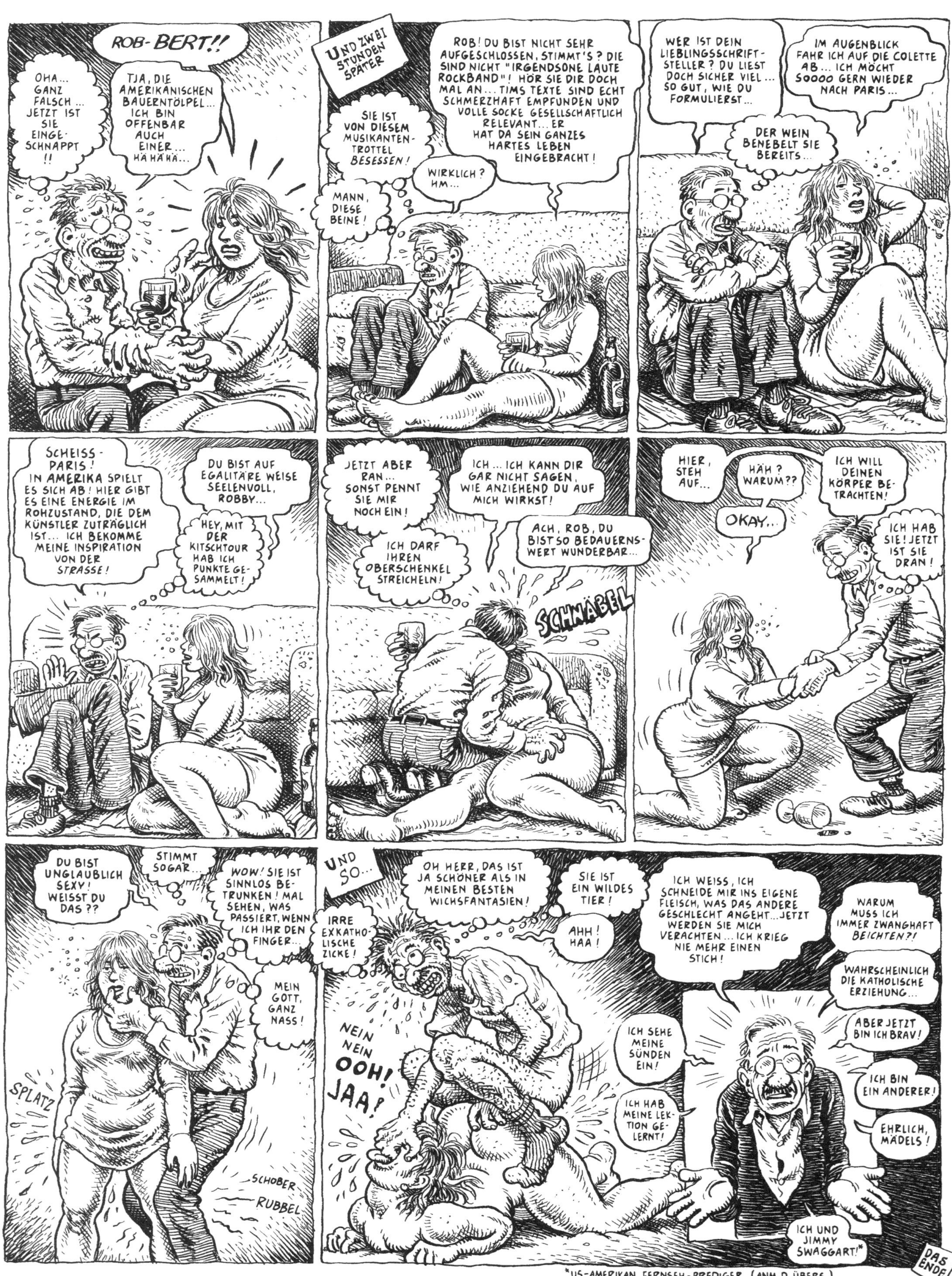
ROB-BERT!!
OHA... GANZ FALSCH ... JETZT IST SIE EINGE-SCHNAPPT !!
TJA, DIE AMERIKANISCHEN BAUERNTÖLPEL... ICH BIN OFFENBAR AUCH EINER... HÄ HÄ HÄ...
UND ZWEI STUNDEN SPÄTER
ROB! DU BIST NICHT SEHR AUFGESCHLOSSEN, STIMMT'S? DIE SIND NICHT "IRGENDSONE LAUTE ROCKBAND"! HÖR SIE DIR DOCH MAL AN... TIMS TEXTE SIND ECHT SCHMERZHAFT EMPFUNDEN UND VOLLE SOCKE GESELLSCHAFTLICH RELEVANT... ER HAT DA SEIN GANZES HARTES LEBEN EINGEBRACHT!
SIE IST VON DIESEM MUSIKANTEN-TROTTEL BESESSEN!
WIRKLICH? HM...
MANN, DIESE BEINE!
WER IST DEIN LIEBLINGSSCHRIFT-STELLER? DU LIEST DOCH SICHER VIEL... SO GUT, WIE DU FORMULIERST...
IM AUGENBLICK FAHR ICH AUF DIE COLETTE AB... ICH MÖCHT SOOOO GERN WIEDER NACH PARIS...
DER WEIN BENEBELT SIE BEREITS...
SCHEISS-PARIS! IN AMERIKA SPIELT ES SICH AB! HIER GIBT ES EINE ENERGIE IM ROHZUSTAND, DIE DEM KÜNSTLER ZUTRÄGLICH IST... ICH BEKOMME MEINE INSPIRATION VON DER STRASSE!
DU BIST AUF EGALITÄRE WEISE SEELENVOLL, ROBBY...
HEY, MIT DER KITSCHTOUR HAB ICH PUNKTE GE-SAMMELT!
JETZT ABER RAN... SONST PENNT SIE MIR NOCH EIN!
ICH... ICH KANN DIR GAR NICHT SAGEN, WIE ANZIEHEND DU AUF MICH WIRKST!
ICH DARF IHREN OBERSCHENKEL STREICHELN!
ACH, ROB, DU BIST SO BEDAUERNS-WERT WUNDERBAR...
SCHNÄBEL
HIER, STEH AUF...
HÄH? WARUM??
ICH WILL DEINEN KÖRPER BE-TRACHTEN!
OKAY...
ICH HAB SIE! JETZT IST SIE DRAN!
DU BIST UNGLAUBLICH SEXY! WEISST DU DAS??
STIMMT SOGAR...
WOW! SIE IST SINNLOS BE-TRUNKEN! MAL SEHEN, WAS PASSIERT, WENN ICH IHR DEN FINGER...
MEIN GOTT, GANZ NASS!
SPLATZ
SCHOBER
RUBBEL
UND SO...
OH HERR, DAS IST JA SCHÖNER ALS IN MEINEN BESTEN WICHSFANTASIEN!
IRRE EXKATHO-LISCHE ZICKE!
SIE IST EIN WILDES TIER!
AHH! HAA!
NEIN NEIN OOH! JAA!
ICH WEISS, ICH SCHNEIDE MIR INS EIGENE FLEISCH, WAS DAS ANDERE GESCHLECHT ANGEHT... JETZT WERDEN SIE MICH VERACHTEN... ICH KRIEG NIE MEHR EINEN STICH!
WARUM MUSS ICH IMMER ZWANGHAFT BEICHTEN?!
WAHRSCHEINLICH DIE KATHOLISCHE ERZIEHUNG...
ICH SEHE MEINE SÜNDEN EIN!
ABER JETZT BIN ICH BRAV!
ICH BIN EIN ANDERER!
ICH HAB MEINE LEK-TION GE-LERNT!
EHRLICH, MÄDELS!
ICH UND JIMMY SWAGGART!*
DAS ENDE
*US-AMERIKAN. FERNSEH-PREDIGER (ANM. D. ÜBERS.)

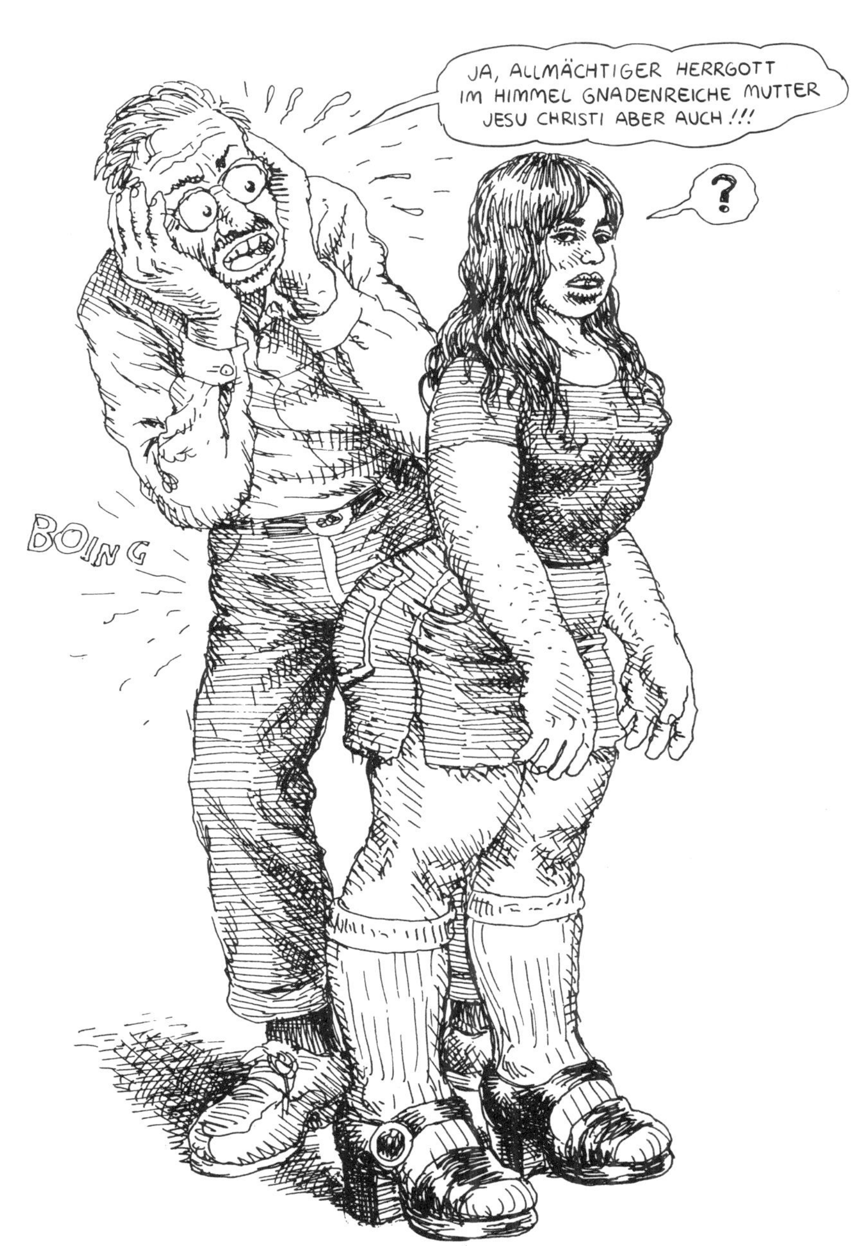
JA, ALLMÄCHTIGER HERRGOTT
IM HIMMEL GNADENREICHE MUTTER
JESU CHRISTI ABER AUCH !!!
?
BOING

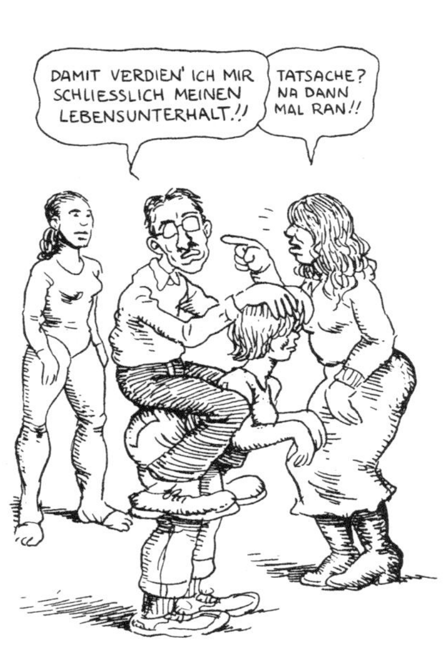
DAMIT VERDIEN' ICH MIR SCHLIESSLICH MEINEN LEBENSUNTERHALT!!
TATSACHE? NA DANN MAL RAN!!

MAN KANN SIE NICHT ALLE HABEN

HERAUSRAGENDE EXEMPLARE, DIE ICH GESEHEN HABE

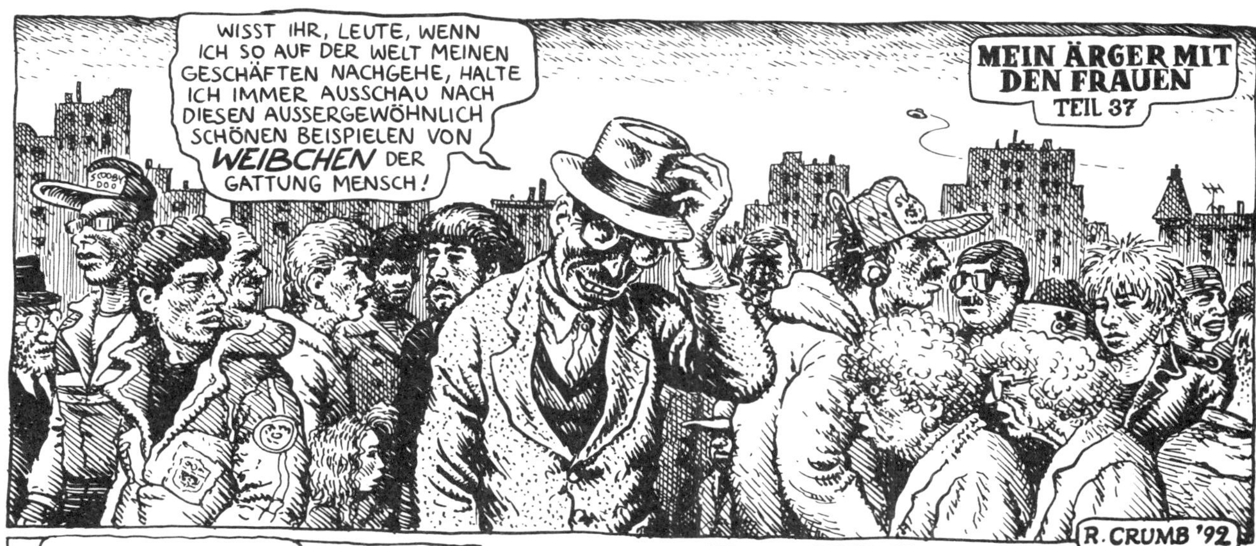

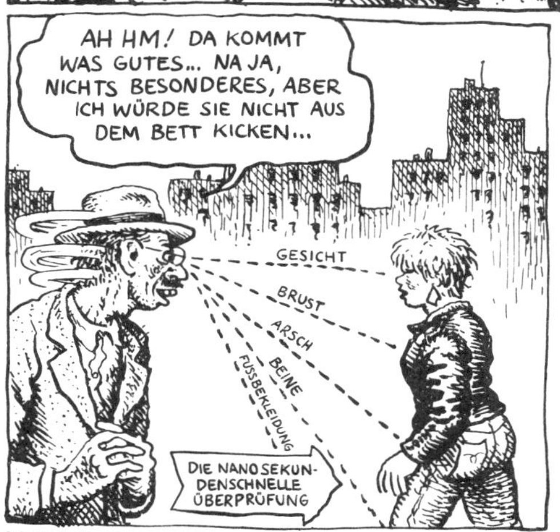

'S WÄRE UNENDLICH VIEL WEISER, WENN MAN DIE ANWESENHEIT ATTRAKTIVER FRAUEN AUF DER STRASSE **IGNORIEREN** KÖNNTE... "ER SPÜRTE DEN ZERREISSENDEN SCHMERZ GRENZENLOSER BEGIERDE." —WILLIAM BURROUGHS ER SAGTE DAS ÜBER JUNGS, ABER ES IST DIE GLEICHE EINGEPFERCHTE ANIMALISCHE WOLLUST.

MANCHMAL SEHE ICH EINE FRAU, DIE EIN SOLCHES BEGEHREN ERWECKT, DASS IHR BILD "IN MEINE SINNE SCHNEIDET WIE EINE DRAHTPEITSCHE." (– WIEDER BURROUGHS)

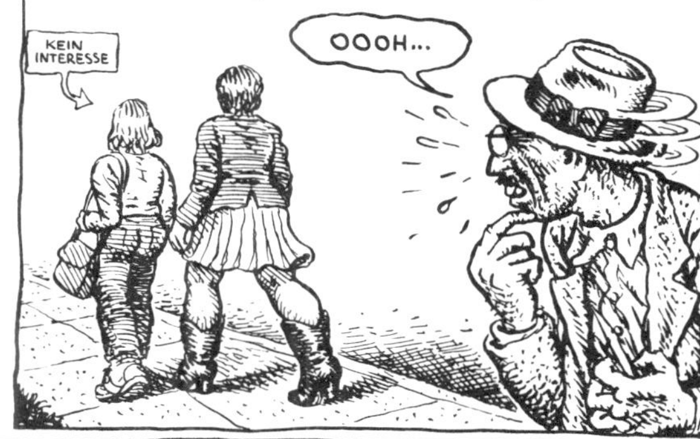

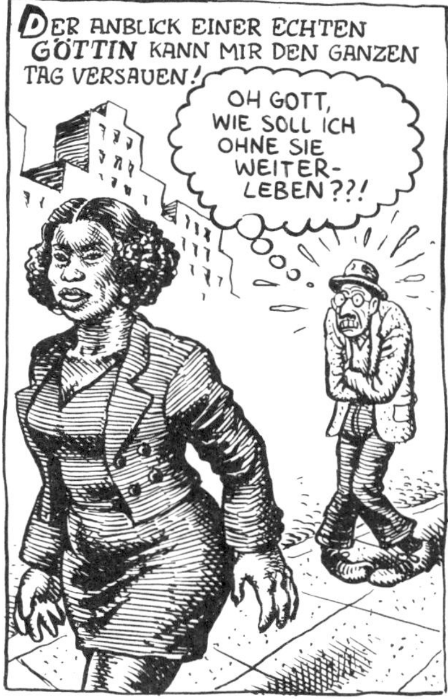

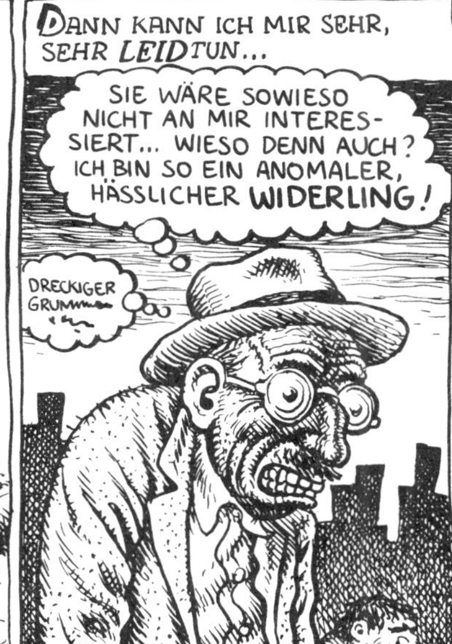

ABER NICHTS ZU MACHEN... DAS VERHALTENSMUSTER IST AUTOMATISCH... **PAWLOWSK**... ICH **GUCKE**, ICH SEHE, ICH **GIERE**... HAT KEINEN ZWECK, AN AUFHÖREN ZU DENKEN... "WÜRD JA WOLLEN, WENN ICH KÖNNT'." (ALTES LIED)

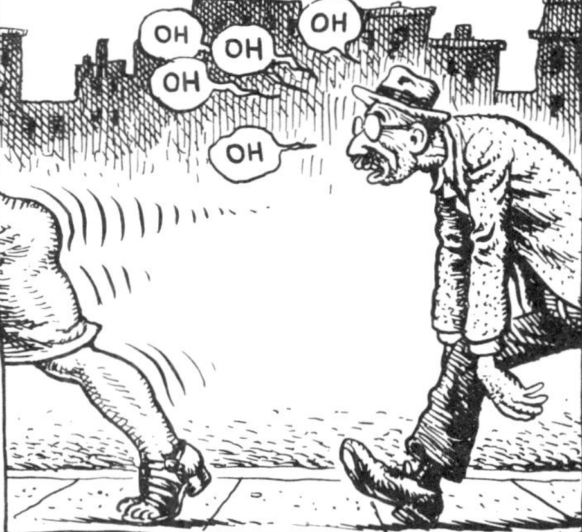

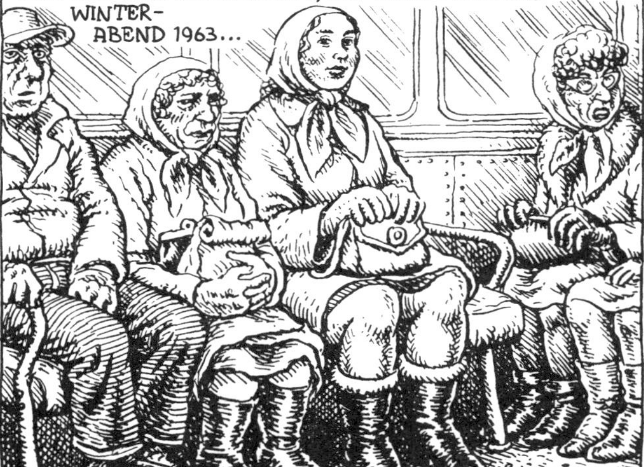
FRAUEN, DIE ICH NUR EIN PAAR KURZE AUGENBLICKE LANG – SEKUNDEN LANG NUR – VOR ZEHN ODER ZWANZIG JAHREN GESEHEN HABE, RUFEN IMMER NOCH DIES GEFÜHL – DIESEN SCHMERZ – HERVOR. DAS JUNGE SLAWISCHE MÄDCHEN IM BUS IN CLEVELAND, AUF DEM WEG VON DER ARBEIT, AN EINEM DUNKLEN WINTER-ABEND 1963...

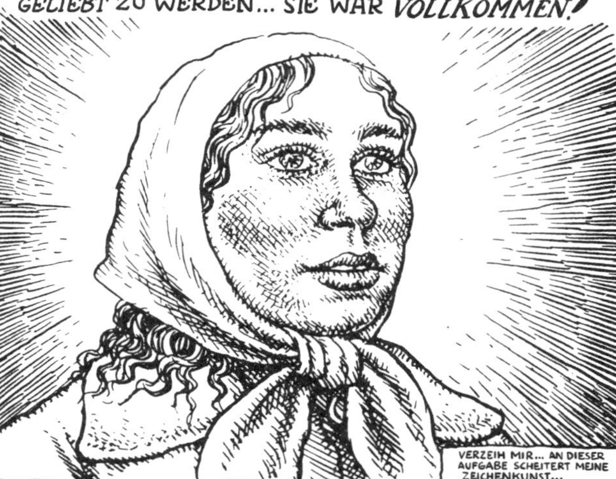
ICH SASS IHR GEGENÜBER, STARRTE SIE AN, BERÜCKT, MAGNETISIERT VON IHREM ENGELSGLEICHEN GESICHT, VOLL ROBUSTER GESUNDHEIT... SIE WAR PASSIV, NAHM NICHTS WAHR, WARTETE... BEREIT, GENOMMEN, HERGENOMMEN, DURCHGELIEBT ZU WERDEN... SIE WAR VOLLKOMMEN!
VERZEIH MIR... AN DIESER AUFGABE SCHEITERT MEINE ZEICHENKUNST...

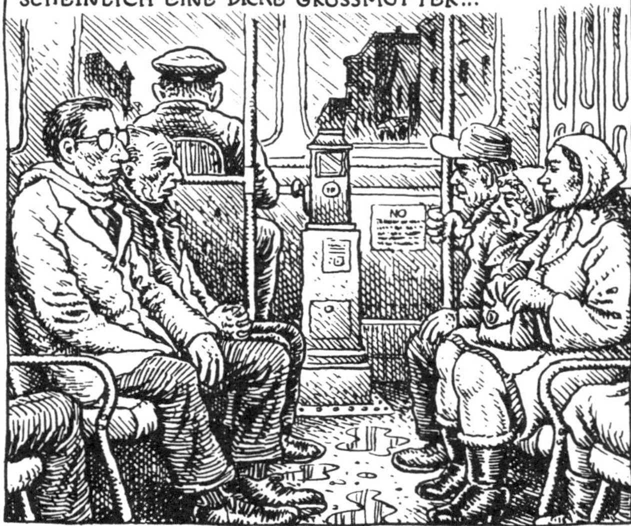
ICH WOLLTE SIE BITTEN, MICH ZU HEIRATEN, ABER NATÜRLICH SASS ICH NUR DA, GEFROSTET... SO NAH UND DOCH SO FERN... NA JA, INZWISCHEN IST SIE WAHRSCHEINLICH EINE DICKE GROSSMUTTER...

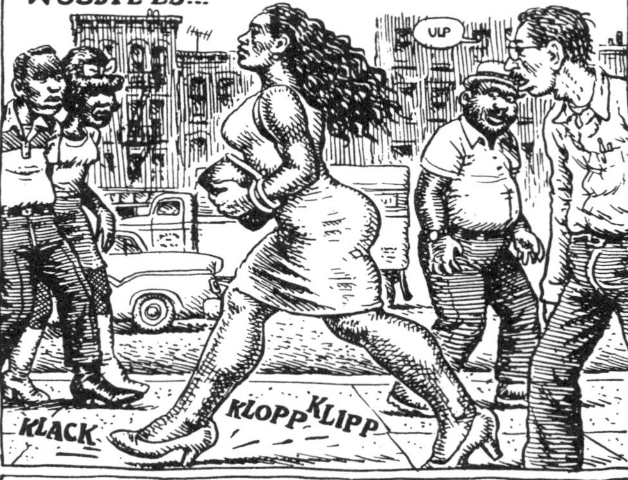
DAS ERSTAUNLICHE PUERTORIKANISCHE MÄDCHEN, DAS ICH AN EINEM WARMEN SOMMERABEND 1965 IN NEW YORK SAH... SIE WAR SEHR JUNG... 16, 17, 18... SIE ERSCHIEN WIE EINE VISION, SCHRITT KRAFTVOLL DIE AVENUE ENTLANG, BUCKTE STRAMM GERADEAUS, GROSS, HOCHNÄSIG... DIE WAR WAS... UND SIE WUSSTE ES...
ULP
KLACK
KLOPP
KLIPP

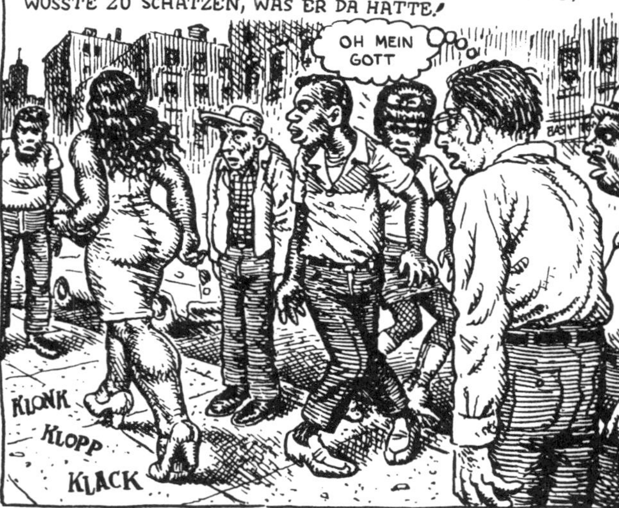
JEDER TYP AUF DER STRASSE GLOTZTE IN EHRFURCHT, ALS SIE VORÜBERSTOLZIERTE... UND DANN BOT SICH DAS UNVERGESSLICHE SCHAUSPIEL IHRES PRACHTVOLLEN ARSCHS IN BEWEGUNG... IHRE FEIN MUSKULIERTEN BEINE GAR NICHT ZU ERWÄHNEN! ICH HOFFE, DER GLÜCKSPILZ, DER DIE LIEBE DIESER PHYSISCH SO AUSSERGEWÖHNLICHEN FRAU ERRANG, WUSSTE ZU SCHÄTZEN, WAS ER DA HATTE!
OH MEIN GOTT
KLONK
KLOPP
KLACK

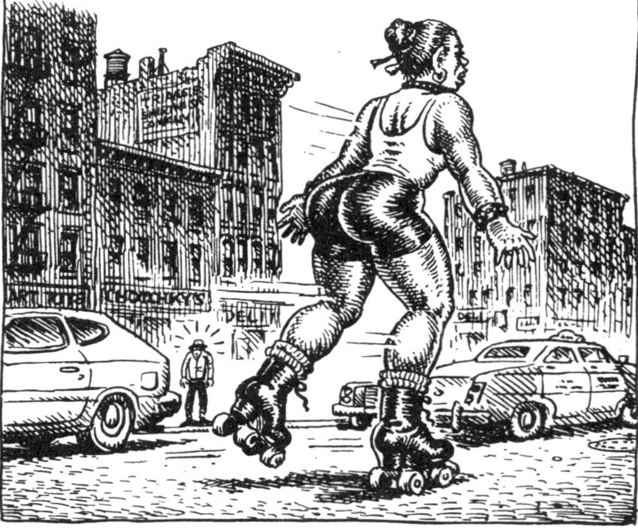
ICH HABE IN NEW YORK CITY VIELE WUNDERSCHÖNE PUERTORIKANISCHE FRAUEN GESEHEN... 1989 SAH ICH DIESE AMAZONE AUF ROLLSCHUHEN IN DER 8th STREET NAHE COOPER UNION... SIE WAR UNGLAUBLICH! ICH WÄRE GERN PER ANHALTER MITGEFAHREN!
DELI

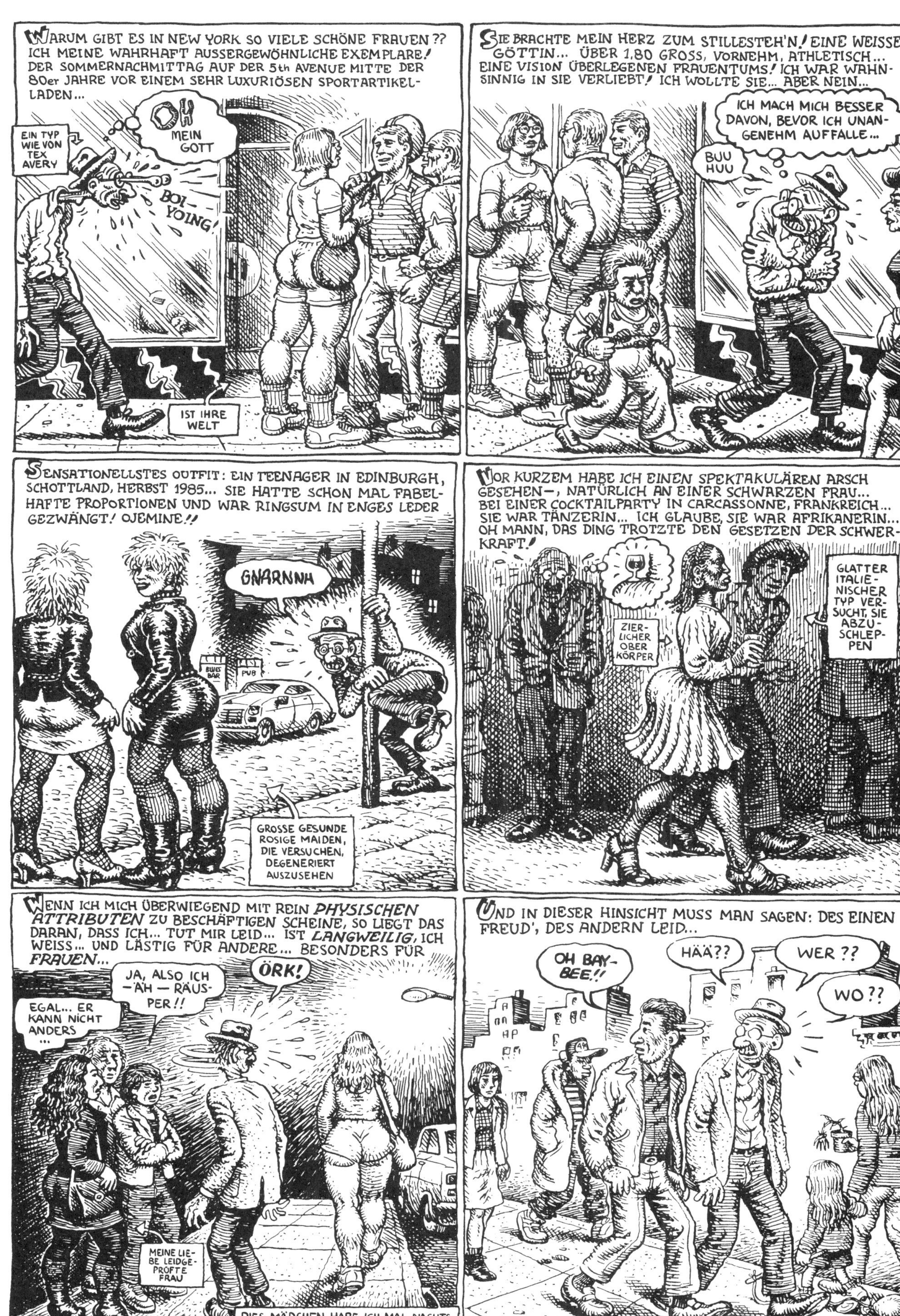
WARUM GIBT ES IN NEW YORK SO VIELE SCHÖNE FRAUEN?? ICH MEINE WAHRHAFT AUSSERGEWÖHNLICHE EXEMPLARE! DER SOMMERNACHMITTAG AUF DER 5th AVENUE MITTE DER 80er JAHRE VOR EINEM SEHR LUXURIÖSEN SPORTARTIKEL-LADEN...
EIN TYP WIE VON TEX AVERY
OH MEIN GOTT
BOI-YOING!
IST IHRE WELT
SIE BRACHTE MEIN HERZ ZUM STILLESTEH'N! EINE WEISSE GÖTTIN... ÜBER 1,80 GROSS, VORNEHM, ATHLETISCH... EINE VISION ÜBERLEGENEN FRAUENTUMS! ICH WAR WAHNSINNIG IN SIE VERLIEBT! ICH WOLLTE SIE... ABER NEIN...
ICH MACH MICH BESSER DAVON, BEVOR ICH UNANGENEHM AUFFALLE...
BUU HUU
SENSATIONELLSTES OUTFIT: EIN TEENAGER IN EDINBURGH, SCHOTTLAND, HERBST 1985... SIE HATTE SCHON MAL FABELHAFTE PROPORTIONEN UND WAR RINGSUM IN ENGES LEDER GEZWÄNGT! OJEMINE!!
GNARNNA
BLUES BAR
PUB
GROSSE GESUNDE ROSIGE MAIDEN, DIE VERSUCHEN, DEGENERIERT AUSZUSEHEN
VOR KURZEM HABE ICH EINEN SPEKTAKULÄREN ARSCH GESEHEN—, NATÜRLICH AN EINER SCHWARZEN FRAU... BEI EINER COCKTAILPARTY IN CARCASSONNE, FRANKREICH... SIE WAR TÄNZERIN... ICH GLAUBE, SIE WAR AFRIKANERIN... OH MANN, DAS DING TROTZTE DEN GESETZEN DER SCHWERKRAFT!
ZIERLICHER OBERKÖRPER
GLATTER ITALIENISCHER TYP VERSUCHT, SIE ABZUSCHLEPPEN
WENN ICH MICH ÜBERWIEGEND MIT REIN PHYSISCHEN ATTRIBUTEN ZU BESCHÄFTIGEN SCHEINE, SO LIEGT DAS DARAN, DASS ICH... TUT MIR LEID... IST LANGWEILIG, ICH WEISS... UND LÄSTIG FÜR ANDERE... BESONDERS FÜR FRAUEN...
EGAL... ER KANN NICHT ANDERS...
JA, ALSO ICH –ÄH – RÄUSPER!!
ÖRK!
MEINE LIEBE LEIDGEPRÜFTE FRAU
DIES MÄDCHEN HABE ICH MAL NACHTS IN DAVIS, KALIFORNIEN, GESEHEN.
UND IN DIESER HINSICHT MUSS MAN SAGEN: DES EINEN FREUD', DES ANDERN LEID...
OH BAY-BEE!!
HÄÄ??
WER??
WO??

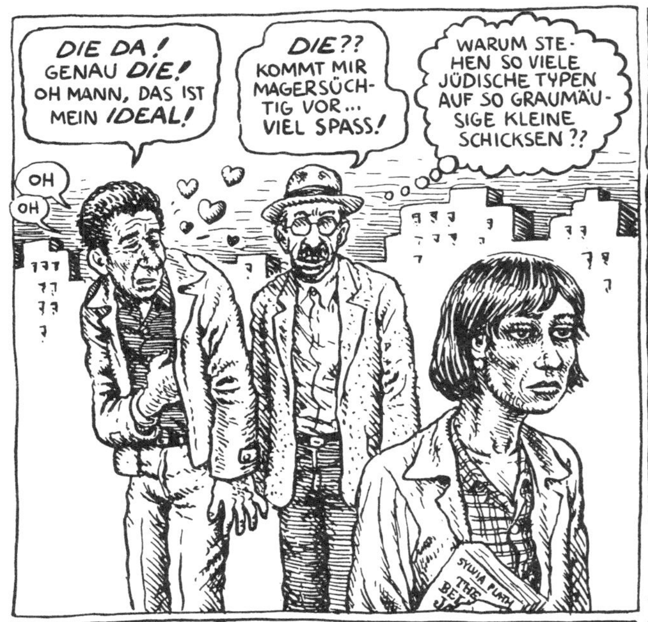
DIE DA! GENAU DIE! OH MANN, DAS IST MEIN IDEAL!
DIE?? KOMMT MIR MAGERSÜCHTIG VOR... VIEL SPASS!
WARUM STEHEN SO VIELE JÜDISCHE TYPEN AUF SO GRAUMÄUSIGE KLEINE SCHICKSEN??
OH
OH
SYLVIA PLATH

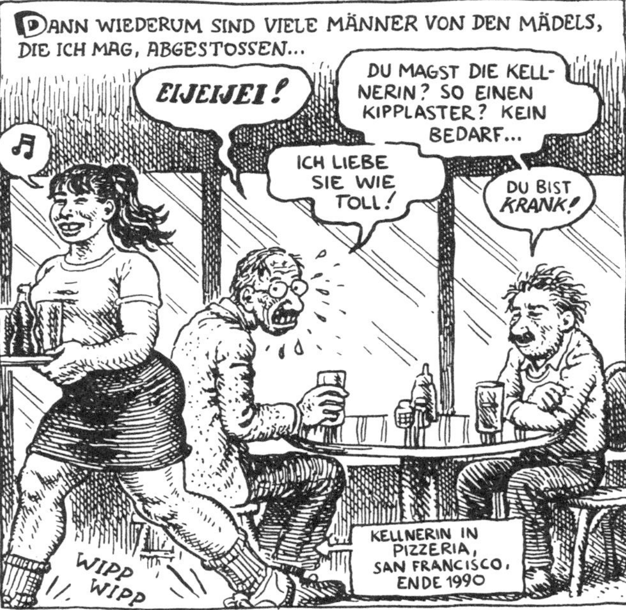
DANN WIEDERUM SIND VIELE MÄNNER VON DEN MÄDELS, DIE ICH MAG, ABGESTOSSEN...
EIJEIJEI!
DU MAGST DIE KELLNERIN? SO EINEN KIPPLASTER? KEIN BEDARF...
ICH LIEBE SIE WIE TOLL!
DU BIST KRANK!
KELLNERIN IN PIZZERIA, SAN FRANCISCO, ENDE 1990
WIPP WIPP

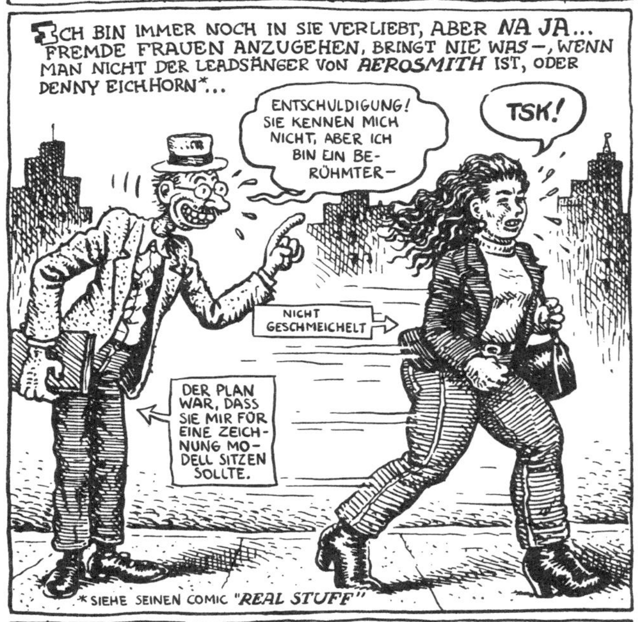
ICH BIN IMMER NOCH IN SIE VERLIEBT, ABER NA JA... FREMDE FRAUEN ANZUGEHEN, BRINGT NIE WAS—, WENN MAN NICHT DER LEADSÄNGER VON AEROSMITH IST, ODER DENNY EICHHORN*...
ENTSCHULDIGUNG! SIE KENNEN MICH NICHT, ABER ICH BIN EIN BERÜHMTER-
TSK!
NICHT GESCHMEICHELT
DER PLAN WAR, DASS SIE MIR FÜR EINE ZEICHNUNG MODELL SITZEN SOLLTE.
*SIEHE SEINEN COMIC "REAL STUFF"

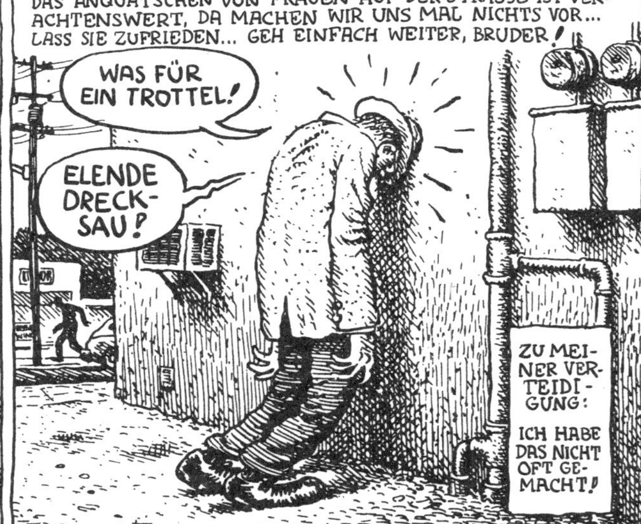
UND DANN GEHT ES EINEM NUR SCHLECHTER ALS JE ZUVOR... MAN WURDE NICHT NUR ZURÜCKGEWIESEN, SONDERN HAT SICH AUCH NOCH ZUR LANDPLAGE GEMACHT... DAS ANQUATSCHEN VON FRAUEN AUF DER STRASSE IST VERACHTENSWERT, DA MACHEN WIR UNS MAL NICHTS VOR... LASS SIE ZUFRIEDEN... GEH EINFACH WEITER, BRUDER!
WAS FÜR EIN TROTTEL!
ELENDE DRECKSAU!
ZU MEINER VERTEIDIGUNG: ICH HABE DAS NICHT OFT GEMACHT!

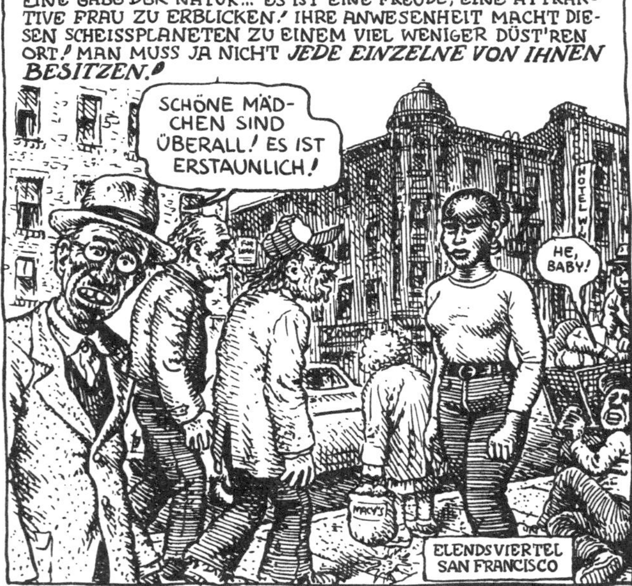
SEHEN SIE ES DOCH MAL SO: WEIBLICHE SCHÖNHEIT IST EINE GABE DER NATUR... ES IST EINE FREUDE, EINE ATTRAKTIVE FRAU ZU ERBLICKEN! IHRE ANWESENHEIT MACHT DIESEN SCHEISSPLANETEN ZU EINEM VIEL WENIGER DÜST'REN ORT! MAN MUSS JA NICHT JEDE EINZELNE VON IHNEN BESITZEN!
SCHÖNE MÄDCHEN SIND ÜBERALL! ES IST ERSTAUNLICH!
HE, BABY!
HOTEL
MACY'S
ELENDSVIERTEL SAN FRANCISCO

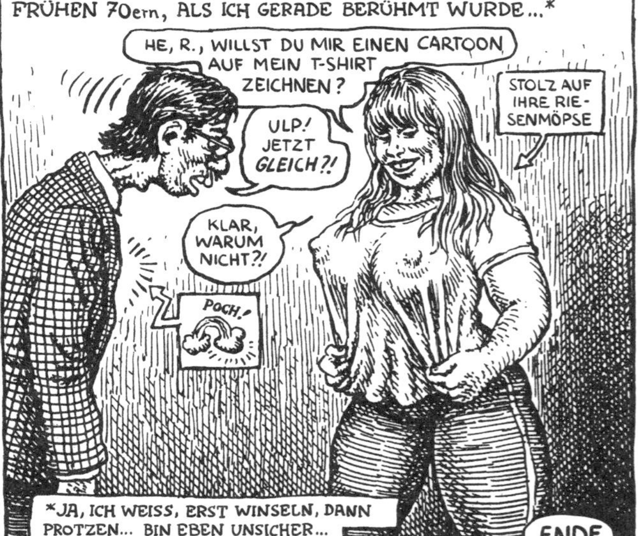
SOLANG MAN ÜBERHAUPT WAS ABKRIEGT! ICH PERSÖNLICH KANN NICHT KLAGEN... ICH HATTE MEIN VERGNÜGEN! ZUM BEISPIEL EINES DENKWÜRDIGEN TAGES IN DEN FRÜHEN 70ern, ALS ICH GERADE BERÜHMT WURDE...*
HE, R., WILLST DU MIR EINEN CARTOON AUF MEIN T-SHIRT ZEICHNEN?
STOLZ AUF IHRE RIESENMÖPSE
ULP! JETZT GLEICH?!
KLAR, WARUM NICHT?!
POCH!
*JA, ICH WEISS, ERST WINSELN, DANN PROTZEN... BIN EBEN UNSICHER...
ENDE

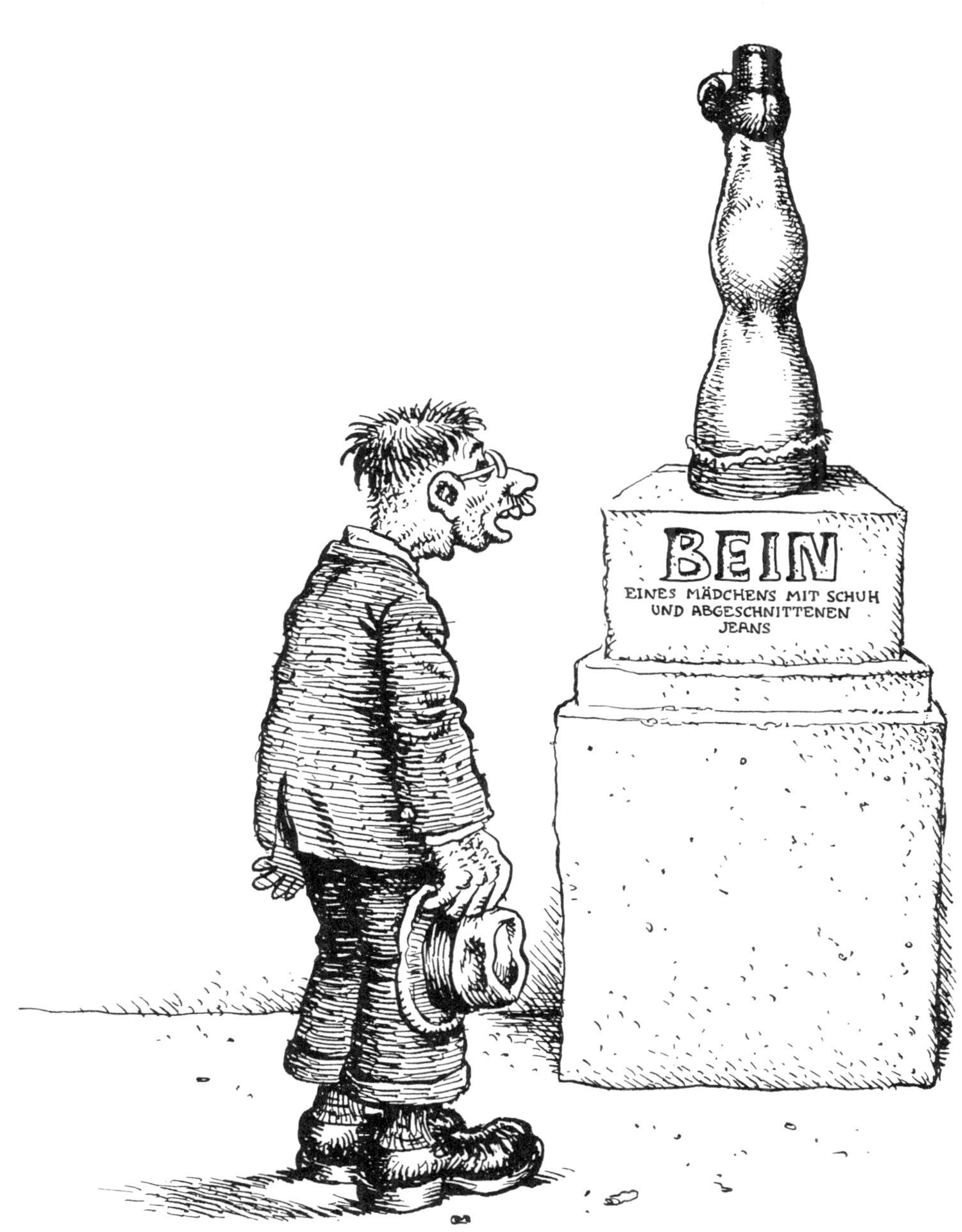
BEIN
EINES MÄDCHENS MIT SCHUH
UND ABGESCHNITTENEN
JEANS

R.CRUMBS IMMER WIEDERKEHRENDER TRAUM VOM FLIEGEN...

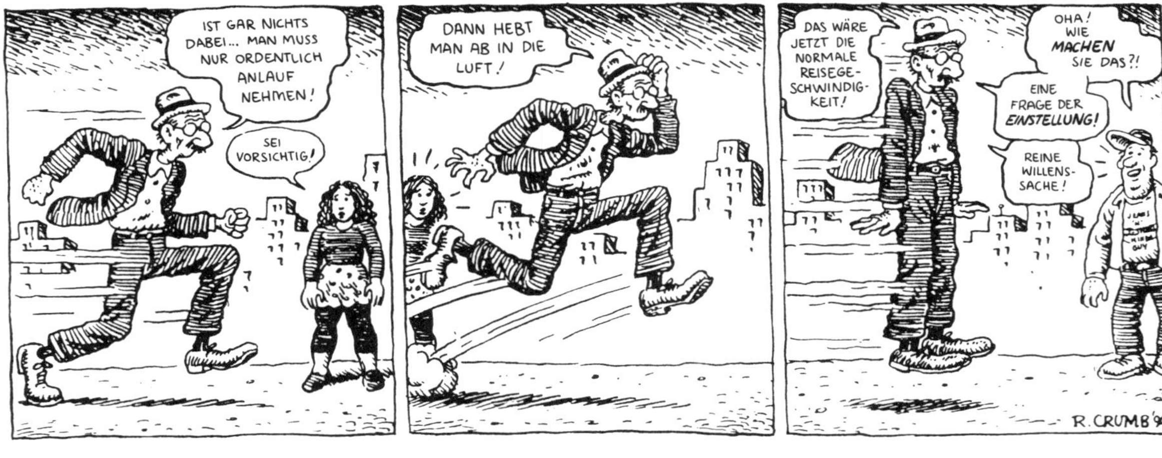

... NOCH MEHR BOCKIGE, INTROVERTIERTE COMICS... JA, ES WIRD ZEIT FÜR...

ONKEL BOBS MIDLIFE-CRISIS

von R.Crumbsle

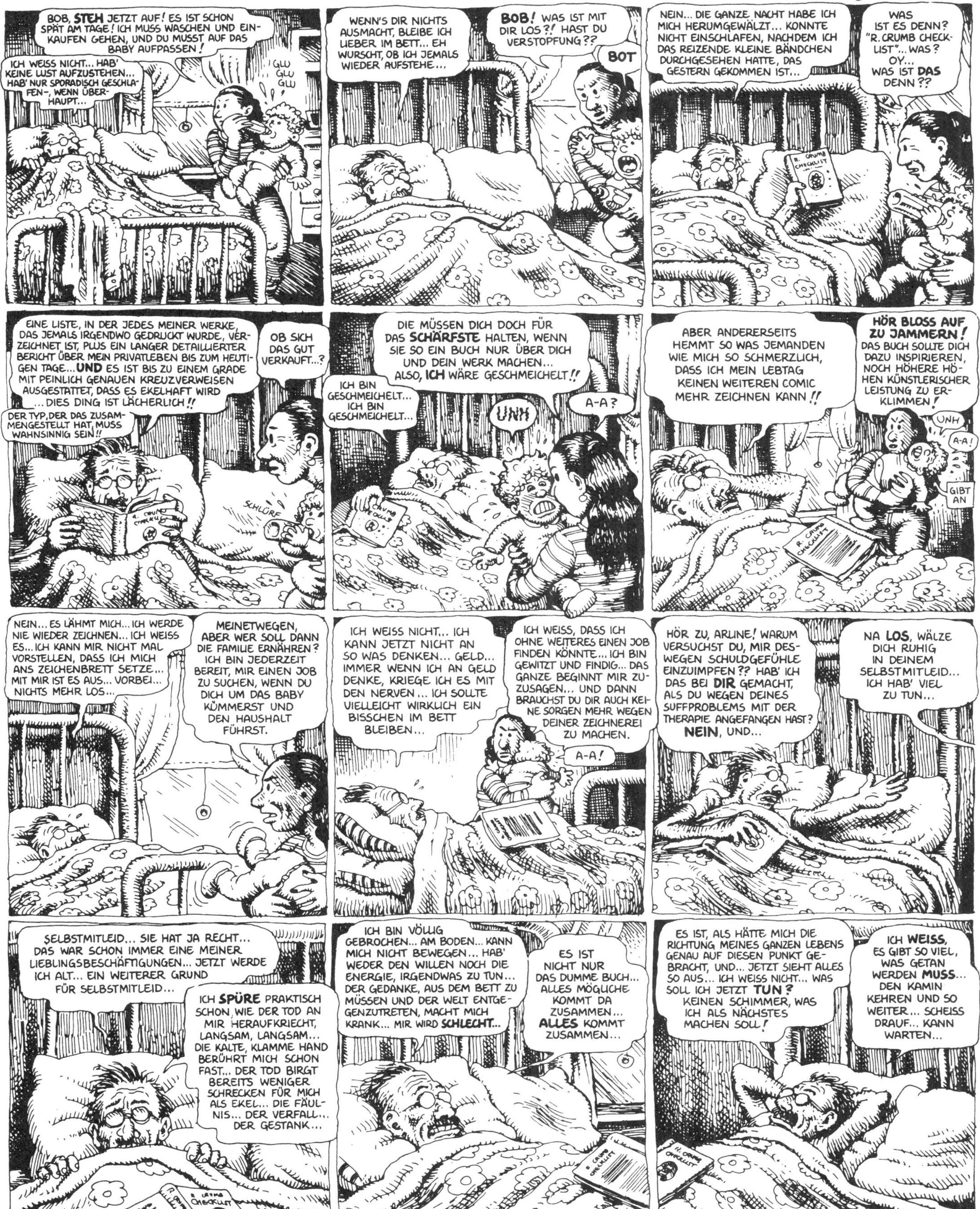

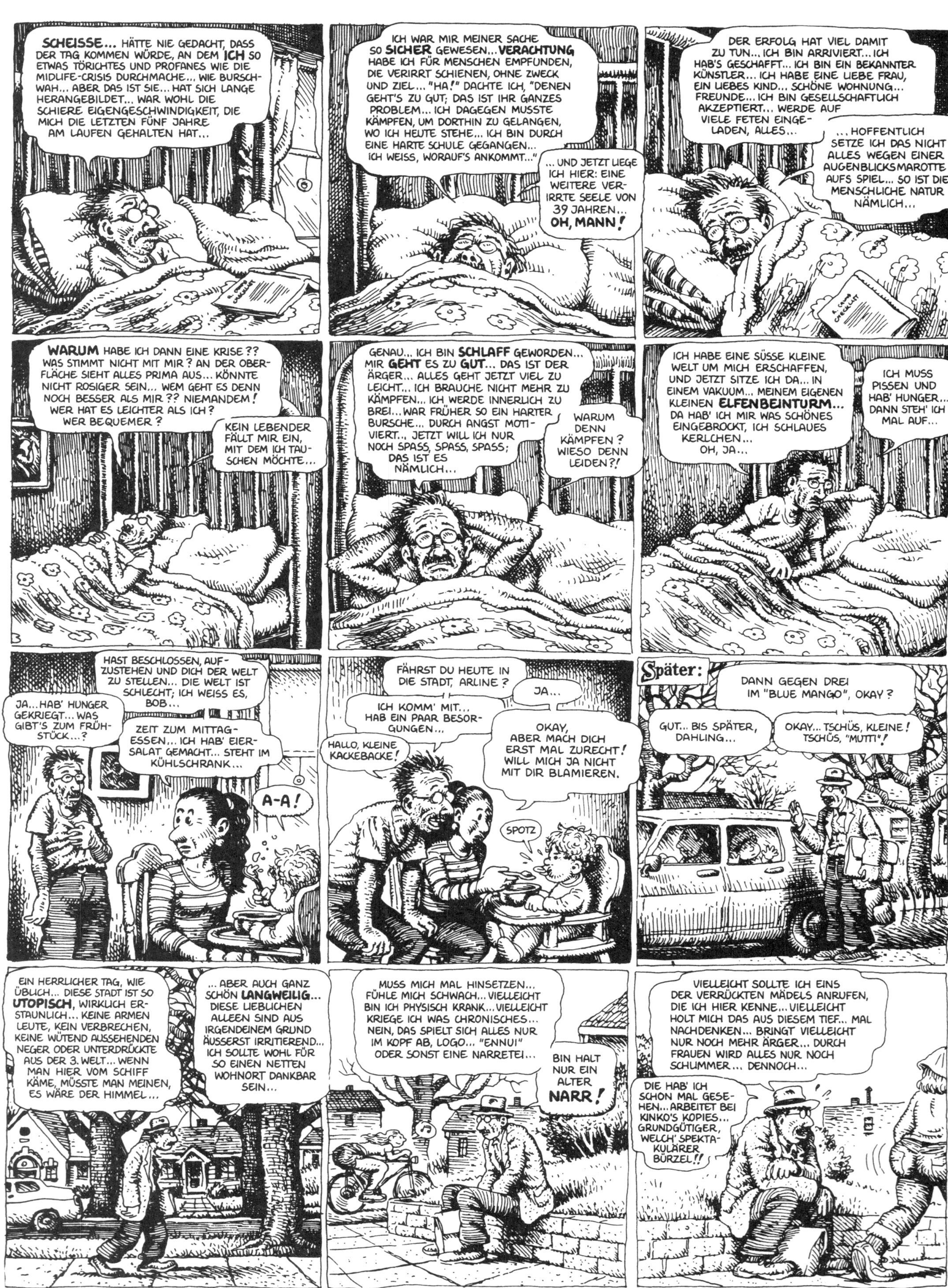
SCHEISSE... HÄTTE NIE GEDACHT, DASS DER TAG KOMMEN WÜRDE, AN DEM ICH SO ETWAS TÖRICHTES UND PROFANES WIE DIE MIDLIFE-CRISIS DURCHMACHE... WIE BURSCHWAH... ABER DAS IST SIE... HAT SICH LANGE HERANGEBILDET... WAR WOHL DIE SCHIERE EIGENGESCHWINDIGKEIT, DIE MICH DIE LETZTEN FÜNF JAHRE AM LAUFEN GEHALTEN HAT...
ICH WAR MIR MEINER SACHE SO SICHER GEWESEN... VERACHTUNG HABE ICH FÜR MENSCHEN EMPFUNDEN, DIE VERIRRT SCHIENEN, OHNE ZWECK UND ZIEL... "HA!" DACHTE ICH, "DENEN GEHT'S ZU GUT; DAS IST IHR GANZES PROBLEM... ICH DAGEGEN MUSSTE KÄMPFEN, UM DORTHIN ZU GELANGEN, WO ICH HEUTE STEHE... ICH BIN DURCH EINE HARTE SCHULE GEGANGEN... ICH WEISS, WORAUF'S ANKOMMT..."
... UND JETZT LIEGE ICH HIER: EINE WEITERE VERIRRTE SEELE VON 39 JAHREN... OH, MANN!
DER ERFOLG HAT VIEL DAMIT ZU TUN... ICH BIN ARRIVIERT... ICH HAB'S GESCHAFFT... ICH BIN EIN BEKANNTER KÜNSTLER... ICH HABE EINE LIEBE FRAU, EIN LIEBES KIND... SCHÖNE WOHNUNG... FREUNDE... ICH BIN GESELLSCHAFTLICH AKZEPTIERT... WERDE AUF VIELE FETEN EINGELADEN, ALLES...
... HOFFENTLICH SETZE ICH DAS NICHT ALLES WEGEN EINER AUGENBLICKSMAROTTE AUFS SPIEL... SO IST DIE MENSCHLICHE NATUR NÄMLICH...
WARUM HABE ICH DANN EINE KRISE?? WAS STIMMT NICHT MIT MIR? AN DER OBERFLÄCHE SIEHT ALLES PRIMA AUS... KÖNNTE NICHT ROSIGER SEIN... WEM GEHT ES DENN NOCH BESSER ALS MIR?? NIEMANDEM! WER HAT ES LEICHTER ALS ICH? WER BEQUEMER?
KEIN LEBENDER FÄLLT MIR EIN, MIT DEM ICH TAUSCHEN MÖCHTE...
GENAU... ICH BIN SCHLAFF GEWORDEN... MIR GEHT ES ZU GUT... DAS IST DER ÄRGER... ALLES GEHT JETZT VIEL ZU LEICHT... ICH BRAUCHE NICHT MEHR ZU KÄMPFEN... ICH WERDE INNERLICH ZU BREI... WAR FRÜHER SO EIN HARTER BURSCHE... DURCH ANGST MOTIVIERT... JETZT WILL ICH NUR NOCH SPASS, SPASS, SPASS; DAS IST ES NÄMLICH...
WARUM DENN KÄMPFEN? WIESO DENN LEIDEN?!
ICH HABE EINE SÜSSE KLEINE WELT UM MICH ERSCHAFFEN, UND JETZT SITZE ICH DA... IN EINEM VAKUUM... MEINEM EIGENEN KLEINEN ELFENBEINTURM... DA HAB' ICH MIR WAS SCHÖNES EINGEBROCKT, ICH SCHLAUES KERLCHEN... OH, JA...
ICH MUSS PISSEN UND HAB' HUNGER... DANN STEH' ICH MAL AUF...
HAST BESCHLOSSEN, AUFZUSTEHEN UND DICH DER WELT ZU STELLEN... DIE WELT IST SCHLECHT; ICH WEISS ES, BOB...
JA... HAB' HUNGER GEKRIEGT... WAS GIBT'S ZUM FRÜHSTÜCK...?
ZEIT ZUM MITTAGESSEN... ICH HAB' EIERSALAT GEMACHT... STEHT IM KÜHLSCHRANK...
A-A!
FÄHRST DU HEUTE IN DIE STADT, ARLINE?
JA...
ICH KOMM' MIT... HAB EIN PAAR BESORGUNGEN...
HALLO, KLEINE KACKEBACKE!
OKAY, ABER MACH DICH ERST MAL ZURECHT! WILL MICH JA NICHT MIT DIR BLAMIEREN.
SPOTZ
Später:
DANN GEGEN DREI IM "BLUE MANGO", OKAY?
GUT... BIS SPÄTER, DAHLING...
OKAY... TSCHÜS, KLEINE! TSCHÜS, "MUTTI"!
EIN HERRLICHER TAG, WIE ÜBLICH... DIESE STADT IST SO UTOPISCH, WIRKLICH ERSTAUNLICH... KEINE ARMEN LEUTE, KEIN VERBRECHEN, KEINE WÜTEND AUSSEHENDEN NEGER ODER UNTERDRÜCKTE AUS DER 3. WELT... WENN MAN HIER VOM SCHIFF KÄME, MÜSSTE MAN MEINEN, ES WÄRE DER HIMMEL...
... ABER AUCH GANZ SCHÖN LANGWEILIG... DIESE LIEBLICHEN ALLEEN SIND AUS IRGENDEINEM GRUND ÄUSSERST IRRITIEREND... ICH SOLLTE WOHL FÜR SO EINEN NETTEN WOHNORT DANKBAR SEIN...
MUSS MICH MAL HINSETZEN... FÜHLE MICH SCHWACH... VIELLEICHT BIN ICH PHYSISCH KRANK... VIELLEICHT KRIEGE ICH WAS CHRONISCHES... NEIN, DAS SPIELT SICH ALLES NUR IM KOPF AB, LOGO... "ENNUI" ODER SONST EINE NARRETEI...
BIN HALT NUR EIN ALTER NARR!
VIELLEICHT SOLLTE ICH EINS DER VERRÜCKTEN MÄDELS ANRUFEN, DIE ICH HIER KENNE... VIELLEICHT HOLT MICH DAS AUS DIESEM TIEF... MAL NACHDENKEN... BRINGT VIELLEICHT NUR NOCH MEHR ÄRGER... DURCH FRAUEN WIRD ALLES NUR NOCH SCHLIMMER... DENNOCH...
DIE HAB' ICH SCHON MAL GESEHEN... ARBEITET BEI KINKO'S KOPIES... GRUNDGÜTIGER, WELCH' SPEKTAKULÄRER BÜRZEL!!

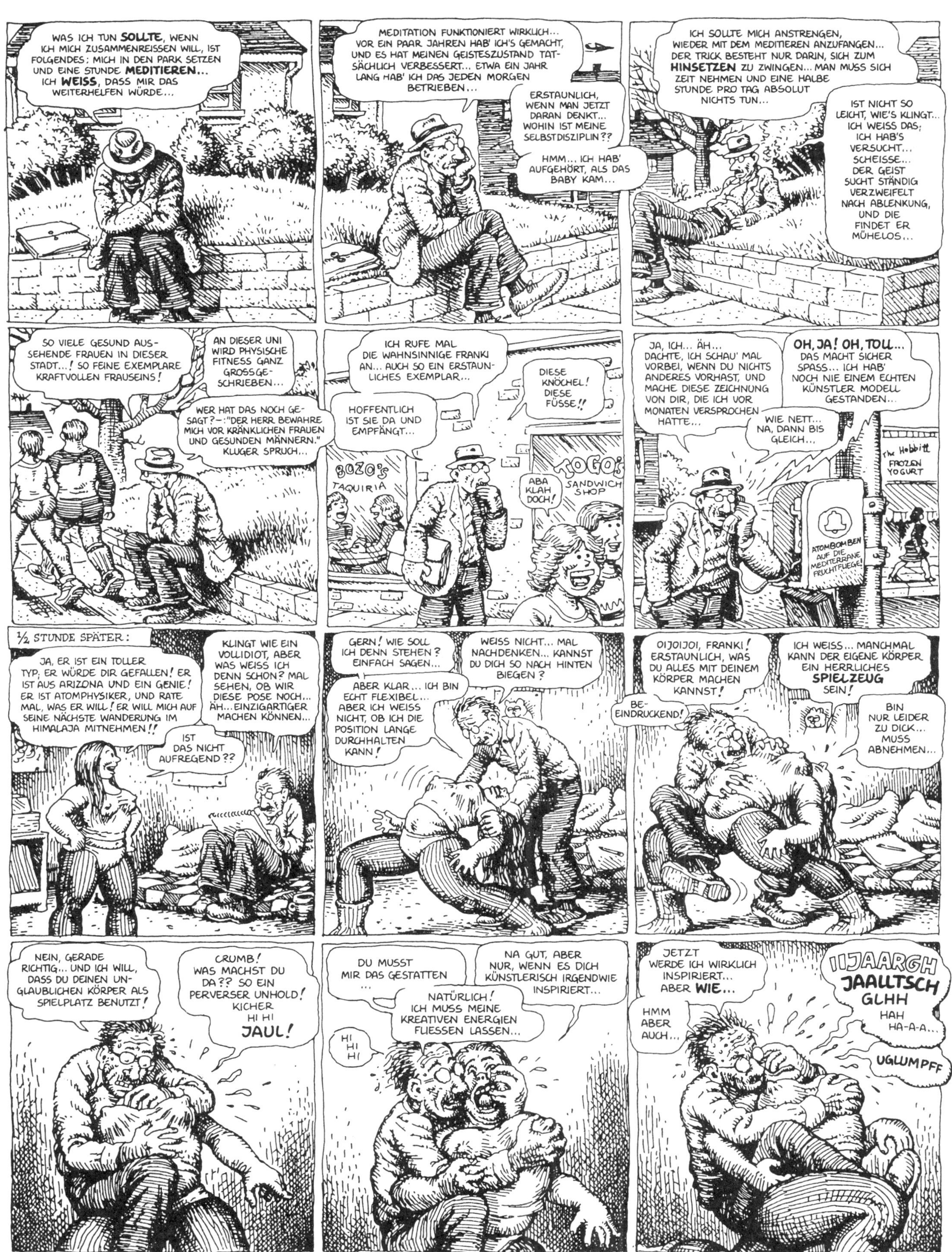

WAS ICH TUN SOLLTE, WENN ICH MICH ZUSAMMENREISSEN WILL, IST FOLGENDES: MICH IN DEN PARK SETZEN UND EINE STUNDE MEDITIEREN... ICH WEISS, DASS MIR DAS WEITERHELFEN WÜRDE...
MEDITATION FUNKTIONIERT WIRKLICH... VOR EIN PAAR JAHREN HAB' ICH'S GEMACHT, UND ES HAT MEINEN GEISTESZUSTAND TATSÄCHLICH VERBESSERT... ETWA EIN JAHR LANG HAB' ICH DAS JEDEN MORGEN BETRIEBEN...
ERSTAUNLICH, WENN MAN JETZT DARAN DENKT... WOHIN IST MEINE SELBSTDISZIPLIN??
HMM... ICH HAB' AUFGEHÖRT, ALS DAS BABY KAM...
ICH SOLLTE MICH ANSTRENGEN, WIEDER MIT DEM MEDITIEREN ANZUFANGEN... DER TRICK BESTEHT NUR DARIN, SICH ZUM HINSETZEN ZU ZWINGEN... MAN MUSS SICH ZEIT NEHMEN UND EINE HALBE STUNDE PRO TAG ABSOLUT NICHTS TUN...
IST NICHT SO LEICHT, WIE'S KLINGT... ICH WEISS DAS; ICH HAB'S VERSUCHT... SCHEISSE... DER GEIST SUCHT STÄNDIG VERZWEIFELT NACH ABLENKUNG, UND DIE FINDET ER MÜHELOS...
SO VIELE GESUND AUSSEHENDE FRAUEN IN DIESER STADT...! SO FEINE EXEMPLARE KRAFTVOLLEN FRAUSEINS!
AN DIESER UNI WIRD PHYSISCHE FITNESS GANZ GROSSGESCHRIEBEN...
WER HAT DAS NOCH GESAGT?–:"DER HERR BEWAHRE MICH VOR KRÄNKLICHEN FRAUEN UND GESUNDEN MÄNNERN." KLUGER SPRUCH...
ICH RUFE MAL DIE WAHNSINNIGE FRANKI AN... AUCH SO EIN ERSTAUNLICHES EXEMPLAR...
DIESE KNÖCHEL! DIESE FÜSSE!!
HOFFENTLICH IST SIE DA UND EMPFÄNGT...
BOZO'S TAQUIRIA
TOGO'S SANDWICH SHOP
ABA KLAH DOCH!
JA, ICH... ÄH... DACHTE, ICH SCHAU' MAL VORBEI, WENN DU NICHTS ANDERES VORHAST, UND MACHE DIESE ZEICHNUNG VON DIR, DIE ICH VOR MONATEN VERSPROCHEN HATTE...
OH, JA! OH, TOLL... DAS MACHT SICHER SPASS... ICH HAB' NOCH NIE EINEM ECHTEN KÜNSTLER MODELL GESTANDEN...
WIE NETT... NA, DANN BIS GLEICH...
The Hobbitt FROZEN YOGURT
ATOMBOMBEN AUF DIE MEDITERRANE FRUCHTFLIEGE!
½ STUNDE SPÄTER:
JA, ER IST EIN TOLLER TYP; ER WÜRDE DIR GEFALLEN! ER IST AUS ARIZONA UND EIN GENIE! ER IST ATOMPHYSIKER, UND RATE MAL, WAS ER WILL! ER WILL MICH AUF SEINE NÄCHSTE WANDERUNG IM HIMALAJA MITNEHMEN!!
KLINGT WIE EIN VOLLIDIOT, ABER WAS WEISS ICH DENN SCHON? MAL SEHEN, OB WIR DIESE POSE NOCH... ÄH... EINZIGARTIGER MACHEN KÖNNEN...
IST DAS NICHT AUFREGEND??
GERN! WIE SOLL ICH DENN STEHEN? EINFACH SAGEN...
WEISS NICHT... MAL NACHDENKEN... KANNST DU DICH SO NACH HINTEN BIEGEN?
ABER KLAR... ICH BIN ECHT FLEXIBEL... ABER ICH WEISS NICHT, OB ICH DIE POSITION LANGE DURCHHALTEN KANN!
OIJOIJOI, FRANKI! ERSTAUNLICH, WAS DU ALLES MIT DEINEM KÖRPER MACHEN KANNST!
ICH WEISS... MANCHMAL KANN DER EIGENE KÖRPER EIN HERRLICHES SPIELZEUG SEIN!
BEEINDRUCKEND!
BIN NUR LEIDER ZU DICK... MUSS ABNEHMEN...
NEIN, GERADE RICHTIG... UND ICH WILL, DASS DU DEINEN UNGLAUBLICHEN KÖRPER ALS SPIELPLATZ BENUTZT!
CRUMB! WAS MACHST DU DA?? SO EIN PERVERSER UNHOLD! KICHER HI HI JAUL!
DU MUSST MIR DAS GESTATTEN ...
NA GUT, ABER NUR, WENN ES DICH KÜNSTLERISCH IRGENDWIE INSPIRIERT...
NATÜRLICH! ICH MUSS MEINE KREATIVEN ENERGIEN FLIESSEN LASSEN...
HI HI HI
JETZT WERDE ICH WIRKLICH INSPIRIERT... ABER WIE...
HMM ABER AUCH...
IIJAARGH JAALTSCH GLHH HAH HA-A-A...
UGLUMPFF

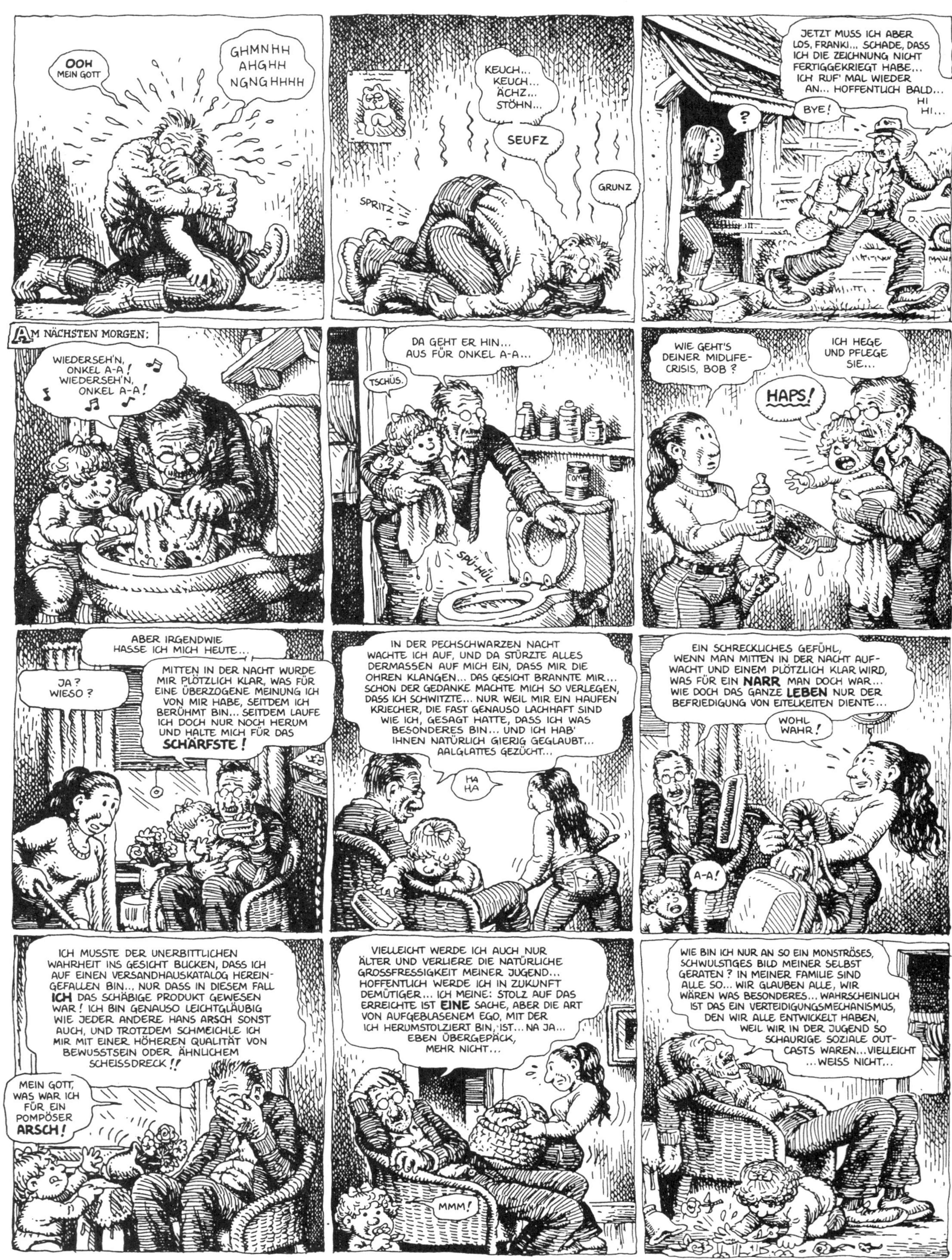

OOH MEIN GOTT
GHMNHH AHGHH NGNGHHHH
KEUCH... KEUCH... ÄCHZ... STÖHN...
SEUFZ
SPRITZ
GRUNZ
JETZT MUSS ICH ABER LOS, FRANKI... SCHADE, DASS ICH DIE ZEICHNUNG NICHT FERTIGGEKRIEGT HABE... ICH RUF' MAL WIEDER AN... HOFFENTLICH BALD...
HI HI...
?
BYE!
AM NÄCHSTEN MORGEN:
WIEDERSEH'N, ONKEL A-A! WIEDERSEH'N, ONKEL A-A!
DA GEHT ER HIN... AUS FÜR ONKEL A-A...
TSCHÜS.
SPÜ-HÜL
WIE GEHT'S DEINER MIDLIFE-CRISIS, BOB?
ICH HEGE UND PFLEGE SIE...
HAPS!
ABER IRGENDWIE HASSE ICH MICH HEUTE...
JA? WIESO?
MITTEN IN DER NACHT WURDE MIR PLÖTZLICH KLAR, WAS FÜR EINE ÜBERZOGENE MEINUNG ICH VON MIR HABE, SEITDEM ICH BERÜHMT BIN... SEITDEM LAUFE ICH DOCH NUR NOCH HERUM UND HALTE MICH FÜR DAS SCHÄRFSTE!
IN DER PECHSCHWARZEN NACHT WACHTE ICH AUF, UND DA STÜRZTE ALLES DERMASSEN AUF MICH EIN, DASS MIR DIE OHREN KLANGEN... DAS GESICHT BRANNTE MIR... SCHON DER GEDANKE MACHTE MICH SO VERLEGEN, DASS ICH SCHWITZTE... NUR WEIL MIR EIN HAUFEN KRIECHER, DIE FAST GENAUSO LACHHAFT SIND WIE ICH, GESAGT HATTE, DASS ICH WAS BESONDERES BIN... UND ICH HAB' IHNEN NATÜRLICH GIERIG GEGLAUBT... AALGLATTES GEZÜCHT...
HA HA
EIN SCHRECKLICHES GEFÜHL, WENN MAN MITTEN IN DER NACHT AUFWACHT UND EINEM PLÖTZLICH KLAR WIRD, WAS FÜR EIN NARR MAN DOCH WAR... WIE DOCH DAS GANZE LEBEN NUR DER BEFRIEDIGUNG VON EITELKEITEN DIENTE...
WOHL WAHR!
A-A!
ICH MUSSTE DER UNERBITTLICHEN WAHRHEIT INS GESICHT BLICKEN, DASS ICH AUF EINEN VERSANDHAUSKATALOG HEREINGEFALLEN BIN... NUR DASS IN DIESEM FALL ICH DAS SCHÄBIGE PRODUKT GEWESEN WAR! ICH BIN GENAUSO LEICHTGLÄUBIG WIE JEDER ANDERE HANS ARSCH SONST AUCH, UND TROTZDEM SCHMEICHLE ICH MIR MIT EINER HÖHEREN QUALITÄT VON BEWUSSTSEIN ODER ÄHNLICHEM SCHEISSDRECK!!
MEIN GOTT, WAS WAR ICH FÜR EIN POMPÖSER ARSCH!
VIELLEICHT WERDE ICH AUCH NUR ÄLTER UND VERLIERE DIE NATÜRLICHE GROSSFRESSIGKEIT MEINER JUGEND... HOFFENTLICH WERDE ICH IN ZUKUNFT DEMÜTIGER... ICH MEINE: STOLZ AUF DAS ERREICHTE IST EINE SACHE, ABER DIE ART VON AUFGEBLASENEM EGO, MIT DER ICH HERUMSTOLZIERT BIN, IST... NA JA... EBEN ÜBERGEPÄCK, MEHR NICHT...
MMM!
WIE BIN ICH NUR AN SO EIN MONSTRÖSES, SCHWULSTIGES BILD MEINER SELBST GERATEN? IN MEINER FAMILIE SIND ALLE SO... WIR GLAUBEN ALLE, WIR WÄREN WAS BESONDERES... WAHRSCHEINLICH IST DAS EIN VERTEIDIGUNGSMECHANISMUS, DEN WIR ALLE ENTWICKELT HABEN, WEIL WIR IN DER JUGEND SO SCHAURIGE SOZIALE OUTCASTS WAREN... VIELLEICHT ...WEISS NICHT...

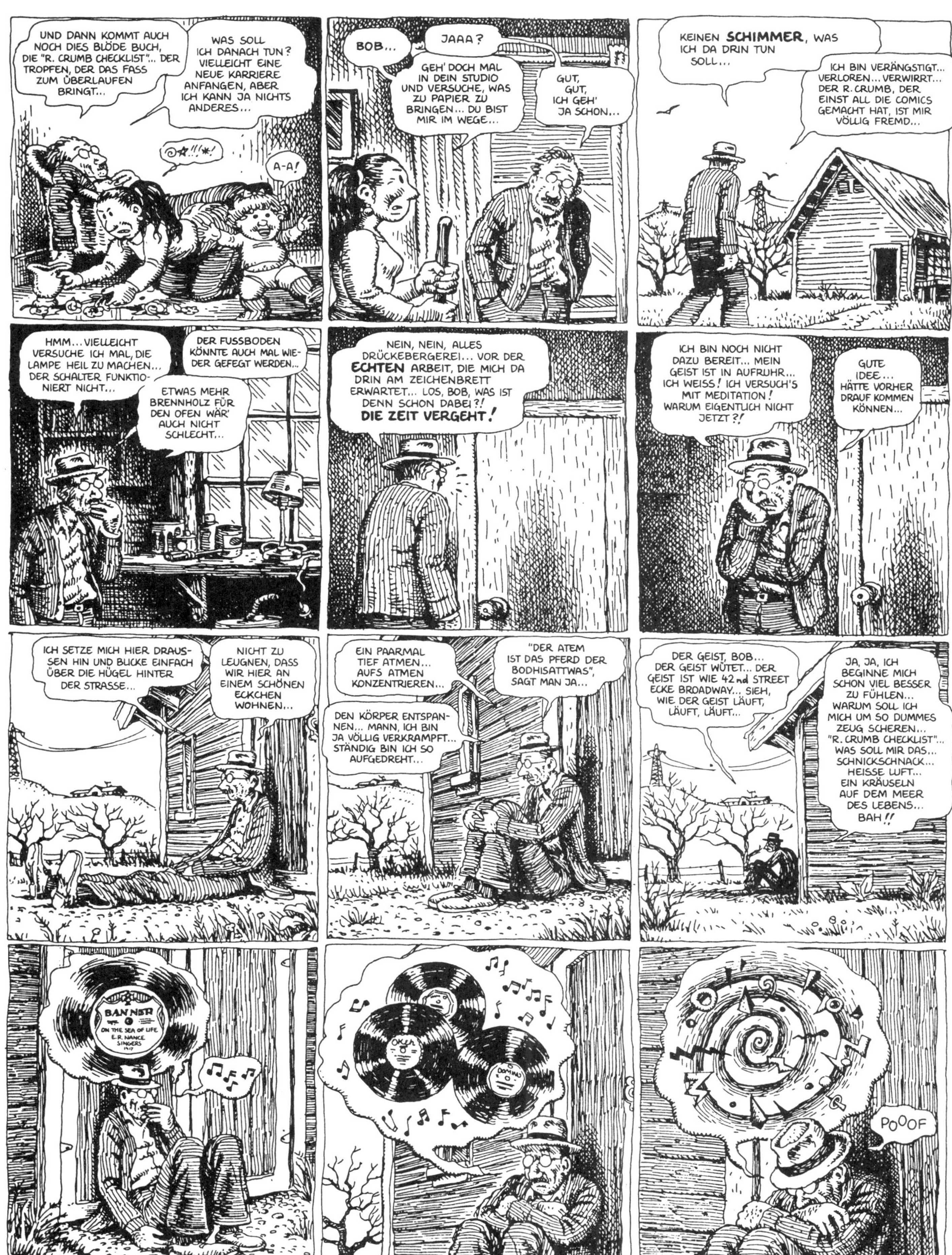
UND DANN KOMMT AUCH NOCH DIES BLÖDE BUCH, DIE "R. CRUMB CHECKLIST"... DER TROPFEN, DER DAS FASS ZUM ÜBERLAUFEN BRINGT...
WAS SOLL ICH DANACH TUN? VIELLEICHT EINE NEUE KARRIERE ANFANGEN, ABER ICH KANN JA NICHTS ANDERES...
A-A!
BOB...
JAAA?
GEH' DOCH MAL IN DEIN STUDIO UND VERSUCHE, WAS ZU PAPIER ZU BRINGEN... DU BIST MIR IM WEGE...
GUT, GUT, ICH GEH' JA SCHON...
KEINEN SCHIMMER, WAS ICH DA DRIN TUN SOLL...
ICH BIN VERÄNGSTIGT... VERLOREN... VERWIRRT... DER R. CRUMB, DER EINST ALL DIE COMICS GEMACHT HAT, IST MIR VÖLLIG FREMD...
HMM... VIELLEICHT VERSUCHE ICH MAL, DIE LAMPE HEIL ZU MACHEN... DER SCHALTER FUNKTIONIERT NICHT...
DER FUSSBODEN KÖNNTE AUCH MAL WIEDER GEFEGT WERDEN...
ETWAS MEHR BRENNHOLZ FÜR DEN OFEN WÄR' AUCH NICHT SCHLECHT...
NEIN, NEIN, ALLES DRÜCKEBERGEREI... VOR DER ECHTEN ARBEIT, DIE MICH DA DRIN AM ZEICHENBRETT ERWARTET... LOS, BOB, WAS IST DENN SCHON DABEI?! DIE ZEIT VERGEHT!
ICH BIN NOCH NICHT DAZU BEREIT... MEIN GEIST IST IN AUFRUHR... ICH WEISS! ICH VERSUCH'S MIT MEDITATION! WARUM EIGENTLICH NICHT JETZT?!
GUTE IDEE... HÄTTE VORHER DRAUF KOMMEN KÖNNEN...
ICH SETZE MICH HIER DRAUSSEN HIN UND BLICKE EINFACH ÜBER DIE HÜGEL HINTER DER STRASSE...
NICHT ZU LEUGNEN, DASS WIR HIER AN EINEM SCHÖNEN ECKCHEN WOHNEN...
EIN PAARMAL TIEF ATMEN... AUFS ATMEN KONZENTRIEREN...
"DER ATEM IST DAS PFERD DER BODHISATTWAS", SAGT MAN JA...
DEN KÖRPER ENTSPANNEN... MANN, ICH BIN JA VÖLLIG VERKRAMPFT... STÄNDIG BIN ICH SO AUFGEDREHT...
DER GEIST, BOB... DER GEIST WÜTET... DER GEIST IST WIE 42nd STREET ECKE BROADWAY... SIEH, WIE DER GEIST LÄUFT, LÄUFT, LÄUFT...
JA, JA, ICH BEGINNE MICH SCHON VIEL BESSER ZU FÜHLEN... WARUM SOLL ICH MICH UM SO DUMMES ZEUG SCHEREN... "R. CRUMB CHECKLIST"... WAS SOLL MIR DAS... SCHNICKSCHNACK... HEISSE LUFT... EIN KRÄUSELN AUF DEM MEER DES LEBENS... BAH!!
BANNER
ON THE SEA OF LIFE
E.R. NANCE SINGERS
POOOF

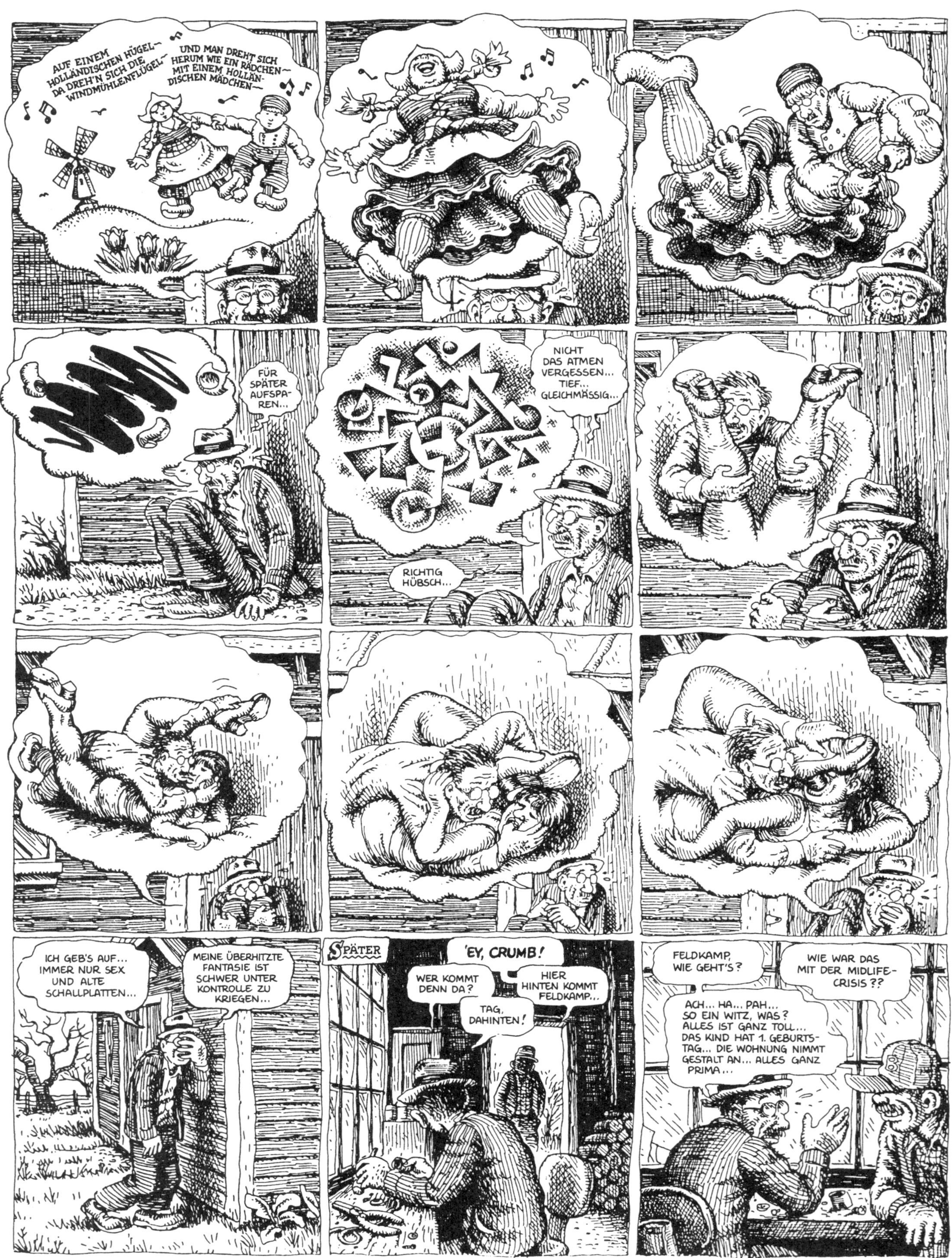
AUF EINEM HOLLÄNDISCHEN HÜGEL— DA DREH'N SICH DIE WINDMÜHLENFLÜGEL—
UND MAN DREHT SICH HERUM WIE EIN RÄDCHEN— MIT EINEM HOLLÄNDISCHEN MÄDCHEN—
FÜR SPÄTER AUFSPAREN...
NICHT DAS ATMEN VERGESSEN... TIEF... GLEICHMÄSSIG...
RICHTIG HÜBSCH...
ICH GEB'S AUF... IMMER NUR SEX UND ALTE SCHALLPLATTEN...
MEINE ÜBERHITZTE FANTASIE IST SCHWER UNTER KONTROLLE ZU KRIEGEN...
SPÄTER
'EY, CRUMB!
WER KOMMT DENN DA?
HIER HINTEN KOMMT FELDKAMP...
TAG, DAHINTEN!
FELDKAMP, WIE GEHT'S?
WIE WAR DAS MIT DER MIDLIFE-CRISIS??
ACH... HA... PAH... SO EIN WITZ, WAS? ALLES IST GANZ TOLL... DAS KIND HAT 1. GEBURTSTAG... DIE WOHNUNG NIMMT GESTALT AN... ALLES GANZ PRIMA...

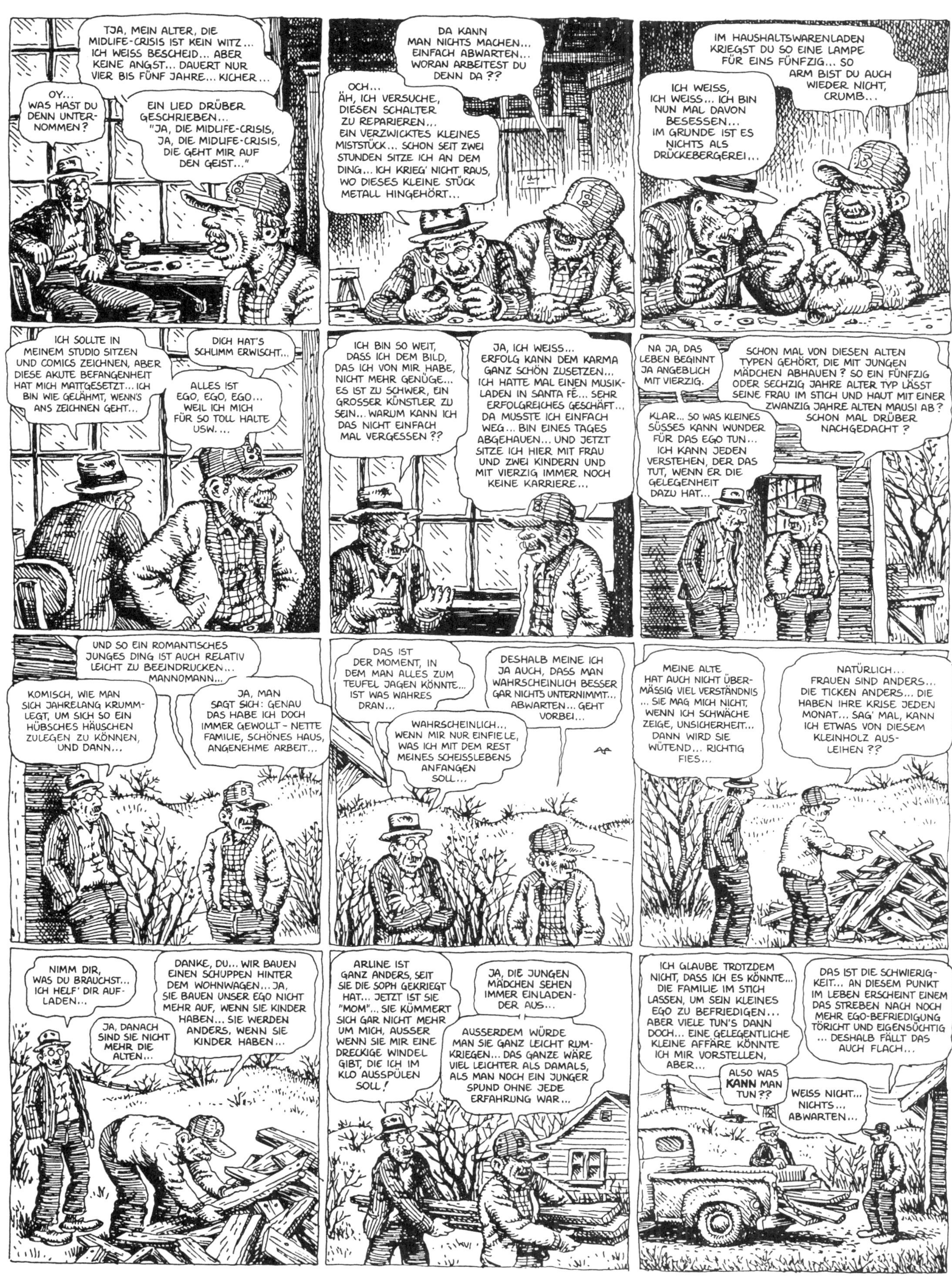
TJA, MEIN ALTER, DIE MIDLIFE-CRISIS IST KEIN WITZ... ICH WEISS BESCHEID... ABER KEINE ANGST... DAUERT NUR VIER BIS FÜNF JAHRE... KICHER...
OY... WAS HAST DU DENN UNTERNOMMEN?
EIN LIED DRÜBER GESCHRIEBEN... "JA, DIE MIDLIFE-CRISIS, JA, DIE MIDLIFE-CRISIS, DIE GEHT MIR AUF DEN GEIST..."
DA KANN MAN NICHTS MACHEN... EINFACH ABWARTEN... WORAN ARBEITEST DU DENN DA??
OCH... ÄH, ICH VERSUCHE, DIESEN SCHALTER ZU REPARIEREN... EIN VERZWICKTES KLEINES MISTSTÜCK... SCHON SEIT ZWEI STUNDEN SITZE ICH AN DEM DING... ICH KRIEG' NICHT RAUS, WO DIESES KLEINE STÜCK METALL HINGEHÖRT...
IM HAUSHALTSWARENLADEN KRIEGST DU SO EINE LAMPE FÜR EINS FÜNFZIG... SO ARM BIST DU AUCH WIEDER NICHT, CRUMB...
ICH WEISS, ICH WEISS... ICH BIN NUN MAL DAVON BESESSEN... IM GRUNDE IST ES NICHTS ALS DRÜCKEBERGEREI...
ICH SOLLTE IN MEINEM STUDIO SITZEN UND COMICS ZEICHNEN, ABER DIESE AKUTE BEFANGENHEIT HAT MICH MATTGESETZT... ICH BIN WIE GELÄHMT, WENN'S ANS ZEICHNEN GEHT...
DICH HAT'S SCHLIMM ERWISCHT...
ALLES IST EGO, EGO, EGO... WEIL ICH MICH FÜR SO TOLL HALTE USW....
ICH BIN SO WEIT, DASS ICH DEM BILD, DAS ICH VON MIR HABE, NICHT MEHR GENÜGE... ES IST ZU SCHWER, EIN GROSSER KÜNSTLER ZU SEIN... WARUM KANN ICH DAS NICHT EINFACH MAL VERGESSEN??
JA, ICH WEISS... ERFOLG KANN DEM KARMA GANZ SCHÖN ZUSETZEN... ICH HATTE MAL EINEN MUSIKLADEN IN SANTA FÉ... SEHR ERFOLGREICHES GESCHÄFT... DA MUSSTE ICH EINFACH WEG... BIN EINES TAGES ABGEHAUEN... UND JETZT SITZE ICH HIER MIT FRAU UND ZWEI KINDERN UND MIT VIERZIG IMMER NOCH KEINE KARRIERE...
NA JA, DAS LEBEN BEGINNT JA ANGEBLICH MIT VIERZIG.
SCHON MAL VON DIESEN ALTEN TYPEN GEHÖRT, DIE MIT JUNGEN MÄDCHEN ABHAUEN? SO EIN FÜNFZIG ODER SECHZIG JAHRE ALTER TYP LÄSST SEINE FRAU IM STICH UND HAUT MIT EINER ZWANZIG JAHRE ALTEN MAUSI AB? SCHON MAL DRÜBER NACHGEDACHT?
KLAR... SO WAS KLEINES SÜSSES KANN WUNDER FÜR DAS EGO TUN... ICH KANN JEDEN VERSTEHEN, DER DAS TUT, WENN ER DIE GELEGENHEIT DAZU HAT...
UND SO EIN ROMANTISCHES JUNGES DING IST AUCH RELATIV LEICHT ZU BEEINDRUCKEN... MANNOMANN...
KOMISCH, WIE MAN SICH JAHRELANG KRUMMLEGT, UM SICH SO EIN HÜBSCHES HÄUSCHEN ZULEGEN ZU KÖNNEN, UND DANN...
JA, MAN SAGT SICH: GENAU DAS HABE ICH DOCH IMMER GEWOLLT - NETTE FAMILIE, SCHÖNES HAUS, ANGENEHME ARBEIT...
DAS IST DER MOMENT, IN DEM MAN ALLES ZUM TEUFEL JAGEN KÖNNTE... IST WAS WAHRES DRAN...
DESHALB MEINE ICH JA AUCH, DASS MAN WAHRSCHEINLICH BESSER GAR NICHTS UNTERNIMMT... ABWARTEN... GEHT VORBEI...
WAHRSCHEINLICH... WENN MIR NUR EINFIELE, WAS ICH MIT DEM REST MEINES SCHEISSLEBENS ANFANGEN SOLL...
MEINE ALTE HAT AUCH NICHT ÜBERMÄSSIG VIEL VERSTÄNDNIS... SIE MAG MICH NICHT, WENN ICH SCHWÄCHE ZEIGE, UNSICHERHEIT... DANN WIRD SIE WÜTEND... RICHTIG FIES...
NATÜRLICH... FRAUEN SIND ANDERS... DIE TICKEN ANDERS... DIE HABEN IHRE KRISE JEDEN MONAT... SAG' MAL, KANN ICH ETWAS VON DIESEM KLEINHOLZ AUSLEIHEN??
NIMM DIR, WAS DU BRAUCHST... ICH HELF' DIR AUFLADEN...
DANKE, DU... WIR BAUEN EINEN SCHUPPEN HINTER DEM WOHNWAGEN... JA, SIE BAUEN UNSER EGO NICHT MEHR AUF, WENN SIE KINDER HABEN... SIE WERDEN ANDERS, WENN SIE KINDER HABEN...
JA, DANACH SIND SIE NICHT MEHR DIE ALTEN...
ARLINE IST GANZ ANDERS, SEIT SIE DIE SOPH GEKRIEGT HAT... JETZT IST SIE "MOM"... SIE KÜMMERT SICH GAR NICHT MEHR UM MICH, AUSSER WENN SIE MIR EINE DRECKIGE WINDEL GIBT, DIE ICH IM KLO AUSSPÜLEN SOLL!
JA, DIE JUNGEN MÄDCHEN SEHEN IMMER EINLADENDER AUS...
AUSSERDEM WÜRDE MAN SIE GANZ LEICHT RUMKRIEGEN... DAS GANZE WÄRE VIEL LEICHTER ALS DAMALS, ALS MAN NOCH EIN JUNGER SPUND OHNE JEDE ERFAHRUNG WAR...
ICH GLAUBE TROTZDEM NICHT, DASS ICH ES KÖNNTE... DIE FAMILIE IM STICH LASSEN, UM SEIN KLEINES EGO ZU BEFRIEDIGEN... ABER VIELE TUN'S DANN DOCH... EINE GELEGENTLICHE KLEINE AFFÄRE KÖNNTE ICH MIR VORSTELLEN, ABER...
DAS IST DIE SCHWIERIGKEIT... AN DIESEM PUNKT IM LEBEN ERSCHEINT EINEM DAS STREBEN NACH NOCH MEHR EGO-BEFRIEDIGUNG TÖRICHT UND EIGENSÜCHTIG... DESHALB FÄLLT DAS AUCH FLACH...
ALSO WAS KANN MAN TUN??
WEISS NICHT... NICHTS... ABWARTEN...

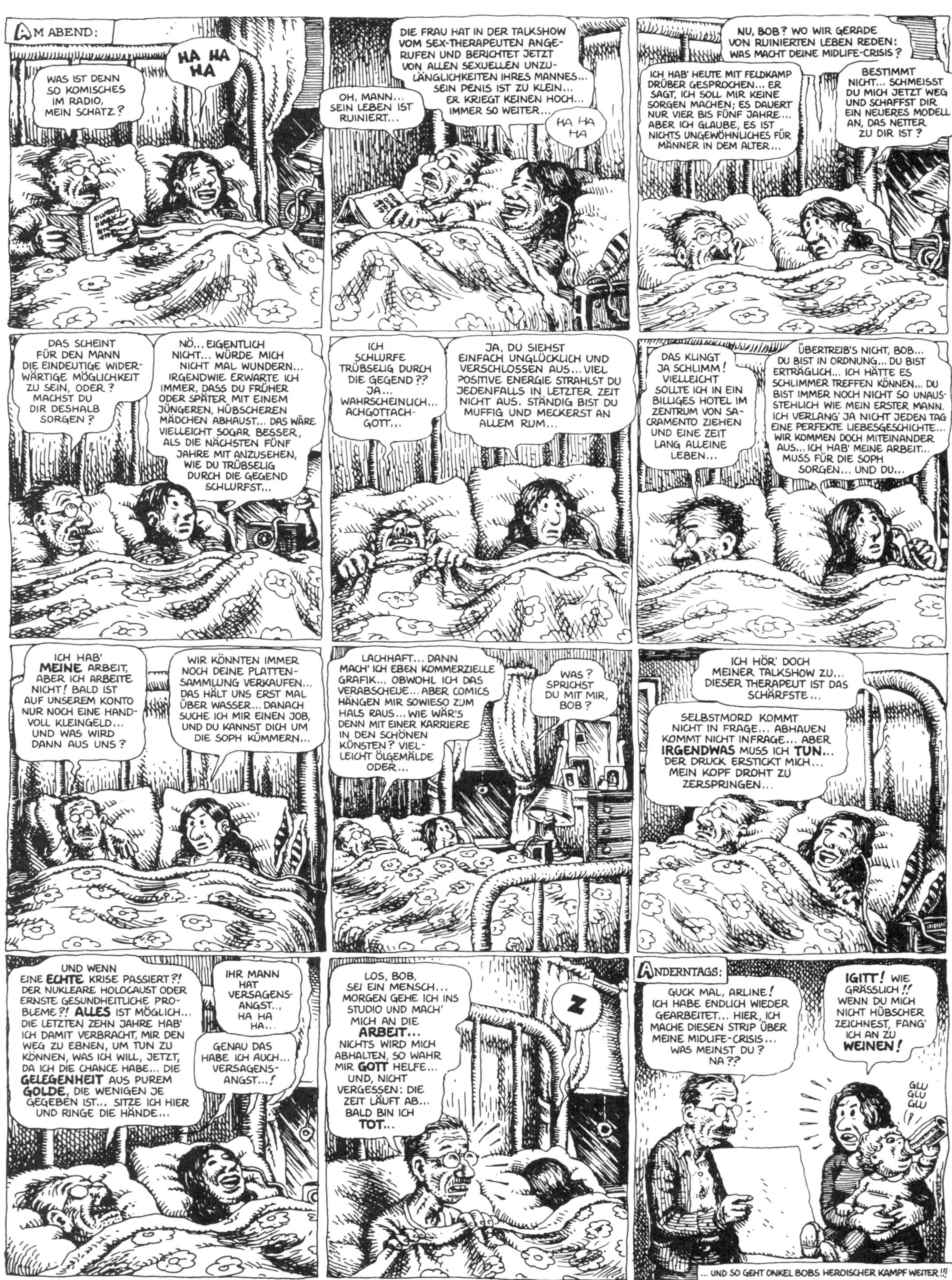
AM ABEND:
HA HA HA
WAS IST DENN SO KOMISCHES IM RADIO, MEIN SCHATZ?
DIE FRAU HAT IN DER TALKSHOW VOM SEX-THERAPEUTEN ANGERUFEN UND BERICHTET JETZT VON ALLEN SEXUELLEN UNZULÄNGLICHKEITEN IHRES MANNES... SEIN PENIS IST ZU KLEIN... ER KRIEGT KEINEN HOCH... IMMER SO WEITER...
OH, MANN... SEIN LEBEN IST RUINIERT...
HA HA HA
NU, BOB? WO WIR GERADE VON RUINIERTEN LEBEN REDEN: WAS MACHT DEINE MIDLIFE-CRISIS?
ICH HAB' HEUTE MIT FELDKAMP DRÜBER GESPROCHEN... ER SAGT, ICH SOLL MIR KEINE SORGEN MACHEN; ES DAUERT NUR VIER BIS FÜNF JAHRE... ABER ICH GLAUBE, ES IST NICHTS UNGEWÖHNLICHES FÜR MÄNNER IN DEM ALTER...
BESTIMMT NICHT... SCHMEISST DU MICH JETZT WEG UND SCHAFFST DIR EIN NEUERES MODELL AN, DAS NETTER ZU DIR IST?
DAS SCHEINT FÜR DEN MANN DIE EINDEUTIGE WIDERWÄRTIGE MÖGLICHKEIT ZU SEIN, ODER? MACHST DU DIR DESHALB SORGEN?
NÖ... EIGENTLICH NICHT... WÜRDE MICH NICHT MAL WUNDERN... IRGENDWIE ERWARTE ICH IMMER, DASS DU FRÜHER ODER SPÄTER MIT EINEM JÜNGEREN, HÜBSCHEREN MÄDCHEN ABHAUST... DAS WÄRE VIELLEICHT SOGAR BESSER, ALS DIE NÄCHSTEN FÜNF JAHRE MIT ANZUSEHEN, WIE DU TRÜBSELIG DURCH DIE GEGEND SCHLURFST...
ICH SCHLURFE TRÜBSELIG DURCH DIE GEGEND?? JA... WAHRSCHEINLICH... ACHGOTTACHGOTT...
JA, DU SIEHST EINFACH UNGLÜCKLICH UND VERSCHLOSSEN AUS... VIEL POSITIVE ENERGIE STRAHLST DU JEDENFALLS IN LETZTER ZEIT NICHT AUS. STÄNDIG BIST DU MUFFIG UND MECKERST AN ALLEM RUM...
DAS KLINGT JA SCHLIMM! VIELLEICHT SOLLTE ICH IN EIN BILLIGES HOTEL IM ZENTRUM VON SACRAMENTO ZIEHEN UND EINE ZEIT LANG ALLEINE LEBEN...
ÜBERTREIB'S NICHT, BOB... DU BIST IN ORDNUNG... DU BIST ERTRÄGLICH... ICH HÄTTE ES SCHLIMMER TREFFEN KÖNNEN... DU BIST IMMER NOCH NICHT SO UNAUSSTEHLICH WIE MEIN ERSTER MANN. ICH VERLANG' JA NICHT JEDEN TAG EINE PERFEKTE LIEBESGESCHICHTE... WIR KOMMEN DOCH MITEINANDER AUS... ICH HAB' MEINE ARBEIT... MUSS FÜR DIE SOPH SORGEN... UND DU...
ICH HAB' **MEINE** ARBEIT, ABER ICH ARBEITE NICHT! BALD IST AUF UNSEREM KONTO NUR NOCH EINE HANDVOLL KLEINGELD... UND WAS WIRD DANN AUS UNS?
WIR KÖNNTEN IMMER NOCH DEINE PLATTENSAMMLUNG VERKAUFEN... DAS HÄLT UNS ERST MAL ÜBER WASSER... DANACH SUCHE ICH MIR EINEN JOB, UND DU KANNST DICH UM DIE SOPH KÜMMERN...
LACHHAFT... DANN MACH' ICH EBEN KOMMERZIELLE GRAFIK... OBWOHL ICH DAS VERABSCHEUE... ABER COMICS HÄNGEN MIR SOWIESO ZUM HALS RAUS... WIE WÄR'S DENN MIT EINER KARRIERE IN DEN SCHÖNEN KÜNSTEN? VIELLEICHT ÖLGEMÄLDE ODER...
WAS? SPRICHST DU MIT MIR, BOB?
ICH HÖR' DOCH MEINER TALKSHOW ZU... DIESER THERAPEUT IST DAS SCHÄRFSTE...
SELBSTMORD KOMMT NICHT IN FRAGE... ABHAUEN KOMMT NICHT INFRAGE... ABER **IRGENDWAS** MUSS ICH **TUN**... DER DRUCK ERSTICKT MICH... MEIN KOPF DROHT ZU ZERSPRINGEN...
UND WENN EINE **ECHTE** KRISE PASSIERT?! DER NUKLEARE HOLOCAUST ODER ERNSTE GESUNDHEITLICHE PROBLEME?! **ALLES** IST MÖGLICH... DIE LETZTEN ZEHN JAHRE HAB' ICH DAMIT VERBRACHT, MIR DEN WEG ZU EBNEN, UM TUN ZU KÖNNEN, WAS ICH WILL, JETZT, DA ICH DIE CHANCE HABE... DIE **GELEGENHEIT** AUS PUREM **GOLDE**, DIE WENIGEN JE GEGEBEN IST... SITZE ICH HIER UND RINGE DIE HÄNDE...
IHR MANN HAT VERSAGENSANGST... HA HA HA...
GENAU DAS HABE ICH AUCH... VERSAGENSANGST...!
LOS, BOB, SEI EIN MENSCH... MORGEN GEHE ICH INS STUDIO UND MACH' MICH AN DIE **ARBEIT**... NICHTS WIRD MICH ABHALTEN, SO WAHR MIR **GOTT** HELFE... UND, NICHT VERGESSEN: DIE ZEIT LÄUFT AB... BALD BIN ICH **TOT**...
Z
ANDERNTAGS:
GUCK MAL, ARLINE! ICH HABE ENDLICH WIEDER GEARBEITET... HIER, ICH MACHE DIESEN STRIP ÜBER MEINE MIDLIFE-CRISIS... WAS MEINST DU? NA??
IGITT! WIE GRÄSSLICH!! WENN DU MICH NICHT HÜBSCHER ZEICHNEST, FANG' ICH AN ZU **WEINEN!**
GLU GLU GLU
... UND SO GEHT ONKEL BOBS HEROISCHER KAMPF WEITER!!!

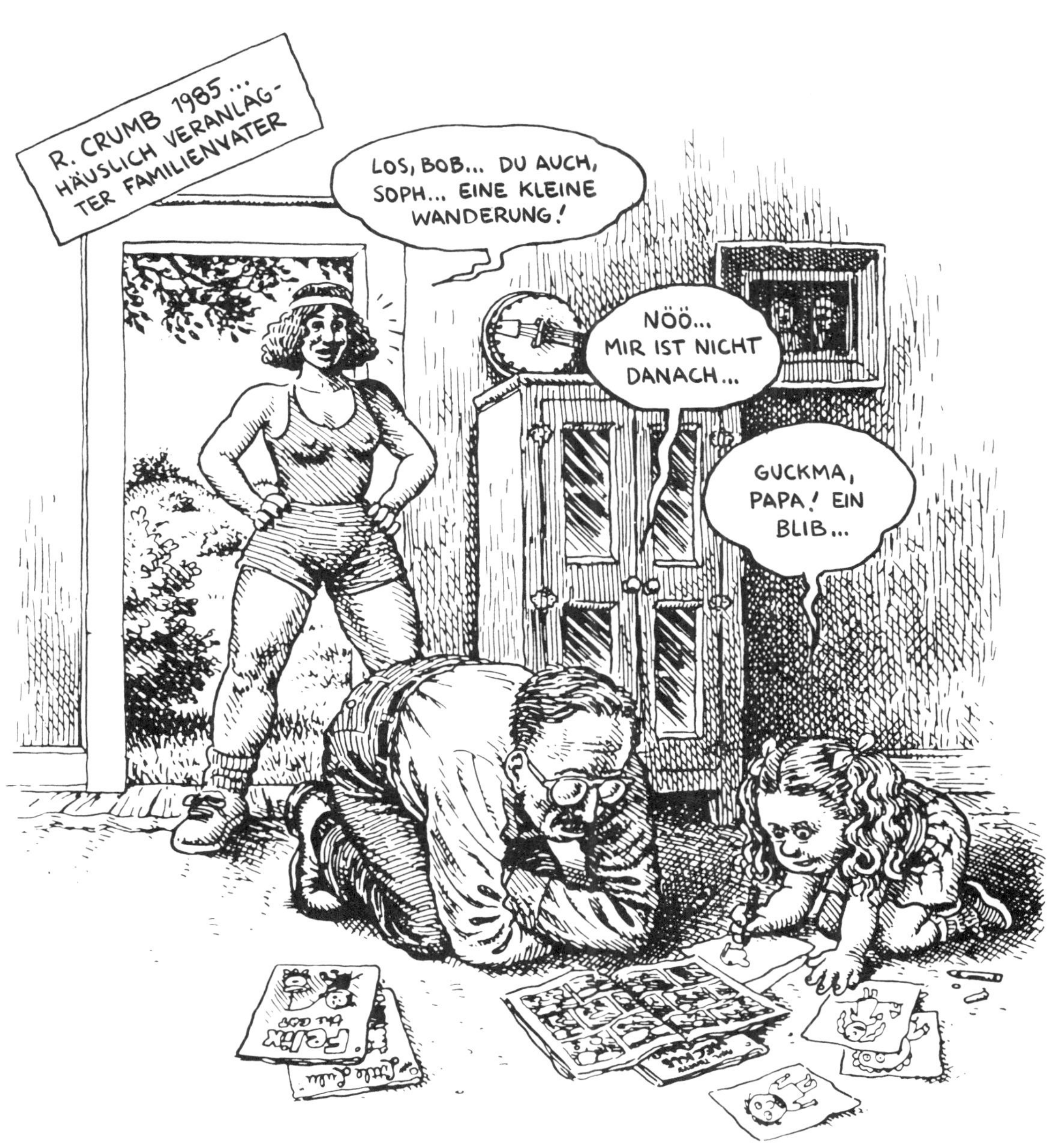
R. CRUMB 1985... HÄUSLICH VERANLAGTER FAMILIENVATER
LOS, BOB... DU AUCH, SOPH... EINE KLEINE WANDERUNG!
NÖÖ... MIR IST NICHT DANACH...
GUCKMA, PAPA! EIN BLIB...

Okay, ich bin ein ständig jammernder Nörgler... Sie haben es satt, immerzu von mir zu hören, auf was für einem elenden Planeten wir leben... Meine Hasstiraden stehen Ihnen bis **hier**... Warum ich so negativ sein muss? Tja, die Wahrheit sieht so aus: Es ist leichter und kurzweiliger, die Schlechtigkeiten zu zeichnen... Es ist viel langweiliger, wenn man versucht, die angenehme Seite der Dinge zu zeigen; da besteht, wissen Sie, immer die Gefahr, dass man zu niedlich, zu schmalzig wird... Aber glauben Sie mir, **mehrmals** am Tag sage ich:

ICH BIN DANKBAR! ICH BIN DANKBAR!

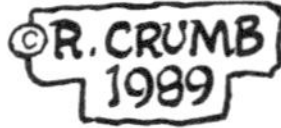

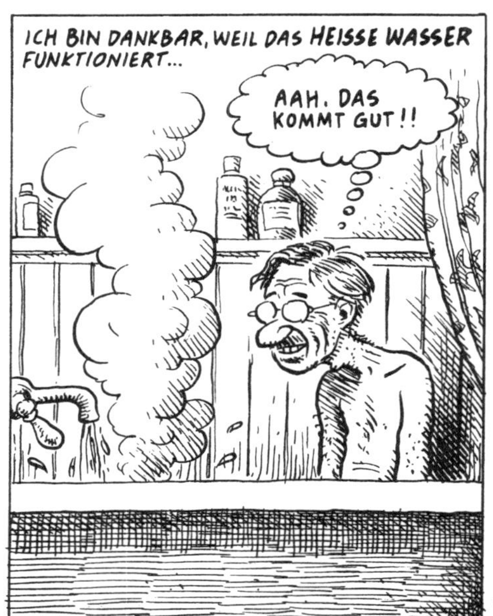

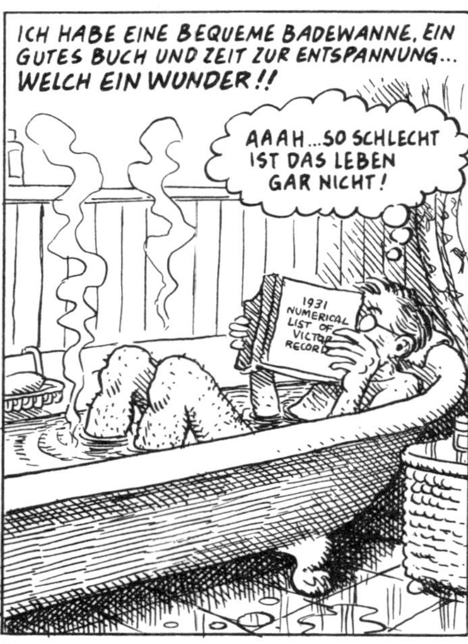

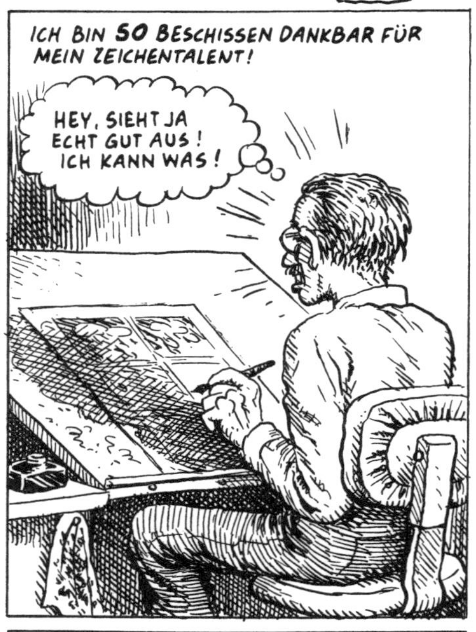

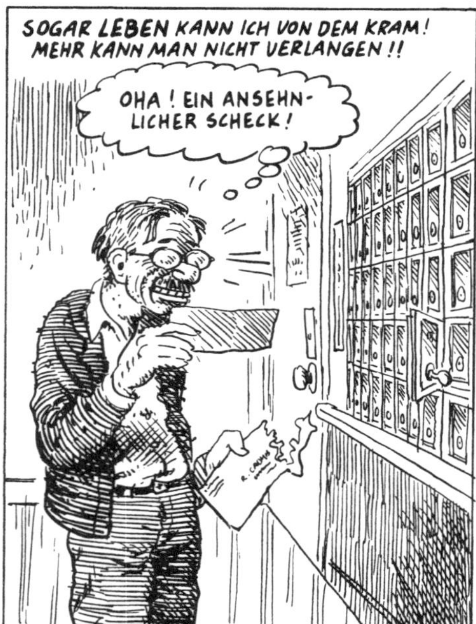

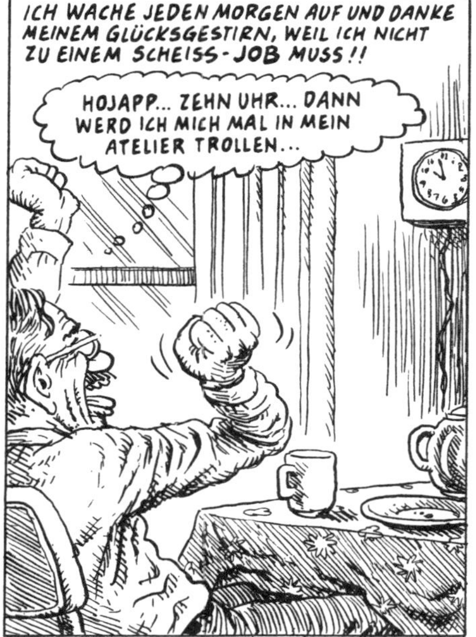

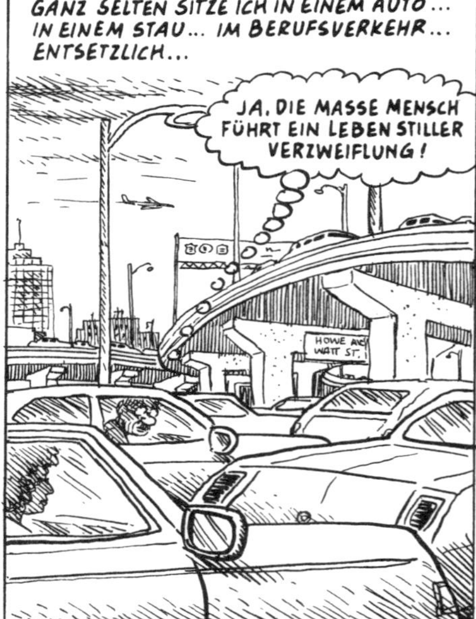

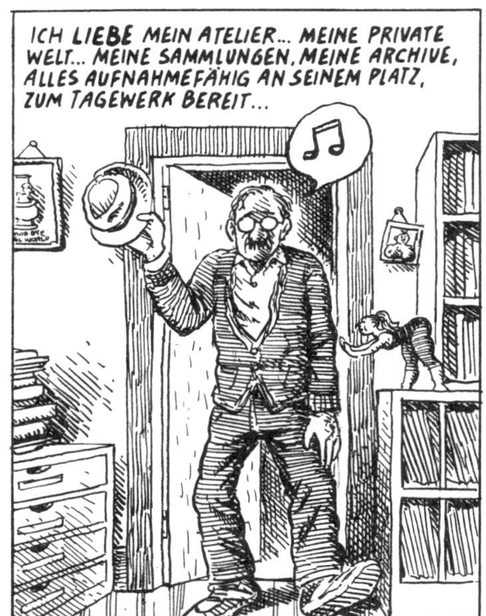
ICH LIEBE MEIN ATELIER... MEINE PRIVATE WELT... MEINE SAMMLUNGEN, MEINE ARCHIVE, ALLES AUFNAHMEFÄHIG AN SEINEM PLATZ, ZUM TAGEWERK BEREIT...
♫

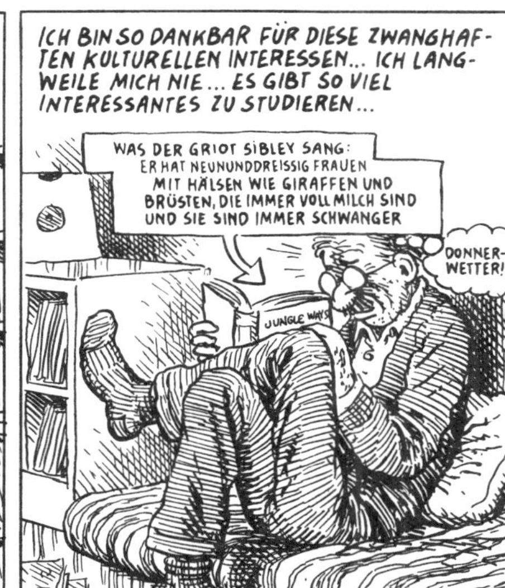
ICH BIN SO DANKBAR FÜR DIESE ZWANGHAFTEN KULTURELLEN INTERESSEN... ICH LANGWEILE MICH NIE... ES GIBT SO VIEL INTERESSANTES ZU STUDIEREN...
WAS DER GRIOT SIBLEY SANG: ER HAT NEUNUNDDREISSIG FRAUEN MIT HÄLSEN WIE GIRAFFEN UND BRÜSTEN, DIE IMMER VOLL MILCH SIND UND SIE SIND IMMER SCHWANGER
DONNERWETTER!
JUNGLE WAYS

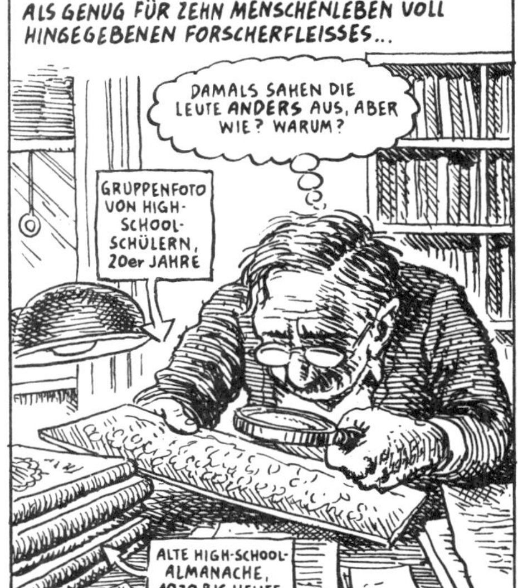
EINE OBSZÖNE FÜLLE KULTURELLEN REICHTUMS... SCHÄTZE, DIE WARTEN, GEHOBEN ZU WERDEN... MEHR ALS GENUG FÜR ZEHN MENSCHENLEBEN VOLL HINGEGEBENEN FORSCHERFLEISSES...
DAMALS SAHEN DIE LEUTE ANDERS AUS, ABER WIE? WARUM?
GRUPPENFOTO VON HIGH-SCHOOL-SCHÜLERN, 20er JAHRE
ALTE HIGH-SCHOOL-ALMANACHE, 1920 BIS HEUTE

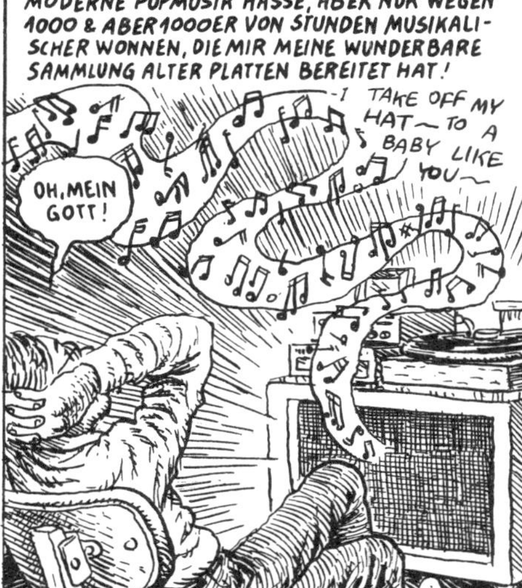
NATÜRLICH HABE ICH GEMERKT, WIE SEHR ICH MODERNE POPMUSIK HASSE, ABER NUR WEGEN 1000 & ABER 1000ER VON STUNDEN MUSIKALISCHER WONNEN, DIE MIR MEINE WUNDERBARE SAMMLUNG ALTER PLATTEN BEREITET HAT!
I TAKE OFF MY HAT~ TO A BABY LIKE YOU~
OH, MEIN GOTT!

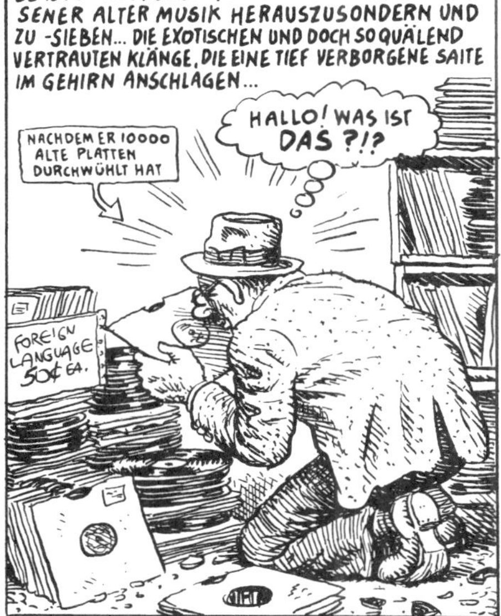
ES IST SO AUFREGEND, EIN NEUES JUWEL VERGESSENER ALTER MUSIK HERAUSZUSONDERN UND ZU -SIEBEN... DIE EXOTISCHEN UND DOCH SO QUÄLEND VERTRAUTEN KLÄNGE, DIE EINE TIEF VERBORGENE SAITE IM GEHIRN ANSCHLAGEN...
NACHDEM ER 10000 ALTE PLATTEN DURCHWÜHLT HAT
HALLO! WAS IST DAS?!?
FOREIGN LANGUAGE 50¢ EA.

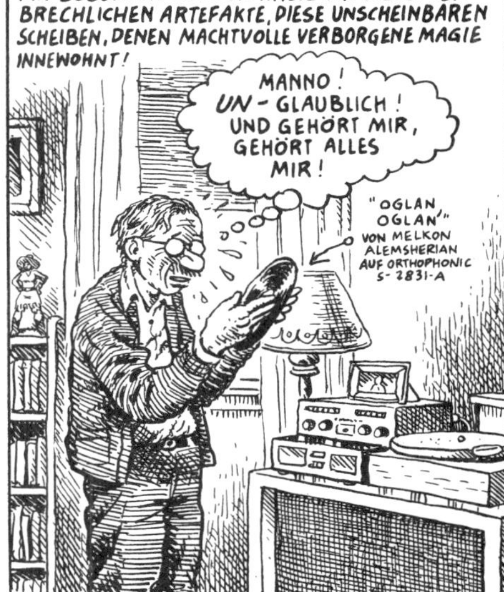
ES ERFÜLLT MICH MIT STAUNEN UND SCHEU... MIT BEBENDEN HÄNDEN HALTE ICH DIESE ZERBRECHLICHEN ARTEFAKTE, DIESE UNSCHEINBAREN SCHEIBEN, DENEN MACHTVOLLE VERBORGENE MAGIE INNEWOHNT!
MANNO! UN-GLAUBLICH! UND GEHÖRT MIR, GEHÖRT ALLES MIR!
"OGLAN, OGLAN" VON MELKON ALEMSHERIAN AUF ORTHOPHONIC S-2831-A

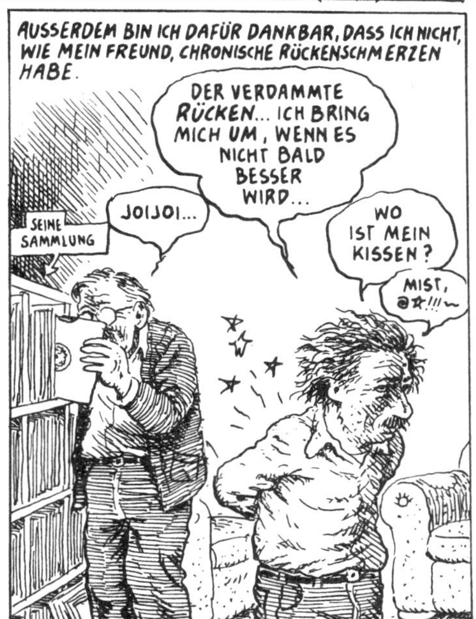
AUSSERDEM BIN ICH DAFÜR DANKBAR, DASS ICH NICHT, WIE MEIN FREUND, CHRONISCHE RÜCKENSCHMERZEN HABE.
DER VERDAMMTE RÜCKEN... ICH BRING MICH UM, WENN ES NICHT BALD BESSER WIRD...
SEINE SAMMLUNG
JOIJOI...
WO IST MEIN KISSEN?
MIST, @☆!!!~

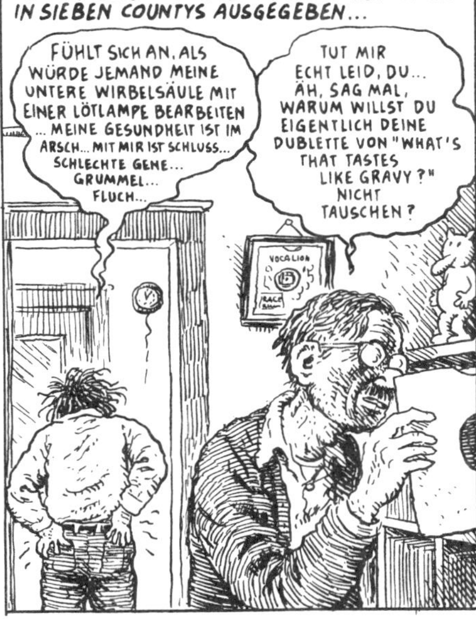
IN SEINER VERZWEIFLUNG HAT ER 1000E FÜR ÄRZTE, TESTS UND JEDEN HOLISTISCHEN HEILER IN SIEBEN COUNTYS AUSGEGEBEN...
FÜHLT SICH AN, ALS WÜRDE JEMAND MEINE UNTERE WIRBELSÄULE MIT EINER LÖTLAMPE BEARBEITEN ... MEINE GESUNDHEIT IST IM ARSCH... MIT MIR IST SCHLUSS... SCHLECHTE GENE... GRUMMEL... FLUCH...
TUT MIR ECHT LEID, DU... ÄH, SAG MAL, WARUM WILLST DU EIGENTLICH DEINE DUBLETTE VON "WHAT'S THAT TASTES LIKE GRAVY?" NICHT TAUSCHEN?
VOCALION

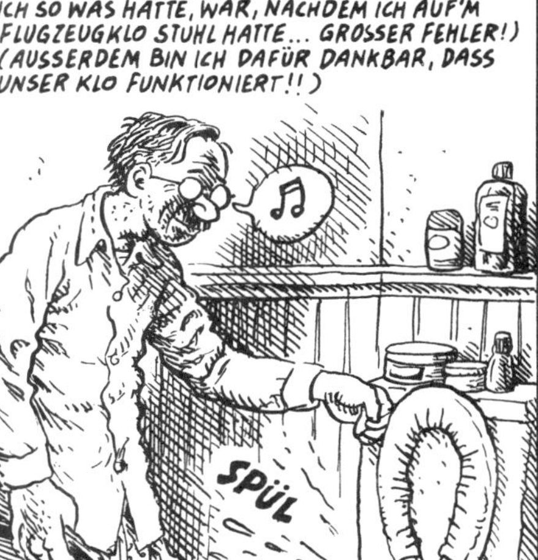
UND ICH HAB NICHT MAL HÄMORRHOIDEN!! WUSSTEN SIE, DASS 50% DER BEVÖLKERUNG ÜBER 40 CHRONISCHE HÄMORRHOIDEN HABEN? (DAS EINZIGE MAL, DASS ICH SO WAS HATTE, WAR, NACHDEM ICH AUF'M FLUGZEUGKLO STUHL HATTE... GROSSER FEHLER!) (AUSSERDEM BIN ICH DAFÜR DANKBAR, DASS UNSER KLO FUNKTIONIERT!!)
♫
SPÜL

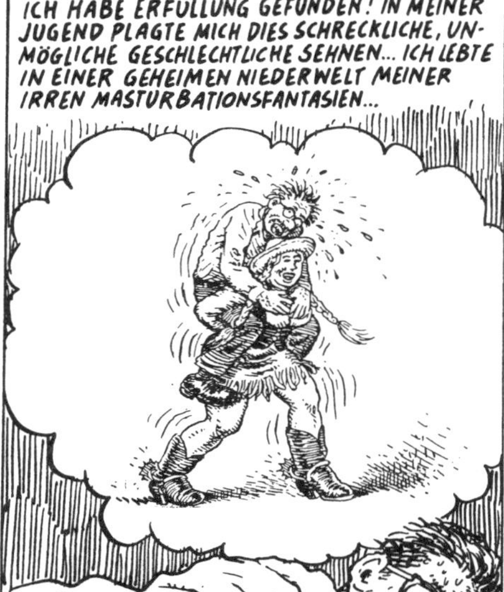
ICH HABE ERFÜLLUNG GEFUNDEN! IN MEINER JUGEND PLAGTE MICH DIES SCHRECKLICHE, UNMÖGLICHE GESCHLECHTLICHE SEHNEN... ICH LEBTE IN EINER GEHEIMEN NIEDERWELT MEINER IRREN MASTURBATIONSFANTASIEN...

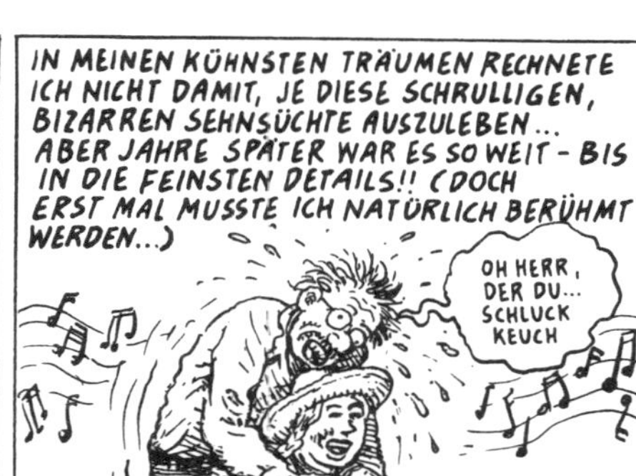
IN MEINEN KÜHNSTEN TRÄUMEN RECHNETE ICH NICHT DAMIT, JE DIESE SCHRULLIGEN, BIZARREN SEHNSÜCHTE AUSZULEBEN... ABER JAHRE SPÄTER WAR ES SO WEIT - BIS IN DIE FEINSTEN DETAILS!! (DOCH ERST MAL MUSSTE ICH NATÜRLICH BERÜHMT WERDEN...)
OH HERR, DER DU... SCHLUCK KEUCH
MIT KLINGELNDEN SPOREN; ALLES DABEI!

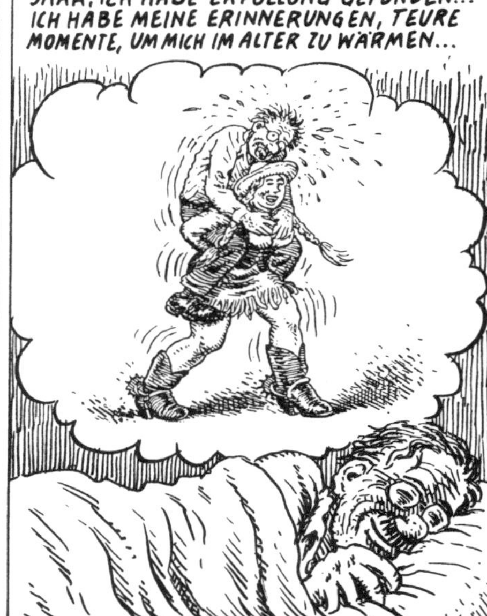
JAAA, ICH HABE ERFÜLLUNG GEFUNDEN... ICH HABE MEINE ERINNERUNGEN, TEURE MOMENTE, UM MICH IM ALTER ZU WÄRMEN...

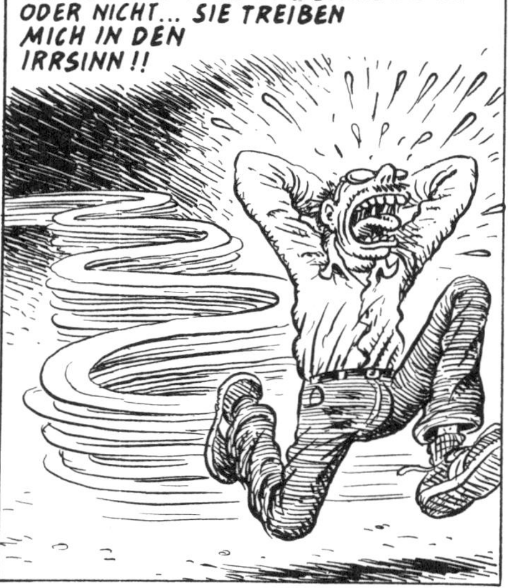
ACH, FRAUEN! WER WIRD AUS DIESEN GESCHÖPFEN SCHLAU...? WARUM SIE ETWAS MÖGEN ODER NICHT... SIE TREIBEN MICH IN DEN IRRSINN!!

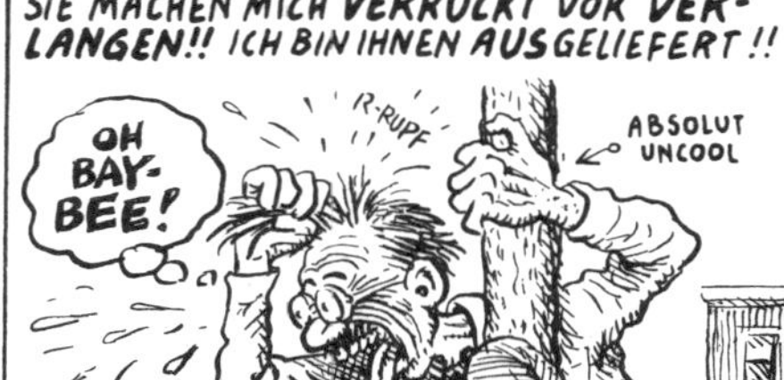
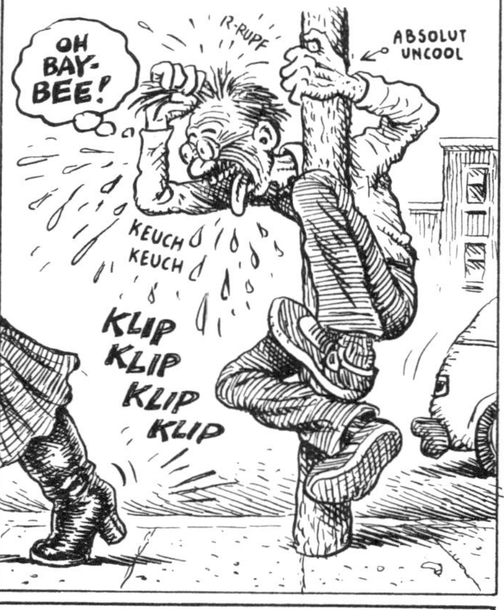
SIE MACHEN MICH VERRÜCKT VOR VERLANGEN!! ICH BIN IHNEN AUSGELIEFERT!!
OH BAY-BEE!
R-RUPF
ABSOLUT UNCOOL
KEUCH KEUCH
KLIP KLIP KLIP KLIP

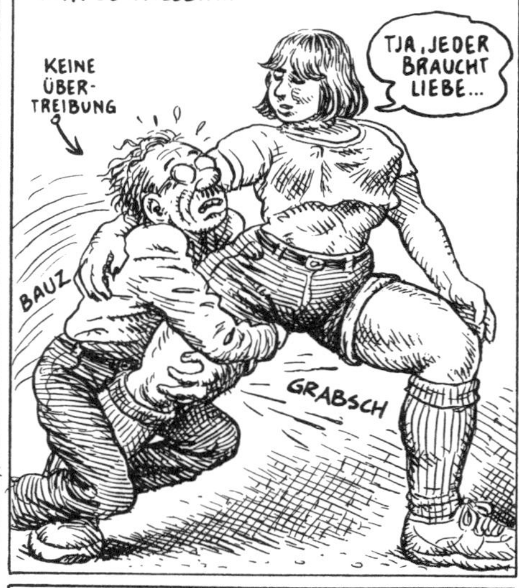
ABER ICH HATTE GLÜCK - SO VIEL GLÜCK! EINIGE DIESER WUNDERWESEN WAREN MIR ZU WILLEN...
KEINE ÜBERTREIBUNG
TJA, JEDER BRAUCHT LIEBE...
BAUZ
GRABSCH

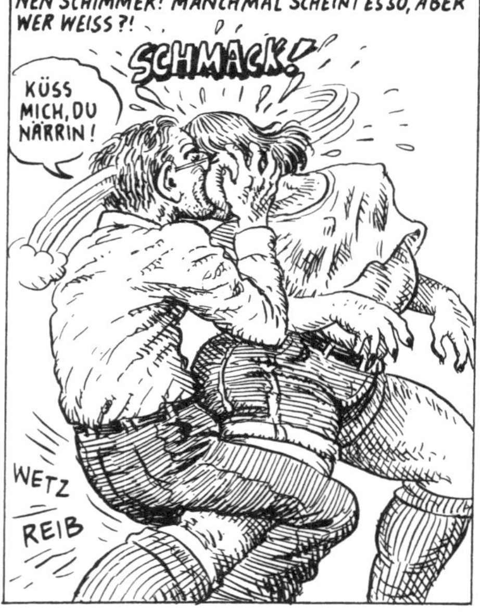
VIELLEICHT HAT'S IHNEN SOGAR GEFALLEN... KEINEN SCHIMMER! MANCHMAL SCHEINT ES SO, ABER WER WEISS?!
SCHMACK!
KÜSS MICH, DU NÄRRIN!
WETZ
REIB

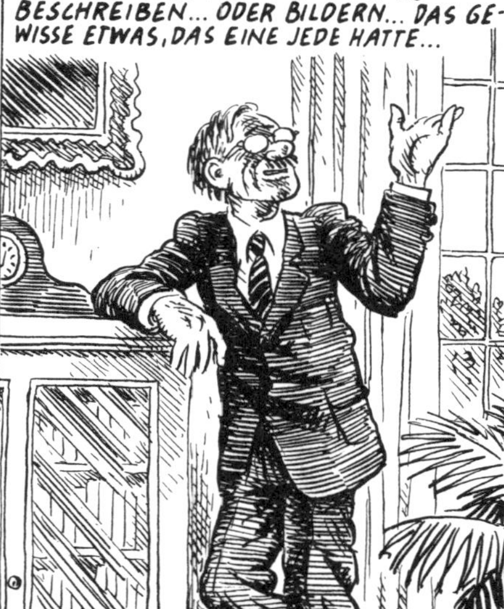
ICH HABE VIELE ERSTAUNLICHE FRAUEN GEKANNT... MIT WÖRTERN NICHT ZU BESCHREIBEN... ODER BILDERN... DAS GEWISSE ETWAS, DAS EINE JEDE HATTE...

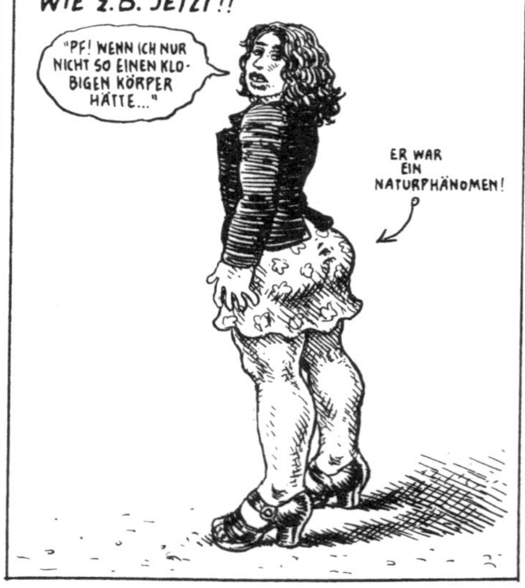
WIE DIESE FRAU, MIT DER ICH IN DEN FRÜHEN 70ern ZU TUN HATTE... SIE WAR SO... WAS FÜR EINE... ES ERREGT MICH NOCH IMMER, WENN ICH AN SIE DENKE... WIE z.B. JETZT!!
"PF! WENN ICH NUR NICHT SO EINEN KLOBIGEN KÖRPER HÄTTE..."
ER WAR EIN NATURPHÄNOMEN!

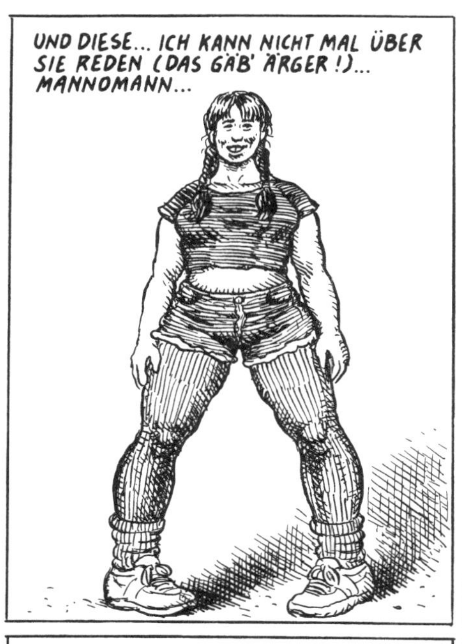
UND DIESE... ICH KANN NICHT MAL ÜBER SIE REDEN (DAS GÄB' ÄRGER!)... MANNOMANN...

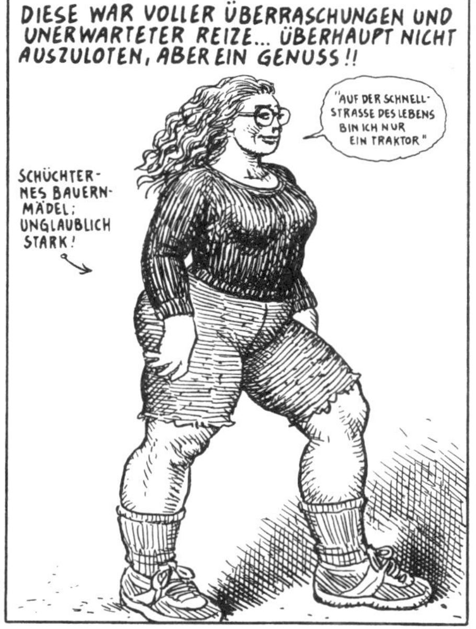
DIESE WAR VOLLER ÜBERRASCHUNGEN UND UNERWARTETER REIZE... ÜBERHAUPT NICHT AUSZULOTEN, ABER EIN GENUSS!!
"AUF DER SCHNELLSTRASSE DES LEBENS BIN ICH NUR EIN TRAKTOR"
SCHÜCHTERNES BAUERNMÄDEL; UNGLAUBLICH STARK!

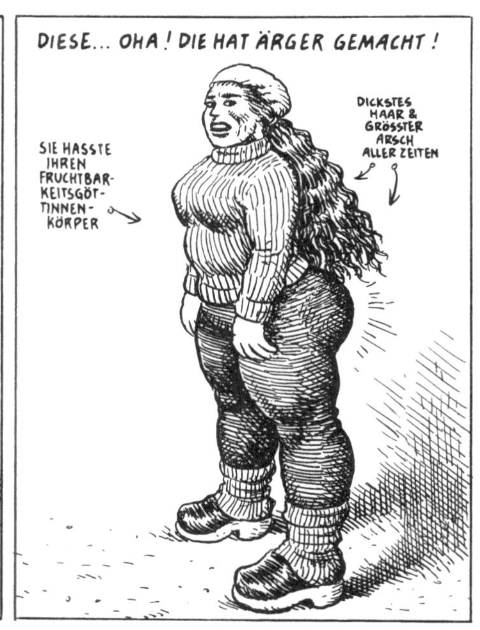
DIESE... OHA! DIE HAT ÄRGER GEMACHT!
SIE HASSTE IHREN FRUCHTBARKEITSGÖTTINNENKÖRPER
DICKSTES HAAR & GRÖSSTER ARSCH ALLER ZEITEN

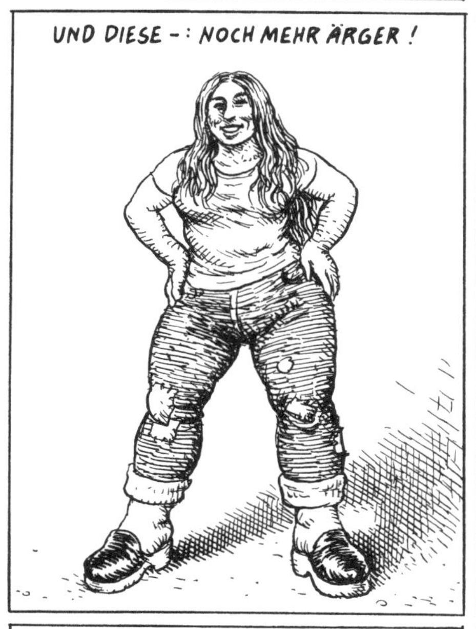
UND DIESE -: NOCH MEHR ÄRGER!

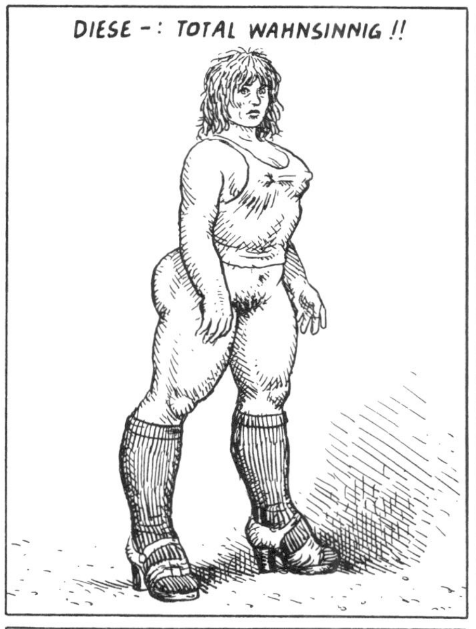
DIESE -: TOTAL WAHNSINNIG!!

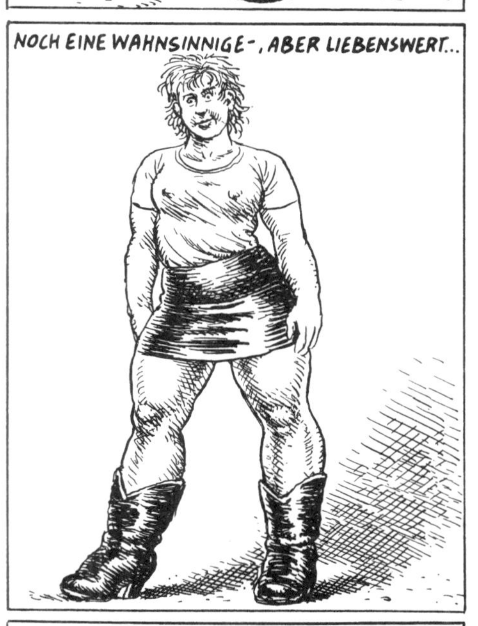
NOCH EINE WAHNSINNIGE -, ABER LIEBENSWERT...

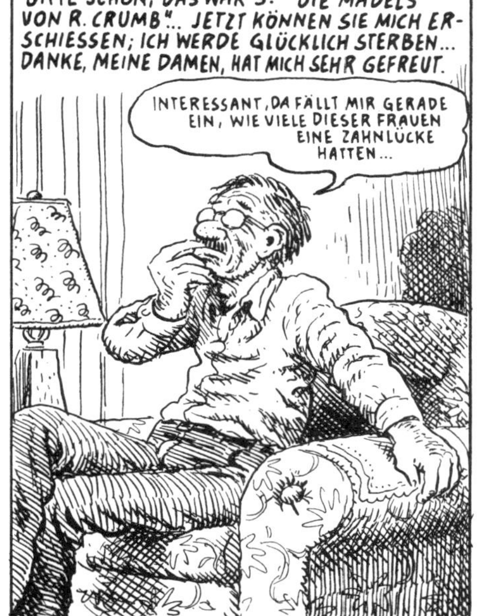
BITTE SCHÖN, DAS WÄR'S: "DIE MÄDELS VON R. CRUMB". JETZT KÖNNEN SIE MICH ERSCHIESSEN; ICH WERDE GLÜCKLICH STERBEN... DANKE, MEINE DAMEN, HAT MICH SEHR GEFREUT.
INTERESSANT, DA FÄLLT MIR GERADE EIN, WIE VIELE DIESER FRAUEN EINE ZAHNLÜCKE HATTEN...

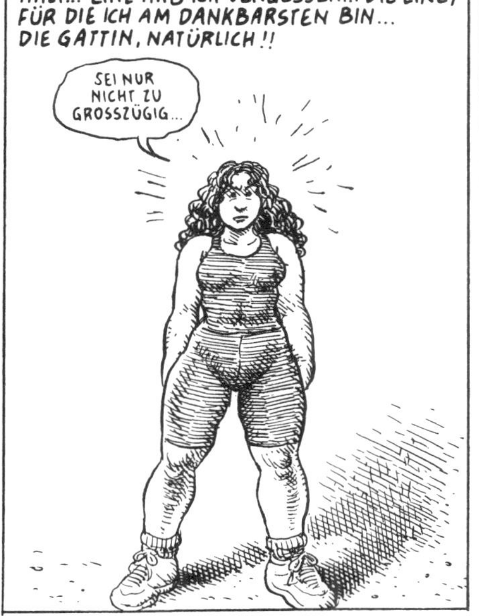
HALT... EINE HAB ICH VERGESSEN... DIE EINE, FÜR DIE ICH AM DANKBARSTEN BIN... DIE GATTIN, NATÜRLICH!!
SEI NUR NICHT ZU GROSSZÜGIG...

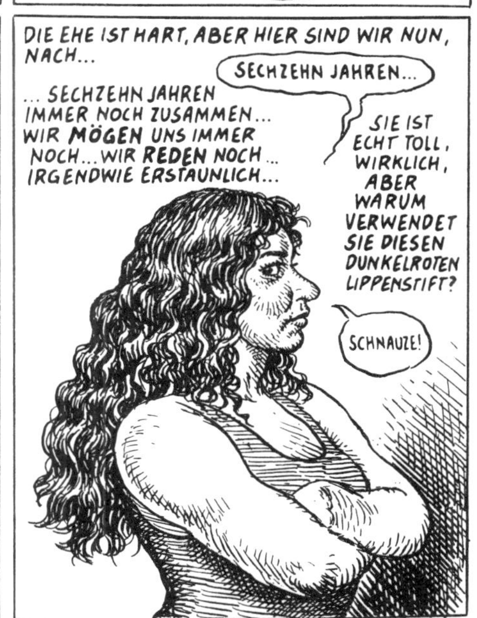
DIE EHE IST HART, ABER HIER SIND WIR NUN, NACH...
SECHZEHN JAHREN...
... SECHZEHN JAHREN IMMER NOCH ZUSAMMEN... WIR MÖGEN UNS IMMER NOCH... WIR REDEN NOCH... IRGENDWIE ERSTAUNLICH...
SIE IST ECHT TOLL, WIRKLICH, ABER WARUM VERWENDET SIE DIESEN DUNKELROTEN LIPPENSTIFT?
SCHNAUZE!

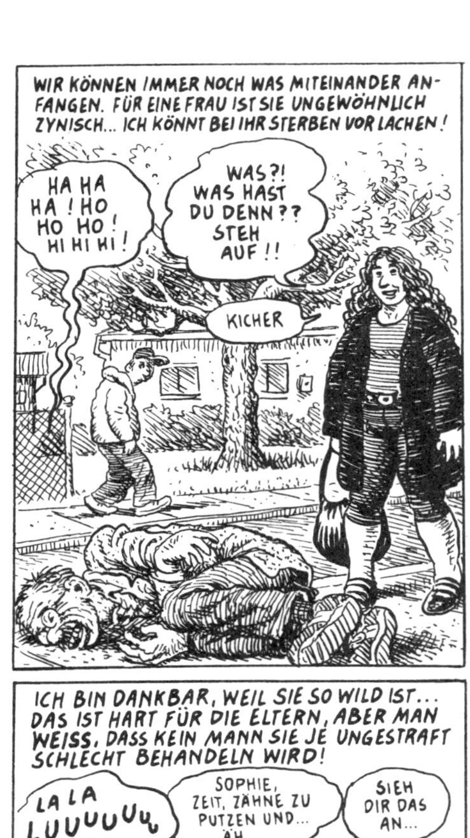
WIR KÖNNEN IMMER NOCH WAS MITEINANDER ANFANGEN. FÜR EINE FRAU IST SIE UNGEWÖHNLICH ZYNISCH... ICH KÖNNT BEI IHR STERBEN VOR LACHEN!
HA HA HA! HO HO HO! HI HI HI!
WAS?! WAS HAST DU DENN?? STEH AUF!!
KICHER

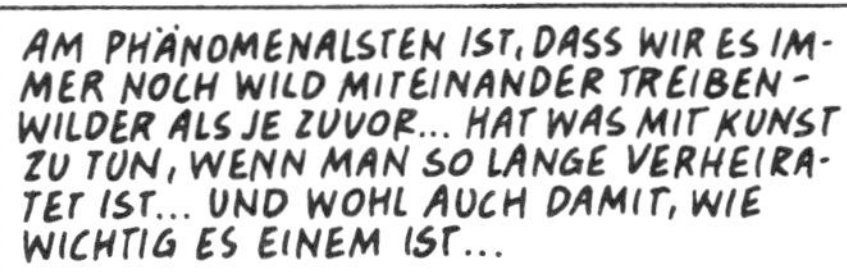
AM PHÄNOMENALSTEN IST, DASS WIR ES IMMER NOCH WILD MITEINANDER TREIBEN - WILDER ALS JE ZUVOR... HAT WAS MIT KUNST ZU TUN, WENN MAN SO LANGE VERHEIRATET IST... UND WOHL AUCH DAMIT, WIE WICHTIG ES EINEM IST...

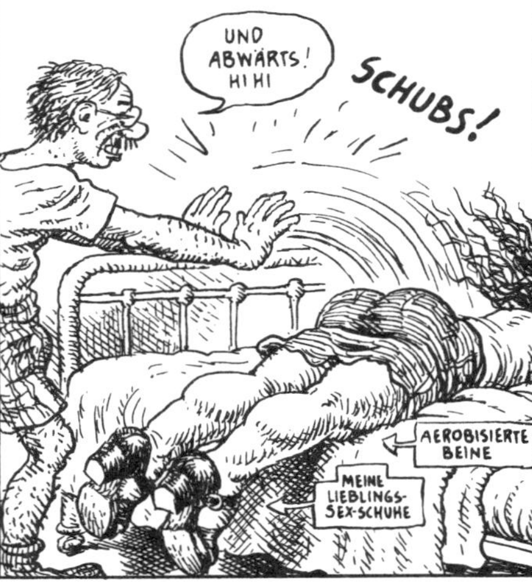
UND ABWÄRTS! HI HI
SCHUBS!
AEROBISIERTE BEINE
MEINE LIEBLINGS-SEX-SCHUHE

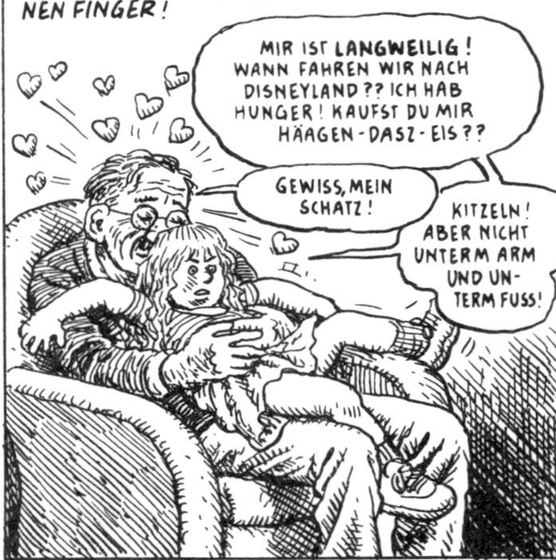
ABER WENN SIE MICH VÖLLIG SCHWACHSINNIG ERLEBEN WOLLEN, MÜSSEN SIE NUR ZUHÖREN, WIE ICH VON MEINER SCHÖNEN, BRILLANTEN, MULTITALENTIERTEN TOCHTER REDE... BEI IHR GIBT'S FÜR MICH KEINE OBJEKTIVITÄT... EIN ABGÖTTISCH LIEBENDER NARR BIN ICH... SIE WICKELT MICH UM DEN KLEINEN FINGER!
MIR IST LANGWEILIG! WANN FAHREN WIR NACH DISNEYLAND?? ICH HAB HUNGER! KAUFST DU MIR HÄAGEN-DASZ-EIS??
GEWISS, MEIN SCHATZ!
KITZELN! ABER NICHT UNTERM ARM UND UNTERM FUSS!

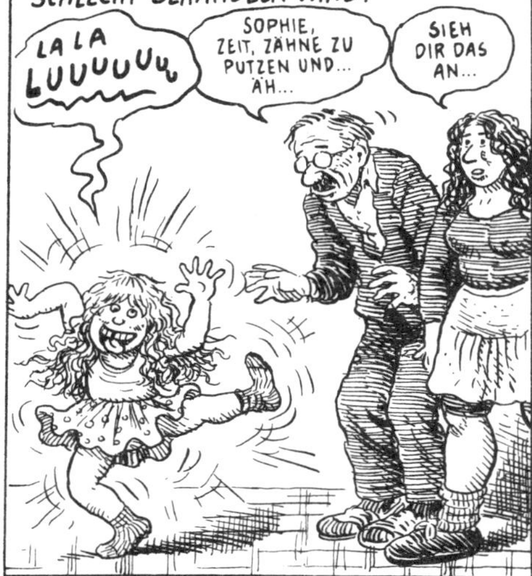
ICH BIN DANKBAR, WEIL SIE SO WILD IST... DAS IST HART FÜR DIE ELTERN, ABER MAN WEISS, DASS KEIN MANN SIE JE UNGESTRAFT SCHLECHT BEHANDELN WIRD!
LA LA LUUUUUU
SOPHIE, ZEIT, ZÄHNE ZU PUTZEN UND... ÄH...
SIEH DIR DAS AN...

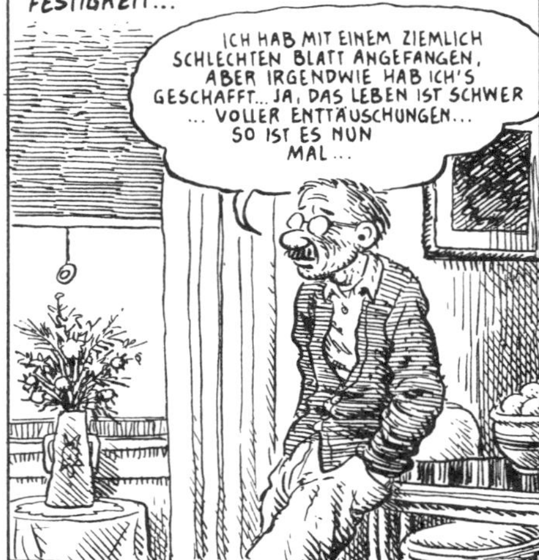
OH JA... ICH BIN DEMÜTIG DANKBAR FÜR ALL DIE ZWEITEN CHANCEN MEINES LEBENS... FAST ALLES HAB ICH BEIM ERSTEN MAL VERMASSELT, UND DANN BEKAM ICH EINEN ZWEITEN VERSUCH... FAMILIEN, FINANZEN, INNERE FESTIGKEIT...
ICH HAB MIT EINEM ZIEMLICH SCHLECHTEN BLATT ANGEFANGEN, ABER IRGENDWIE HAB ICH'S GESCHAFFT... JA, DAS LEBEN IST SCHWER ... VOLLER ENTTÄUSCHUNGEN... SO IST ES NUN MAL...

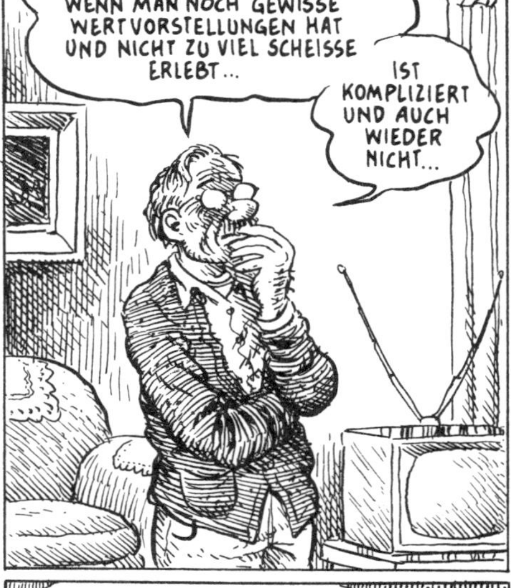
ABER SO SCHLIMM IST ES GAR NICHT, WENN MAN SICH EINIGERMASSEN ZUSAMMENREISST... WENN MAN NOCH GEWISSE WERTVORSTELLUNGEN HAT UND NICHT ZU VIEL SCHEISSE ERLEBT...
IST KOMPLIZIERT UND AUCH WIEDER NICHT...

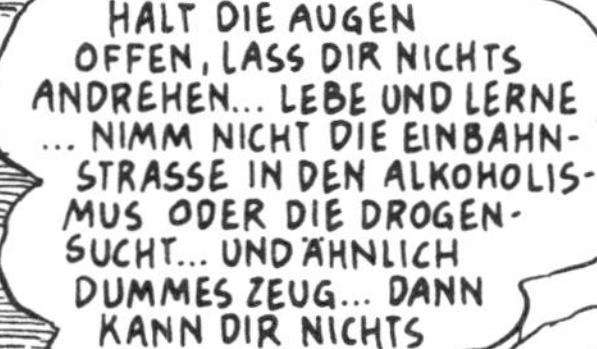
HALT DIE AUGEN OFFEN, LASS DIR NICHTS ANDREHEN... LEBE UND LERNE ... NIMM NICHT DIE EINBAHNSTRASSE IN DEN ALKOHOLISMUS ODER DIE DROGENSUCHT... UND ÄHNLICH DUMMES ZEUG... DANN KANN DIR NICHTS PASSIEREN...

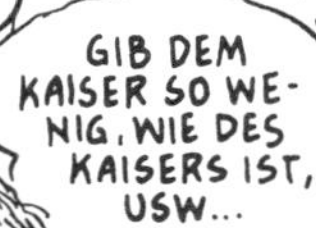
GIB DEM KAISER SO WENIG, WIE DES KAISERS IST, USW...

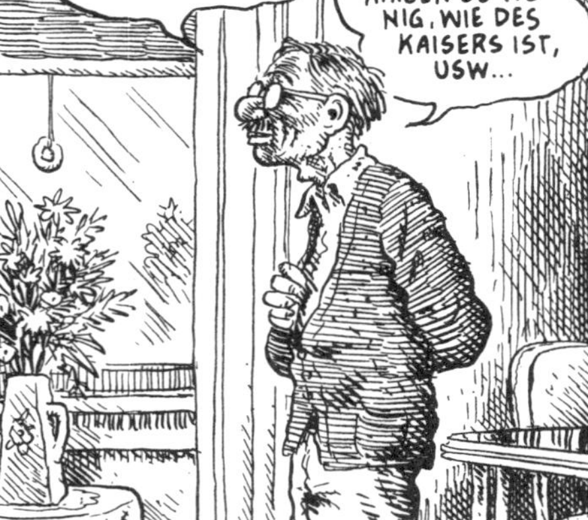

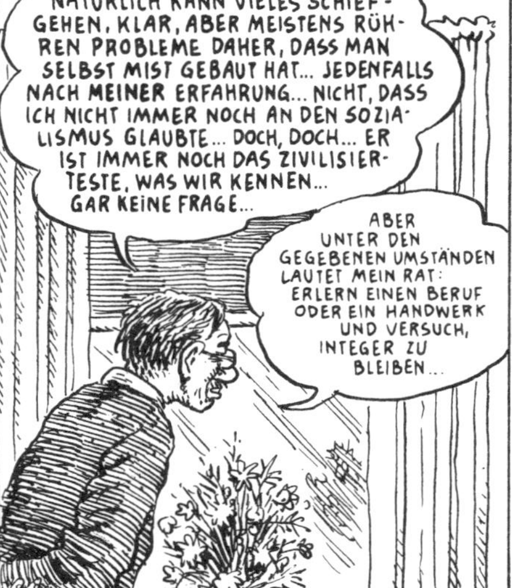
NATÜRLICH KANN VIELES SCHIEFGEHEN, KLAR, ABER MEISTENS RÜHREN PROBLEME DAHER, DASS MAN SELBST MIST GEBAUT HAT... JEDENFALLS NACH MEINER ERFAHRUNG... NICHT, DASS ICH NICHT IMMER NOCH AN DEN SOZIALISMUS GLAUBTE... DOCH, DOCH... ER IST IMMER NOCH DAS ZIVILISIERTESTE, WAS WIR KENNEN... GAR KEINE FRAGE...
ABER UNTER DEN GEGEBENEN UMSTÄNDEN LAUTET MEIN RAT: ERLERN EINEN BERUF ODER EIN HANDWERK UND VERSUCH, INTEGER ZU BLEIBEN...

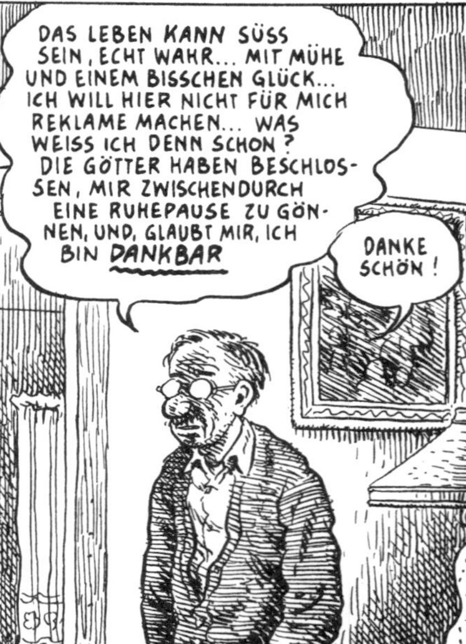
DAS LEBEN KANN SÜSS SEIN, ECHT WAHR... MIT MÜHE UND EINEM BISSCHEN GLÜCK... ICH WILL HIER NICHT FÜR MICH REKLAME MACHEN... WAS WEISS ICH DENN SCHON? DIE GÖTTER HABEN BESCHLOSSEN, MIR ZWISCHENDURCH EINE RUHEPAUSE ZU GÖNNEN, UND, GLAUBT MIR, ICH BIN DANKBAR
DANKE SCHÖN!
ENDE

Robert Crumb bei Reprodukt

Fritz the Cat
Kafka (mit David Zane Mairowitz)
Mein Ärger mit den Frauen
Nausea

Robert Crumb bei Carlsen

Robert Crumbs Genesis

Robert Crumb im TASCHEN Verlag

The Sketchbooks 1982–2011

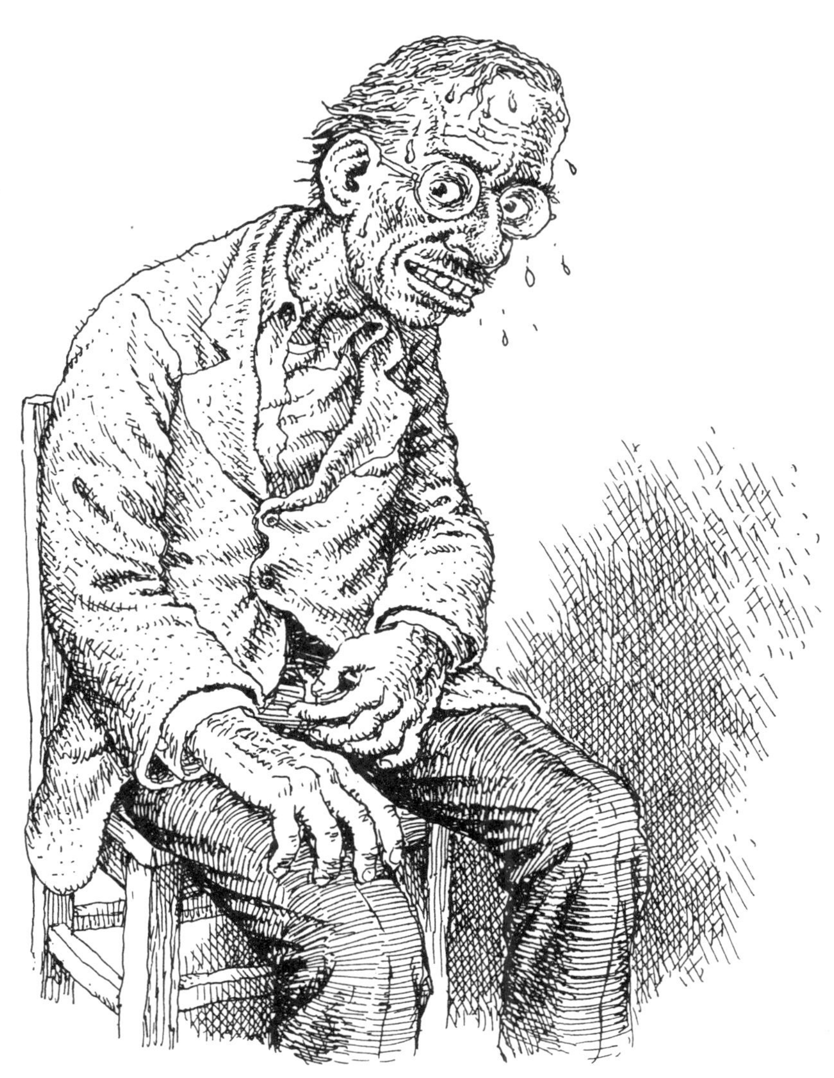

WELCOME TO CRUMBLAND

Das Erscheinen des ersten *ZAP Comix* 1968 ist ein legendärer Moment in der Comichistorie: An einer Straßenecke in San Francisco verkauft ein hagerer Mann zwischen all den Freaks und Hippies mit seiner schwangeren Frau aus einem Kinderwagen heraus sein selbst verlegtes Comicheft. Wie ein Lauffeuer verbreitet sich das Heft im ganzen Land und verhilft den Underground Comix in den USA zum Durchbruch. Der Zeichner Robert Crumb wurde zur Galionsfigur einer Bewegung, die den Comic maßgeblich verändern sollte. Denn die Comix wurden mit x am Ende geschrieben, da sie x-rated, also für ein erwachsenes Publikum gedacht waren. Sie standen für eine persönliche Ausdrucksweise und neue Inhalte, und sie befreiten den Comic von der selbst auferlegten Zensur durch den Comics Code, der seit 1954 alle Comichefte jugendfrei hielt. Die Comix hingegen setzten auf explizite Darstellungen und subversive Parodien, wovon vor allem der junge Robert Crumb ausgiebig Gebrauch machte.

Am 30. August 1943 in Philadelphia geboren, hatte dieser früh die Comics von Carl Barks und Walt Kelly entdeckt, und sein Bruder Charles hielt ihn zum Zeichnen an. Die Brüder teilten ihre Vorliebe für Comics, Disney-Filme und das aufkommende Fernsehen, zugleich aber entwickelte Robert ein Faible für die Vergangenheit und wurde zum begeisterten Sammler von nostalgischen Dingen. Er ging nach Cleveland, um dort bei einer Grußkartenfirma als Illustrator zu arbeiten, doch als er erstmals LSD nahm, war es um ihn geschehen. Er reiste Hals über Kopf nach San Francisco, ins Mekka der Hippie-Bewegung, und zeichnete dort völlig losgelöst, berauscht und besessen. Seine satirisch überspitzten Kurzgeschichten in *ZAP* sind radikal, skandalös und polarisierend, aber gerade deswegen immens populär. Zu den bekanntesten Figuren aus dieser Zeit zählen der pseudophilosophische Mr. Natural und Fritz the Cat. Der hedonistische Kater wurde so berühmt, dass ihn Ralph Bakshi 1972 ins Kino brachte – da aber Crumb um die Vereinnahmung seiner Figur fürchtete, machte er Fritz the Cat in seinen Comics ungerührt durch die Hand einer eifersüchtigen Straußendame ein Ende.

Als zu Beginn der Siebziger die Zeit der Underground Comix endete, nahm Crumb das zum Anlass, sich anderen Themen zuzuwenden. Er fing an, in seinen Comics über sich selbst zu sprechen, und gab dem Comic damit etwas, das bis dahin eher zaghaft genutzt wurde: die Ich-Erzählung. So öffnet sich in einer seiner ersten bekenntnishaften Kurzgeschichten von 1972 eine Tür zum Unterbewussten des Zeichners, auf der geschrieben steht: „Welcome to Crumbland". Und in Crumbland schildert der Autor dem Leser penibel genau seine Neurosen und sexuellen Obsessionen; Crumb erhob das Autobiografische zum Stilmittel und wurde zu seiner eigenen Comicfigur. Dabei entwickelte er vielfältige Möglichkeiten des autobiografischen Erzählens, von den ungeschminkten Trips ins eigene Selbst über kommentierende, essayistische Kurzgeschichten bis hin zu Tagebuchstrips, die er gemeinsam mit seiner zweiten Ehefrau Aline Kominsky gestaltete.

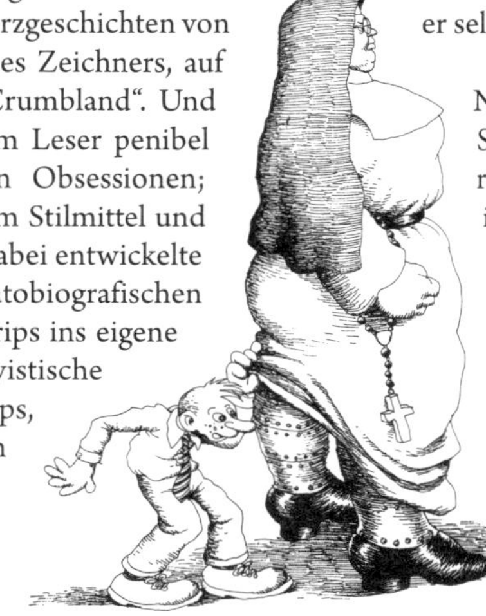

Seit Mitte der Siebzigerjahre stellte Crumb seine Zeichnungen auch in den Dienst anderer Autoren, so etwa in den Alltagsgeschichten von Harvey Pekar im Comicmagazin *American Splendor*. Die zahlreichen Literaturadaptionen und Biografien von Bluesmusikern, die in dem von ihm betreuten Magazin *Weirdo* in den Achtzigern erschienen sind, gehören ebenso zu den Höhepunkten seiner Karriere wie die Comiceinführung *Kafka*. 2009 schließlich hat er eine werktreue Adaption der Genesis vorgenommen, er hat den Bibeltext illustriert und kurzerhand in sein eigenes grafisches Universum – nach Crumbland – verlegt.

Crumbland sind aber auch die typisch schraffierten Strichzeichnungen, die seine Comics so unverwechselbar machen. In ihnen können sowohl die flämischen Meister oder der Karikaturist Thomas Nast als Vorbilder gesehen werden wie auch die Comics eines E. C. Segar (*Popeye*). Das zeichnerische Können Crumbs zeigt sich ebenfalls in seinen umfangreichen Skizzenbüchern und nicht zuletzt in seinen Illustrationen. So hat Crumb mit dem berühmten *Keep on Truckin'*-Logo ein Bildervermächtnis geschaffen, das ebenso zur Hippiekultur gehört wie Woodstock oder die Paisley-Mode. Er illustrierte Erzählungen von Charles Bukowski, und das wohl bekannteste der vielen Plattencover, die er gestaltet hat, ist *Cheap Thrills* von Janis Joplin & Big Brother and the Holding Company. Ebenjene außergewöhnliche grafische Kunstfertigkeit hat sein Werk letztlich in die Museen geführt, so gab es 2004 eine große Retrospektive im Kölner Museum Ludwig (*Yeah, but is it Art?*), und 2012 wurde Robert Crumb mit einer großen Einzelausstellung in Paris geehrt. Wohl ist ihm dabei nicht, schließlich will er einfach nur Comics machen und der Gedanke, es könne sich dabei um Kunst handeln, ist ihm suspekt.

Amerika hat Crumb mit seiner Familie bereits 1993 verlassen, um in Frankreich zu leben. Dieser Umzug wird in Terry Zwigoffs Film *Crumb* zum Thema, zugleich aber bietet der Dokumentarfilm einen tiefen Einblick in das Familienleben und die Persönlichkeit Crumbs. An der Legendenbildung wird so schon zu Lebzeiten des Zeichners eifrig gestrickt. Doch der sitzt am liebsten zu Hause und hört eine seiner zahllosen Schellackplatten aus den Zwanzigerjahren. Neben den Comics gehört Crumbs große Liebe der Musik, vor allem altem Blues und Bluegrass. In Bands wie den Cheap Suit Serenaders hat er selbst eine Zeit lang Banjo gespielt.

Nichts ist Robert Crumb mehr zuwider als Konformität. Seine Comics sind auch nicht in dem Sinne revolutionär, als dass sie formal Neuland betreten, ganz im Gegenteil fühlt er sich der Tradition verpflichtet. Aber die provokante Kompromisslosigkeit zeugt von einem unbeirrbaren Künstler, der seiner kreativen Intuition folgt, ganz gleich, was das Publikum denkt. „It's only lines on paper, folks", hat er seinen Kritikern erwidert. Robert Crumb ist nicht nur ein einflussreicher Comiczeichner, sondern einer der wichtigsten Künstler unserer Zeit.

– Klaus Schikowski

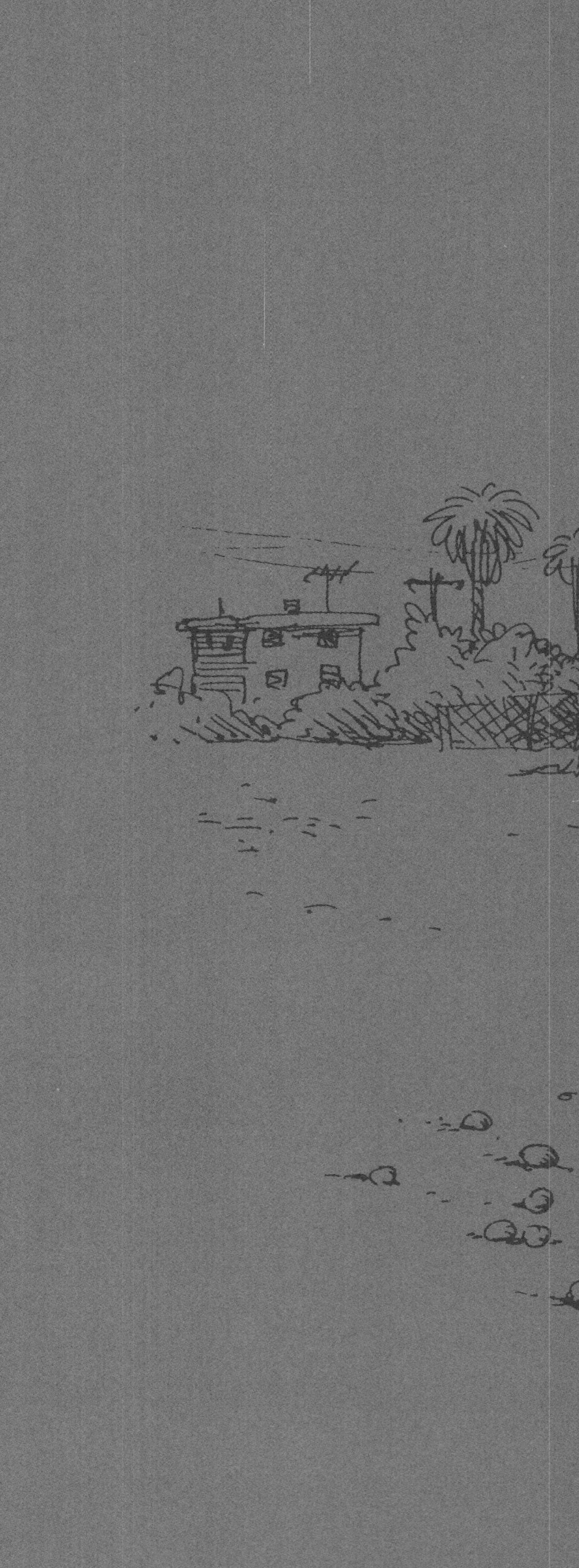